LIÇÕES DA SALA DE AULA
VIRTUAL

P164l   Palloff, Rena M.
             Lições da sala de aula virtual: as realidades do ensino on-line / Rena M. Palloff, Keith Pratt ; tradução: Fernando de Siqueira Rodrigues ; revisão técnica : Régis Tractenberg. – 2. ed. – Porto Alegre : Penso, 2015.
             212 p. : il. ; 25 cm.

             ISBN 978-85-8429-020-8

             1. Educação – Tecnologia. I. Pratt, Keith. II. Título.

                                                                                           CDU 37:004

Catalogação na publicação: Poliana Sanchez de Araujo – CRB 10/2094

RENA M. **PALLOFF**   KEITH **PRATT**

LIÇÕES DA SALA DE AULA VIRTUAL

AS REALIDADES DO ENSINO ON-LINE

2ª EDIÇÃO

Tradução
Fernando de Siqueira Rodrigues

Revisão técnica
Régis Tractenberg
Mestre em Telemática Aplicada à Educação e
Treinamento pela Universidade de Twente – Holanda
Diretor da Livre Docência Tecnologia Educacional

2015

Obra originalmente publicada sob o título
Lessons from the Virtual Classroom: The Realities of Online Teaching, 2nd Edition
ISBN 9781118123737 / 1118123735

Copyright © 2013. All Rights Reserved.
This translation published under license with the original publisher John Wiley & Sons, Inc.

Gerente editorial: *Letícia Bispo de Lima*

Colaboraram nesta edição

Editora: *Priscila Zigunovas*

Capa: *Márcio Monticelli*

Imagens de capa: ©*thinkstockphotos.com/Wavebreakmedia Ltd, Abstract blue squares*
©*thinkstockphotos.com/homeworks255, Cloud*

Preparação de original: *Juliana Lopes Bernardino*

Leitura final: *Luiza Drissen Signorelli Germano*

Editoração eletrônica: *Formato Artes Gráficas*

Reservados todos os direitos de publicação, em língua portuguesa, à
PENSO EDITORA LTDA., uma empresa do GRUPO A EDUCAÇÃO S.A.
Av. Jerônimo de Ornelas, 670 – Santana
90040-340 – Porto Alegre – RS
Fone: (51) 3027-7000 Fax: (51) 3027-7070

É proibida a duplicação ou reprodução deste volume, no todo ou em parte,
sob quaisquer formas ou por quaisquer meios (eletrônico, mecânico, gravação,
fotocópia, distribuição na Web e outros), sem permissão expressa da Editora.

Unidade São Paulo
Av. Embaixador Macedo Soares, 10.735 – Pavilhão 5 – Cond. Espace Center
Vila Anastácio – 05095-035 – São Paulo – SP
Fone: (11) 3665-1100 Fax: (11) 3667-1333

SAC 0800 703-3444 – www.grupoa.com.br

IMPRESSO NO BRASIL
PRINTED IN BRAZIL
Impresso sob demanda na Meta Brasil a pedido de Grupo A Educação.

Agradecimentos

Muitos dos nossos leitores têm nos dito, ao longo dos anos, que usaram nosso livro originalmente intitulado *Lessons from the Cyberspace Classroom* (Lições da sala de aula no ciberespaço) como um guia para iniciar seu trabalho no ensino e na aprendizagem *on-line* e também como um manual de capacitação para outros docentes. Há alguns anos, vocês têm nos pedido para atualizá-lo: nós ouvimos e agora esperamos que este trabalho ajude-os a continuar o seu. Agradecemos o encorajamento!

Mais uma vez, agradecemos às pessoas pacientes, encorajadoras e dedicadas da Jossey-Bass. Nosso obrigado, em particular, a Erin Null e a Alison Knowles. Agradecemos também a todos aqueles que têm nos ajudado a tornar possíveis as apresentações *on-line* de nosso trabalho. Foi uma grande experiência realizar as Conferências de Ensino e Aprendizagem *On-line* e o Wiley Learning Institute.

Agradecemos a George Engel por ter nos apresentado ao mundo maravilhoso da tecnologia móvel e por sua grande contribuição ao Capítulo 4. Estamos ansiosos para continuar nosso trabalho juntos!

Agradecemos sempre à Fielding Graduate University, por apoiar nosso trabalho, e às outras universidades das quais somos afiliados – Capella, Walden, University of the Rockies e Wayland Baptist – por darem voz a nossa prática de ensino *on-line*. Também agradecemos afetuosamente aos nossos estudantes: sem vocês, este livro não teria existido!

Nosso obrigado, é claro, a nossas famílias. Sua paciência e seu amor nos ajudam a fazer o que fazemos e nos possibilita avançar na exploração de novas maneiras de trabalhar com aquilo que amamos.

Autores

Rena M. Palloff é proprietária da Crossroads West, que trabalha com instituições, organizações e corporações interessadas no desenvolvimento de programas de treinamento e de aprendizagem a distância *on-line* e na condução de orientação, treinamento e desenvolvimento de docentes. Além disso, é consultora há mais de 20 anos em áreas diversas, como saúde, ambientes acadêmicos e tratamento de dependência de drogas. Palloff é docente da Fielding Graduate University, no programa de mestrado em desenvolvimento e gerenciamento organizacional e na School of Educational Leadership and Change, onde fez o *design* de um programa de mestrado em educação focado no ensino *on-line*, integrando tecnologia na sala de aula do K-12 e uso de mídias sociais na educação. É professora adjunta da Capella University na School of Social and Behavioral Sciences, ensinando e orientando no doutorado profissional em serviço social. Conduz treinamentos para o desenvolvimento de docentes na University of the Rockies e orienta teses de doutorado na Walden University.

Palloff recebeu seu diploma de bacharelado em sociologia pela Winconsin-Madison University e de mestrado em serviço social pela Wisconsin-Milwaukee University. É mestre em desenvolvimento organizacional e doutora em sistemas humanos e organizacionais pela Fielding Graduate University .

Keith Pratt começou sua carreira no funcionalismo público como técnico de sistemas computacionais da Força Aérea dos Estados Unidos. Serviu em várias posições, inclusive como supervisor de manutenção de sistemas computacionais, chefe da Divisão de Apoio Logístico, chefe da Divisão de Telecomunicações e superintendente da Divisão de Telecomunicações Seguras. Após deixar a Força Aérea, Pratt ocupou os cargos de secretário e docente na Charter College, de diretor na Chapman College e de instrutor e consultor na The Growth Company. Como professor adjunto da Wayland Baptist University e da University of Alaska, lecionou cursos nas áreas de comunicação, administração e negócios, teorias organizacionais e tecnologia computacional. Foi professor do programa de estudos internacionais e diretor do programa de sistemas de informações de gerenciamento, no *campus* central e no exterior, da Otawa University, no estado do Kansas. Atualmente, leciona *on-line* na Wayland Baptist University, na Capella University e na Walden University.

Pratt graduou-se na Wayland Baptist University com um diploma duplo em administração de empresas e tecnologia de sistemas computacionais. É mestre em gerenciamento de recursos humanos pela Chapman University, mestre em desenvolvimento organizacional e doutor em sistemas humanos e organizacionais pela Fielding Graduate University. É doutor *Honoris Causa* pela Moscow State University.

Desde 1994, Palloff e Pratt têm conduzido colaborativamente pesquisas e treinamentos nas áreas emergentes de facilitação de grupos *on-line*, construção de comunidades presenciais e *on-line*, planejamento de programas e desenvolvimento de programas de aprendizagem a distância, além de gerenciamento e supervisão de programas acadêmicos *on-line*. Em conjunto com a Fielding Graduate University, desenvolveram o programa de certificação acadêmica em aprendizagem e ensino *on-line*, projetado para auxiliar os docentes a se tornarem facilitadores e desenvolvedores de cursos *on-line* eficazes.

Figuras, Tabela e Exposições

Figuras

2.1	Elementos da comunidade de aprendizagem	41
2.2	Modelo de colaboração *on-line*	51
4.1	A infraestrutura tecnológica	82
5.1	Amostra de fórum de discussão	101
8.1	Modelo de desenvolvimento de grupos de McClure	147
8.2	Modelo aplicado aos cursos *on-line* de McClure	149
8.3	Características dos grupos *on-line* eficazes	157

Tabela

1.1	Respostas de docentes e administradores às preocupações comuns sobre tecnologia	26

Exposições

5.1	Objetivos de aprendizagem do curso	93
5.2	Tarefas do curso	94
5.3	Diretrizes do curso	96
5.4	Cronograma e tarefas do curso	99
5.5	Amostra de prova final para teorias de sistemas	104
5.6	Amostra de rubrica	112

Sumário

Prefácio: a face da aprendizagem *on-line* nos dias de hoje 13

PARTE I
Repensando a educação para um mundo *on-line*

1. A aprendizagem *on-line* no século XXI 20
2. A arte do ensino *on-line* 35
3. Questões e preocupações administrativas 55
4. As ferramentas do ensino *on-line* 68

PARTE II
Ensinando e aprendendo *on-line*

5. Transformando cursos para a sala de aula *on-line* 88
6. Lecionando cursos desenvolvidos por outras pessoas 114
7. Trabalhando com o aluno virtual 126
8. Dinâmica da sala de aula *on-line* 145
9. Lições aprendidas na sala de aula virtual 168

Apêndice A: Exemplo de capacitação para docentes 183

Apêndice B: Recursos adicionais 194

Referências 198

Índice 204

Prefácio:
a face da aprendizagem *on-line* nos dias de hoje

No início, achávamos que fazer uma segunda edição deste livro seria uma tarefa extremamente árdua. Pedimos aos nossos editores para que procurassem as revisões da edição original porque continuávamos a receber bons *feedbacks* em relação à sua utilidade, embora soubéssemos que ela já estava um tanto defasada. Estávamos preocupados em continuar fiéis ao trabalho original enquanto o atualizávamos. Não precisávamos ter nos preocupado: conforme líamos novamente o livro e examinávamos as revisões, ficou claro para nós que muito do conteúdo do texto original estava extremamente desatualizado. Algumas das questões continuam sendo atuais, como as preocupações administrativas e as disparidades na integração da tecnologia em uso. Porém, muitas questões e preocupações novas surgiram nos últimos 10 anos, algumas das quais jamais poderíamos ter previsto.

Iniciamos a primeira edição de *Lições para a sala de aula no ciberespaço*, que foi rebatizada nesta edição revisada, com uma discussão sobre como as pequenas mudanças na tecnologia impactaram a aprendizagem *on-line*. Na época, não prevíamos grandes mudanças que pudessem alterar a face dessa forma de educação. Como estávamos errados! O uso da tecnologia móvel e as redes sociais são apenas duas das muitas mudanças tecnológicas que estão alterando significativamente a maneira como a educação *on-line* ocorre. Essas mudanças, assim como a forma como a educação *on-line* evoluiu e é atualmente conduzida, são a essência desta nova edição.

A mudança acontece de forma rápida e implacável, e, por causa disso, focar em uma forma predominante de sistema de gerenciamento de cursos, por exemplo, irá defasar este livro antes mesmo de ele ser publicado. Portanto, apesar de apresentarmos e discutirmos muitas tecnologias nesta edição, nossa principal preocupação continua sendo as melhores práticas na realização da educação *on-line*. Esse é o foco do nosso trabalho nesta edição, juntamente com os questionamentos que continuam surgindo em relação a essa forma de educação. Consequentemente, não fazemos referências nem apresentamos imagens de sistemas de gerenciamento de cursos como fizemos na primeira edição. Quem sabe qual será a situação desses sistemas daqui a 3 ou 5 anos?

A APRENDIZAGEM *ON-LINE* NO SÉCULO XXI

Alguns dos desenvolvimentos que discutimos na edição original permanecem passíveis de debate. Suas atualizações, juntamente com algumas preocupações mais recentes, demonstram a complexidade da aprendizagem *on-line* atual. Eles retomam preocupações que consideramos há 10 anos, mas que talvez tenham evoluído e, assim, nós as discutimos mais detalhadamente nesta edição.

Os custos do ensino *on-line*

As faculdades e as universidades menores estão entrando no mercado da aprendizagem *on-line* para aumentar o número de estudantes que podem alcançar e porque os alunos e os docentes estão demandando esse serviço. Há 10 anos, comentamos sobre a disparidade entre as instituições com orçamentos para apoiar a aprendizagem *on-line* e aquelas que não tinham esses recursos. Essa já não é mais uma questão muito séria, graças ao advento dos sistemas de gerenciamento de cursos de código aberto, do uso de *blogs* e *wikis* que estão em domínio público e do uso de tecnologias móveis. Esses desenvolvimentos podem, na verdade, ajudar a diminuir aquilo que tem sido chamado de exclusão digital. Dito isso, porém, a capacidade de preparar e apoiar os estudantes e os docentes, bem como de manter um ambiente cada vez mais tecnológico, implica custos bastante reais que as instituições com orçamentos e número de alunos matriculados cada vez menor acham difíceis de manter.

Controle dos docentes sobre o processo acadêmico

Atualmente, é raro encontrar uma objeção massiva por parte de docentes em relação ao desenvolvimento de programas e cursos *on-line*. Contudo, focos de resistência de docentes ainda existem e, em muitos casos, os docentes ainda estão enfrentando dificuldades para decidir se devem lecionar *on-line* e quais tecnologias usar caso decidam fazê-lo. Em muitos casos, os docentes ainda têm pouca ou nenhuma influência sobre quais sistemas de gerenciamento de cursos serão usados em suas instituições ou sobre as escolhas tecnológicas em geral. Consequentemente, questões sobre o grau em que os docentes devem estar envolvidos nessas decisões, as quais têm sérias implicações para o *design* e para a oferta de cursos, continuam em aberto.

Propriedade do curso

Os professores são donos dos cursos que desenvolvem ou esses cursos são propriedade das instituições? Levantamos essa indagação 10 anos atrás e ela continua sem resposta. Cada vez mais, as instituições estão avançando em direção ao oferecimento de cursos já prontos, dos quais os docentes são facilitadores, em função da escalabilidade dos programas *on-line*. Entretanto, algumas das indagações que apontamos anteriormente sobre esse tópico ainda são atuais: os docentes que lecionam um curso desenvolvido por outra pessoa devem receber permissão para alterá-lo, a fim de adaptá-lo aos seus próprios estilos de ensino, além de eliminar e incluir materiais que considerem desnecessários ou mais importantes? Os professores ainda precisam saber quem é o "dono" dos cursos e dos seus materiais. Na sala de aula presencial, como os professores desenvolvem e oferecem seus próprios cursos, isso nunca foi um problema. Na sala de aula *on-line*, essa questão seguramente precisa ser considerada.

Necessidade de capacitação continuada

Infelizmente, as instituições acadêmicas supõem que, caso ofereçam programas e cursos *on-line*, os professores saberão como ensinar nesse ambiente e, mais importante, os alunos saberão como aprender ou como lidar com esse material. Nossa experiência no ensino de cursos *on-line* e na realização de consultorias com professores, desenvolvedores de docentes e administradores de todas as partes dos Estados Unidos continua a nos mostrar que, na verdade, as coisas não funcionam dessa maneira. De fato, os docentes precisam de capacitação e auxílio na realização da transição para o ambiente *on-line*, mas isso não está acontecendo com a frequência ou a qualidade esperadas. Os alunos também precisam receber lições sobre como aprender *on-line*, apesar de ser muito raro ver programas de orientação com essa finalidade.

O ensino e a aprendizagem por meio do uso da tecnologia exigem mais do que o domínio de um *software*, embora esse continue a ser o foco do treinamento de professores. É necessária uma consciência do impacto que essa forma de aprendizagem tem sobre o próprio processo de aprendizagem. À medida que mais instituições e seus professores adotem a sala de aula *on-line* e obtenham sucesso e enfrentem dificuldades no processo, eles vivenciam de perto as realidades do ensino *on-line* e estão fazendo mais, e não menos, perguntas sobre como realizar a transição de maneira bem-sucedida. Além disso, nem todos os professores começam a lecionar *on-line* no mesmo ponto, e raramente a capacitação é personalizada de modo a atender ao nível de experiência dos que necessitam desse treinamento. Consequentemente, apresentamos sugestões concretas para o desenvolvimento e a oferta de cursos. Também apresentamos sugestões para os docentes que estão sendo tendo de lecionar um curso que não criaram.

Avanços na tecnologia

Embora tenhamos dito que não é nossa intenção focar na tecnologia neste livro, precisamos discutir algumas mudanças que ocorreram e como elas estão impactando a aprendizagem *on-line* nos dias de hoje. A tecnologia móvel, como os telefones celulares e os *tablets*, está mudando, literalmente, a face da aprendizagem *on-line*. Os sistemas de gerenciamento de cursos de código aberto estão facilitando, para docentes e instituições, o desenvolvimento e a realização de cursos *on-line*. As tecnologias de redes sociais, como o Facebook e o Twitter, estão se infiltrando nas disciplinas e nos cursos *on-line*. O uso de tecnologias *Web* 2.0 está nos levando em direção ao conteúdo gerado por alunos e à maior atribuição de poder a eles. Todos esses são importantes desenvolvimentos que precisam ser explorados.

Avanços na aprendizagem *on-line* do K-12[*]

Embora não seja um dos focos principais deste livro, a aprendizagem *on-line* está produzindo um impacto definitivo no K-12. Como resultado, há maior pressão sobre as faculdades comunitárias e sobre o ensino superior para que aumentem e melhorem as ofertas de cursos *on-line*. Os estudantes que estão concluindo o ensino médio estão à procura de cursos *on-line* e têm muito mais habilidade no uso dos recursos *on-line* do que os alunos do passado. Muitas instituições ainda não estão à altura desse desafio e precisam entender como se preparar para os alunos que estão demandando mais em termos de uso de tecnologia e mediação de cursos *on-line*.

O ambiente regulatório

Nos últimos anos, o ensino superior passou a ser minuciosamente examinado pelo U.S. Department of Education, resultando em regulamentos que buscam reduzir o tempo e o volume de financiamento necessários para a obtenção de um diploma. Ademais, há preocupações com a relação entre o diploma e a possibilidade de o graduado encontrar um emprego. A aprendizagem *on-line* recebeu mais críticas com relação às autorizações estaduais para a condução de programas educacionais, juntamente com preocupações a respeito da qualidade dos cursos e programas oferecidos *on-line*. Alguns desses regulamentos, como os que dizem respeito às autorizações estaduais, foram postergados. Entretanto, os administradores de programas *on-line*, ou de faculdades e universidades em que cursos *on-line* são oferecidos, estão tentando entender o que será necessário para atender esses requisitos quando eles entrarem em vigor. Se uma escola esti-

---

[*] N. de R.T.: K-12 é a denominação utilizada nos Estados Unidos, no Canadá e na Austrália para designar o conjunto das 12 séries que compõem a educação primária e secundária (correspondentes, no Brasil, aos ensinos fundamental e médio).

ver localizada na Califórnia, por exemplo, e admitir alunos de todos os Estados do país, essa escola precisará da autorização de cada Estado? Essas perguntas sem resposta são uma preo-cupação para os administradores.

ORGANIZAÇÃO DOS CONTEÚDOS

Comparando esta edição com a original, não alteramos significativamente a organização do livro. Contudo, para auxiliar os leitores a navegar pela miríade de questões que aqui exploramos, cada capítulo inicia com uma breve discussão das questões por ele tratadas. Também apresentamos dicas ao final de cada capítulo e os organizamos de acordo com o público ao qual se destinam: docentes, desenvolvedores de docentes ou administradores.

Os capítulos da Parte I examinam as questões envolvidas ao se repensar a educação em um mundo cada vez mais *on-line*. O Capítulo 1 examina as questões que hoje são de grande preocupação para todos os leitores interessados. O Capítulo 2, voltado aos docentes e aos desenvolvedores de docentes, explora a oferta de ensino *on-line* eficaz. O Capítulo 3 é voltado aos administradores e aborda as questões atuais no desenvolvimento e na realização da educação *on-line*. O Capítulo 4 foca a tecnologia e examina não apenas o seu impacto, mas também as várias ferramentas que já estão moldando a aprendizagem *on-line*.

O público da Parte II deste livro é formado, principalmente, por docentes, *designers* instrucionais e desenvolvedores de docentes. Porém, os administradores também se beneficiarão de sua leitura ao compreender as necessidades desses grupos na transformação e na mudança para as aulas *on-line* (Cap. 5) e ao lecionarem um curso desenvolvido e projetado por outra pessoa (Cap. 6), as questões e as preocupações dos alunos virtuais (Cap. 7) e as dinâmicas de sala de aula que podem surgir ao se lecionar *on-line* (Cap. 8). O capítulo final une todos os temas apresentados ao longo do livro. Ao fazer isso, temos por objetivo apoiar todos os leitores na revisão das lições que aprendemos nos últimos 10 anos e mostra como elas podem informar a próxima década. O Apêndice A traz dois exemplos de treinamento de docentes para auxiliar os leitores a colocar em prática os princípios apresentados neste livro. O primeiro é uma orientação geral para os docentes que estão adentrando o ensino *on-line*, e o segundo foca a construção de comunidades em disciplinas *on-line*. O Apêndice B apresenta recursos adicionais aos professores e àqueles que os apoiam em seu trabalho de ensino *on-line*. Estão inclusos listas de comunidades de prática, programas de certificação de ensino *on-line*, periódicos e outros.

Quando lançamos a primeira edição deste livro, em 2001, ele era a continuação lógica de nosso primeiro livro, *Building Learning Communities in Cyberspace* (PALLOFF; PRATT, 1999). Desde então, revisamos esse primeiro livro novamente para repensar a importância da construção de uma comunidade de aprendizagem como parte da oferta de instrução *on-line*. Também proporcionamos um guia para a construção de um curso eficaz para aqueles que estão adentrando a arena *on-line* pela primeira vez. Como continuamos a escrever, a falar e a fazer consultorias utilizando os conceitos do primeiro livro, assim como de nossas outras publicações, e a lecionar *on-line*, aprendemos mais sobre as realidades do ensino *on-line* a cada dia. Esta segunda edição deve ajudar os docentes, desenvolvedores de docentes e administradores a avançar ainda mais no processo, à medida que exploramos as questões que enfrentam regularmente. Projetamos este livro principalmente para eles. Esta obra também será útil para aqueles profissionais do setor corporativo que estão sendo constantemente solicitados a desenvolver programas de capacitação de funcionários que são integralmente realizados *on-line*. Os leitores compreenderão melhor as forças que continuam a moldar a educação, de maneiras novas e empolgantes. O livro também proporciona aos leitores novas dicas, ferramentas e *insights*, a fim de instrumentalizá-los para que entrem e participem com maior confiança nesse ambiente em constante modificação.

Rena M. Palloff – Alameda, Califórnia
Keith Pratt – Delight, Arizona

Parte I

Repensando a educação para um mundo *on-line*

1
A aprendizagem *on-line* no século XXI

Por causa da natureza mutável dos estudantes de hoje, das pressões econômicas e da rápida implementação de cursos e programas de aprendizagem a distância, as definições sobre o que constitui a educação e a aprendizagem também estão mudando. Considerando que, há alguns anos, os docentes viam seus alunos como tábulas rasas, cujas mentes poderiam ser preenchidas com as informações que transmitiam, a atual teoria construtivista sustenta que os estudantes criam conhecimento e significado por meio da sua interação com os demais estudantes, com o professor e com o ambiente. Uma abordagem colaborativa para a aprendizagem, tal como aquela promovida pelo pensamento construtivista, pode produzir níveis mais profundos de criação de conhecimento (BROOKS; BROOKS, 2000). O uso de tecnologias de aprendizagem a distância e, mais especificamente, de aprendizagem *on-line*, tem crescido e contribuído para as mudanças que estão ocorrendo na oferta de serviços educacionais.

As mudanças resultantes da oferta de aulas *on-line* em instituições acadêmicas estão sendo acompanhadas pelo apoio dos educadores, mas também há um certo desconforto. Embora o nível de desconforto possa estar caindo para alguns, o ceticismo em relação à qualidade da educação *on-line* persiste (ALLEN et al., 2012). Para ilustrar as mudanças que estão ocorrendo nas atitudes dos educadores em relação à aprendizagem *on-line*, revisitamos uma amostra das opiniões expressas por docentes que se defrontaram com o ensino *on-line*, as quais foram publicadas na edição de 1999 da revista *Academe*:

> Alguns estudantes aprendem melhor em um curso no qual possam interagir pessoalmente com o professor. Outros, entretanto, obtêm melhores resultados em um ambiente *on-line*. Os estudantes tímidos, por exemplo, tendem a se sentir mais livres *on-line*, assim como muitos estudantes estrangeiros que se sentem inseguros em relação às suas habilidades de conversação em inglês. (MALONEY, 1999, p. 21).

> A presença física é insubstituível [...] A educação envolve muito mais do que aulas expositivas e discussões em sala de aula. Nossos alunos aprendem conosco o que os estudiosos de nossas disciplinas fazem. Mostramos os padrões de pensamento e avaliamos se nossos estudantes estão entendendo [...] Quando os estudantes identificam-se conosco ou com nossas disciplinas, eles passam a apreciar o esforço necessário para se

chegar ao conhecimento; alguns podem até mesmo optar por participar da aventura intelectual. (MARTIN, 1999, p. 35).
A realidade é que a tecnologia está desempenhando, e continuará a desempenhar, um papel crucial no ensino e na aprendizagem. Como uma ferramenta pedagógica, a educação a distância provavelmente leva a resultados educacionais diferentes daqueles alcançados pela instrução baseada na sala de aula tradicional – alguns melhores, outros piores [...] O debate real precisa focar na identificação das abordagens que funcionam melhor para o ensino de estudantes, e ponto final. (MERISOTIS, 1999, p. 51).

Embora continuemos a escutar opiniões semelhantes ainda hoje, a aprendizagem *on-line* se tornou ubíqua. Como resultado, o nível de resistência expressado em 1999 começou a diminuir até certo ponto, e vemos, ao menos, uma disposição para experimentar o ensino *on-line*. Um estudo muito recente, conduzido pelo Babson Survey Research Group (ALLEN et al., 2012), indica que os docentes alegam ser mais pessimistas do que otimistas em relação à aprendizagem *on-line*. Eles estão céticos sobre a qualidade dos resultados da aprendizagem dos cursos *on-line* e resistem a esse tipo de ensino. Curiosamente, 75% dos participantes desse estudo lecionam em tempo integral, e não lecionam *on-line*. O estudo indicou que os docentes que trabalham meio turno e não possuem estabilidade são muito mais abertos ao ensino *on-line* do que seus colegas que lecionam em turno integral e possuem estabilidade empregatícia. Os autores do estudo especulam que a quantidade de tempo empregada no ensino *on-line*, que pode ser ou não recompensada equitativamente, é parte do problema. E, mesmo assim, o número de alunos matriculados em cursos *on-line* aumentou drasticamente (estimado em 6,1 milhões no ano de 2010) (ALLEN et al., 2012).

Pesquisas realizadas na University of Central Florida indicam que aquilo que foi descrito anteriormente como um *continuum* entre as aulas totalmente presenciais e aquelas integralmente *on-line* diminuiu significativamente e logo deixará de existir (ALLEN; SEAMAN, 2004, 2005; YOUNG; CHAMBERLAIN, 2006). A maioria das aulas presenciais já inclui alguma forma de integração tecnológica, às vezes chamada de "suplementação" ou "facilitação via *web*", e se previa que, em 2013, a vasta maioria dos cursos de ensino superior oferecidos seria formada por híbridos, ou seja, pelo menos 40% do seu tempo instrucional seria de aulas *on-line* (ALLEN; SEAMAN, 2004). Com base em nossa experiência e em nossas observações, essa previsão concretizou-se. Consequentemente, o novo *continuum* vai das aulas que utilizam apoio tecnológico até as aulas totalmente *on-line*, em vez de ir das aulas inteiramente presenciais às aulas totalmente *on-line*.

O advento da tecnologia móvel também serviu para aumentar o uso de tecnologia nas aulas tradicionais. As tarefas agora incluem o uso do Twitter e de mensagens de texto, assim como a possibilidade de se acessar *sites* de cursos *on-line* por meio de telefones celulares ou de tablets, como o iPad. Dada a vasta quantidade de tecnologia disponível, os docentes agora estão dispostos a, pelo menos, experimentá-las. Uma professora de política social contou-nos recentemente que a sua preocupação com a falta de interesse em relação à sua disciplina a levou a conduzir um grupo focal (*focus group*) com seus alunos de graduação. Ela descobriu que os estudantes queriam que fossem usadas algumas formas de tecnologia, particularmente os *wikis* (páginas da *web* criadas de forma colaborativa), como uma forma de envolvê-los, além de lhes permitir explorar o conteúdo colaborativamente. Os estudantes exigem cada vez mais a inclusão de tecnologia nos cursos, e os docentes precisam responder a essa exigência.

Independentemente de qualquer desconforto residual, a educação *on-line* chegou para ficar. Ronald Phipps e Jamie Merisotis, do Institute for Higher Education Policy, observaram em seu relatório pioneiro sobre a educação a distância, de 1999, que

> [...] a tecnologia tem, e continuará a ter, um profundo impacto sobre as faculdades e universidades dos EUA e do resto do mundo. O ensino a distância, que já foi uma espécie de "primo pobre" dentro da comunidade acadêmica, está se tornando cada vez mais visível como uma parte da família do ensino superior. (PHIPPS; MERISOTIS, 1999, p. 29).

Um levantamento inicial das tendências na educação *on-line* (KIM; BONK, 2006) concluiu que, diante do crescimento da demanda pela aprendizagem *on-line*, as habilidades mais importantes para um instrutor *on-line* estariam relacionadas a como moderar ou facilitar a aprendizagem e a como desenvolver ou planejar cursos *on-line* de alta qualidade. A demanda por cursos *on-line* no ensino superior continuou a aumentar; além disso, há mais instruções *on-line* para as séries do K-12[*], com os alunos e os professores utilizando uma ampla variedade de recursos de internet, redes sociais e novas tecnologias educacionais. O levantamento sobre aprendizagem *on-line* do *Sloan Consortium* (ALLEN; SEAMAN, 2011) revela que o número de estudantes do ensino superior matriculados em cursos *on-line* excedeu os 6 milhões, e não dá sinais de declínio. O relatório Sloan conclui que a recessão econômica nos Estados Unidos ajudou a aumentar a demanda por cursos e programas *on-line*.

Como resultado, há uma demanda por professores escolares e docentes em nível universitário que tenham as habilidades necessárias para integrar essas tecnologias na sala de aula face a face, assim como mediar aulas inteira ou parcialmente *on-line* (misturada ou híbrida) (LORENZO, 2011), e os estudantes de licenciatura e pedagogia estão buscando adquirir essas habilidades. Atualmente, as escolas tradicionais de educação não estão atendendo a essa demanda. Considerando esses fatos, qual tem sido o impacto desse fenômeno sobre a educação? Como a aprendizagem *on-line* afeta a aprendizagem em geral? Como devem ser tomadas as decisões sobre questões como sistemas de gerenciamento de cursos, cursos oferecidos, docentes que irão lecionar *on-line* e o processo de desenvolvimento de cursos? Quais são as implicações legais e éticas dessas decisões? Como treinamos os docentes para que entendam e usem a aprendizagem *on-line* e as tecnologias de aprendizagem *on-line* de modo eficaz e conheçam as novas abordagens de ensino necessárias para uma aula eficaz? Como ensinamos os docentes a construir interatividade e senso de comunidade por meio do uso de tecnologia, em vez de algo que poderia ser, de outro modo, um meio simplório baseado em texto? Exploramos essas e outras questões neste livro, conforme discutimos as lições aprendidas com as atuais salas de aula *on-line*.

Neste capítulo, revisamos o estado atual da aprendizagem *on-line*, incluindo uma discussão inicial da tecnologia atual e emergente, que depois será retomada no Capítulo 4. Também revisamos algumas das

---

[*] N. de R.T.: Ver nota na página 16.

questões cruciais com as quais docentes e administradores defrontam-se no ensino e na aprendizagem *on-line* e observamos algumas das lições, para o ensino superior, que estão emergindo do setor K-12. Encerramos este capítulo com uma discussão sobre a eficácia do ensino e da aprendizagem *on-line*.

APRENDIZAGEM *ON-LINE* HOJE

Nem todas as aulas *on-line* são criadas da mesma maneira. Um documento técnico publicado no *website* da Blackboard, uma empresa de gerenciamento de cursos, define a educação *on-line* como

> [...] uma abordagem ao ensino e à aprendizagem que utiliza as tecnologias de internet para a comunicação e a colaboração em um contexto educacional. Ela inclui tecnologia que suplementa o treinamento de sala de aula tradicional com componentes baseados na *web* e ambientes de aprendizagem em que o processo educacional é experimentado *on-line*. (BLACKBOARD, 1998, p. 1).

Continuamos a concordar com essa definição, embora ela tenha sido escrita há muitos anos. As tecnologias que podem ser usadas estão mudando, e a definição indica que há mais do que uma maneira de oferecer aulas *on-line*, algo que está se tornando cada vez mais verdadeiro à medida que as novas tecnologias são incorporadas ao ensino *on-line*. Uma forma não é necessariamente preferível a outra, e a tecnologia usada depende, em grande medida, do conteúdo do curso que está sendo ensinado e da experiência do professor e dos estudantes. Uma boa maneira de os docentes começarem é usar a tecnologia para melhorar uma aula presencial. Conforme ganham experiência no ensino *on-line*, mudar de uma abordagem complementar para uma em que uma aula é inteiramente disponibilizada via internet torna-se mais fácil.

A melhoria do que está acontecendo na sala de aula face a face pode ser alcançada por meio do uso de um livro-texto eletrônico, que provavelmente inclui atividades de aprendizagem associadas em um *website* com exercícios, além de material para "aula expositiva". Alguns docentes usam um fórum de discussões assíncronas localizado no *site* de um curso *on-line* ou adicionam um bate-papo ou discussões síncronas; eles podem até mesmo simplesmente usar *e-mail*. Toda essa tecnologia provavelmente será usada, também, em uma aula que seja conduzida completamente, ou quase completamente, *on-line*, com a diferença de que haverá poucas, ou mesmo nenhuma sessão presencial associada à aula.

As tecnologias emergentes estão mudando o perfil da aprendizagem *on-line*. O uso de telefones celulares, *smartphones*, *tablets* e iPods está permitindo o acesso móvel a partes ou à totalidade dos cursos *on-line* de um estudante. As tecnologias *Web* 2.0 e *Web* 3.0 permitem que os usuários criem o conteúdo ou utilizem-no como um suplemento dos cursos *on-line*. Como resultado, os estudantes podem criar apresentações, construir colaborativamente materiais utilizando *wikis*, manter *blogs* (*Web logs* ou diários *on-line*) e interagir com outros que estão escrevendo em *blogs*. As tecnologias de redes sociais possibilitam a oferta de cursos fora do sistema de gerenciamento de cursos formal da instituição. Esses desenvolvimentos empolgantes também trazem consigo questões e preocupações que abordaremos neste livro.

Uma das principais questões continua a ser a capacitação adequada de docentes para a construção e disponibilização de cursos de alta qualidade. Atualmente, poucos *campi* oferecem o tipo de capacitação que os docentes necessitam para obter sucesso *on-line*. Quando simplesmente se oferece aos docentes um sistema de gerenciamento de cursos e se diz a eles que um curso precisa ser desenvolvido e apresentado, é provável que o curso resultante tenha interação mínima e dê pouca atenção ao desenvolvimento de uma comunidade de aprendizagem, que promove aprendizagem colaborativa e ajuda a alcançar os resultados de aprendizagem. É provável que o docente inexperiente na aprendizagem *on-line* tente replicar aquilo que há anos tem feito na sala de aula presencial. Nos Capítulos 2 e 5, discutimos em maior profundidade as necessidades de capacitação dos docentes e a boa construção de cursos, e, no Apêndice A, oferecemos um modelo para a capacitação de docentes.

TECNOLOGIAS ATUAIS E EMERGENTES

Embora a maioria dos sistemas de gerenciamento de cursos já ofereça aos docentes a capacidade de personalizar seus cursos de diversas maneiras, as tecnologias emergentes estão permitindo que os docentes desloquem suas aulas para fora do sistema da instituição e possibilitando que os estudantes contribuam com conteúdos para o curso existente. Além disso, as discussões assíncronas podem ser complementadas pelo uso de sessões síncronas ou de bate-papo. Clipes de áudio e vídeo podem ser usados. Os docentes podem postar *slides* de PowerPoint ou outras ilustrações gráficas do material em estudo. Documentos de apoio, como folhetos, artigos e notas de aula também podem ser publicados em um *site* de curso. *Links* para outros *sites* de interesse ou para um livro-texto digital podem ser estabelecidos. Em sessões de *whiteboard*,[*] a discussão síncrona pode ocorrer enquanto gráficos são anotados ou sessões de *brainstorming* acontecem.

O progresso do aluno pode ser avaliado de maneiras novas e diferentes. Por exemplo, um professor pode propor aos estudantes a criação de *wikis* ou *blogs* e avaliá-los como parte da nota do curso. Avaliações autênticas podem ser conduzidas com o uso de áudio ou vídeo em tempo real ou com a publicação de artefatos criados pelos alunos. Os estudantes podem criar e exibir uma apresentação de *slides* tirando fotos com seus telefones celulares e as enviando para *sites* como o Flickr. De forma semelhante, eles podem usar a função de gravação em vídeo em um *smartphone* para produzir uma tarefa para um curso. Outros aplicativos permitem a gravação em áudio ou a captura de imagens da área de trabalho de um computador, gravando-as em um filme juntamente com um registro de voz. A função de envio de mensagens de texto de um telefone celular pode ser usada para responder a uma enquete ou enviar respostas para as perguntas do professor, em vez de fazer um *quiz* em um sistema de gerenciamento de cursos.

Muitos desses desenvolvimentos tecnológicos podem ser úteis na acomodação dos vários estilos de aprendizagem dos estudantes. Um aluno auditivo, por exemplo, pode se sentir mais confortável escutando um breve clipe sobre um conceito do que lendo as mesmas informações. Um aluno visual tende a ser bem-sucedido em um ambiente que apresenta textos ou utiliza videoclipes. Um aluno mais cinestésico pode apreciar tarefas que requeiram visitas a outros *websites* na internet e a incorporação de pesquisa *on-line* ou o uso de mensa-

---

[*] N. de R.T.: Tipo de sistema para conferências *on-line* que inclui recursos para interação por voz, vídeo, texto, imagens e *slides* com anotações gráficas, pesquisa instantânea, etc.

gens de texto para envio de material para o curso. Essas técnicas também ajudam a manter as coisas interessantes para os estudantes que sentem a necessidade de mais atividades em uma situação de aprendizagem.

O uso de tecnologia móvel ajuda a diminuir o que vem sendo chamado de exclusão digital: nem todos os estudantes possuem computadores. Muitos estudantes, porém, têm acesso a telefones celulares. Apesar disso, apresentamos os novos desenvolvimentos tecnológicos com uma advertência: nem todos os estudantes têm acesso a um curso que contenha todas essas parafernálias tecnológicas. Um telefone celular não é um *smartphone*, capaz de gravar áudio e vídeo, por exemplo. Ao construir um curso que utiliza as novas tecnologias, o instrutor precisa determinar as tecnologias às quais a maioria dos estudantes terá acesso e fazer adaptações para aqueles que não terão. Tal como acontece desde que a aprendizagem *on-line* começou, a simplicidade *do design* é fundamental.

Em nossa experiência, um curso bem construído possui um *design* lógico e fácil de navegar e é atraente para os usuários. Geralmente, um *site* de curso construído de forma simples e que seja fácil de usar será mais bem recebido pelos estudantes do que um que utilize muitos elementos de multimídia e que seja de difícil acesso devido às baixas velocidades de conexão. Embora muitos estudantes já tenham acesso a conexões de alta velocidade e tecnologia móvel, alguns vivem em áreas onde precisam usar uma linha de telefone convencional para acessar a internet e onde o serviço de telefonia móvel é intermitente. Quando pedimos para que os estudantes avaliem a eficácia de sua experiência de aprendizagem *on-line*, o que eles mais valorizam é a capacidade de participar de discussões com o professor e os colegas. Consequentemente, a escolha da tecnologia que torna mais fácil a conexão dos estudantes uns com os outros, permitindo que eles formem uma comunidade de aprendizagem, é algo fundamental.

QUESTÕES EMERGENTES PARA DOCENTES E ADMINISTRADORES

À medida que o desenvolvimento e a aceitação da aprendizagem a distância *on-line* continuam a crescer, surgem preocupações cruciais para docentes e professores, incluindo o planejamento para uma sólida infraestrutura tecnológica, direitos de propriedade intelectual, análise e desenvolvimento de acordos com docentes (de modo a definir bem a prestação de serviços e os direitos autorais) e a escolha de *software* para a condução de cursos *on-line*. Outra questão é o uso de tecnologias móveis e redes sociais, que traz preocupações com relação à privacidade e a outras questões relacionadas ao trabalho fora dos limites protegidos do sistema da instituição. Muitas dessas preocupações estão relacionadas ao grau de envolvimento dos docentes no planejamento e nas decisões que cercam a implementação dos cursos e programas de aprendizagem a distância *on-line*. Os docentes argumentam que as decisões devem ser tomadas com base na necessidade pedagógica, mas demonstram apreensão com o fato de os administradores estarem mais preocupados com os resultados. As preocupações com a segurança também estão afetando a maneira como as decisões sobre o uso de tecnologia são feitas. A Tabela 1.1 delineia respostas para preocupações comuns. Ela é seguida por uma breve discussão de cada uma dessas questões.

Tabela 1.1 Respostas de docentes e administradores às preocupações comuns sobre tecnologia

Preocupação	Resposta dos docentes	Resposta dos administradores
Decisões sobre tecnologias Tecnologia a ser usada na oferta de cursos *on-line* e híbridos.	Querem participar da escolha de tecnologia que sirva às necessidades pedagógicas.	Muitas vezes, querem ter o controle sobre as compras de tecnologia para garantirem a facilidade de suporte e manutenção.
Decisões sobre governança Decisões sobre quais cursos e programas serão oferecidos *on-line* e quem irá ministrá-los.	Querem poder opinar sobre os cursos e programas que serão oferecidos *on-line*. Querem ter a opção de adotar ou abandonar o ensino *on-line* e opinar sobre questões de carga de trabalho.	Querem manter o controle sobre questões de carga de trabalho. Frequentemente, utilizam professores temporários para oferecer cursos *on-line*, a fim de lidar com as preocupações em relação à carga de trabalho. Geralmente, são responsáveis pela decisão sobre que cursos e programas são oferecidos *on-line*.
Propriedade intelectual Quem é o dono dos cursos e o que constitui o trabalho para o qual se está contratando.	Querem manter a propriedade dos cursos desenvolvidos ou dos materiais publicados em um curso *on-line*. Querem receber uma remuneração adequada pelo desenvolvimento de seus próprios cursos ou como prestação de serviços para a universidade.	Geralmente, veem o desenvolvimento de cursos como prestação de serviços, propriedade da universidade ou parte do papel dos docentes. Precisam se envolver na negociação de acordos razoáveis com os docentes.
Decisões de treinamento de estudantes e docentes *Design* e oferta de programas de capacitação para docentes e estudantes.	Precisam de treinamento em *design* e desenvolvimento de cursos, bem como em docência *on-line*. Apoiam a orientação de estudantes para a aprendizagem *on-line*.	Apoiam os altos e baixos da capacitação, mas com preocupações orçamentárias. A capacitação deve ser prioridade máxima e apoiado de forma contínua.
Decisões sobre o *design* de cursos Como é feito e quem participa do *design* de cursos.	Querem participar do *design* de cursos como especialistas na matéria ou no *design* dos seus próprios cursos.	Precisam apoiar uma abordagem de equipe para o *design* de cursos *on-line* ou apoiar os docentes por meio do fornecimento de serviços de *design* instrucional.
Carga de trabalho do instrutor Decisões sobre a quantidade de docentes *on-line* necessários.	Os docentes compreendem que o ensino *on-line* requer mais tempo do que o ensino na sala de aula presencial; consequentemente, alguns resistem ao ensino *on-line*.	Precisam estabelecer cargas de trabalho razoáveis para os docentes, incluindo dar aulas *on-line* e presenciais, juntamente com outras responsabilidades. Situações de sobrecarga para o ensino *on-line* devem ser evitadas.
Ambiente de regulamentação Os novos regulamentos do U.S. Department of Education estão impondo a necessidade de se fazer cursos e programas relevantes para potenciais trabalhos ou carreiras e de se reduzir o tempo dos programas.	Os docentes estão sentindo a pressão de ter de fazer os estudantes avançarem nos programas mais rapidamente e de ter de alinhar os cursos mais diretamente com as escolhas de carreira dos estudantes.	Precisam se comunicar diretamente com os docentes com relação às exigências regulamentares e buscar soluções proativas colaborativamente.

A tecnologia para o ensino *on-line* é escolhida sem a participação dos docentes

Curiosamente, embora tenha sido identificada como uma questão inicial na história da aprendizagem *on-line*, muito pouco foi escrito sobre esse problema além de citá-lo como uma razão possível para os docentes resistirem a participar da aprendizagem *on-line* (ALLEN et al., 2012). Em 1999, Andrew Feenberg afirmou:

> [...] os professores não estão na linha de frente do movimento da educação em rede. Em vez disso, políticos, administradores de universidades e empresas de computadores e telecomunicações tomaram a liderança porque eles esperam lucrar com empreendimentos eletrônicos. (FEENBERG, 1999, p. 26).

Infelizmente, isso continua acontecendo. A falta de envolvimento dos docentes nos processos de tomada de decisões que afetam diretamente a maneira como os cursos *on-line* serão oferecidos continua a ampliar, potencialmente, o abismo entre os docentes e os administradores em relação ao ensino e à aprendizagem *on-line*. Em vez de excluir os docentes das decisões sobre quais tecnologias eles usarão, o envolvimento no processo de tomada de decisão em relação à seleção de sistemas de gerenciamento de cursos pode ajudar a elevar o nível da competência dos docentes necessário para o ensino *on-line* por meio da simples experimentação dos vários sistemas antes de eles serem colocados em uso. Isso pode ajudar os docentes no processo de desenvolvimento de cursos. Rice (2001) discutiu a importância da tomada de decisões participativa junto com um quadro de referência de planejamento para se evitar erros graves. Bower (2001) defende a resistência dos docentes e a chama de ceticismo saudável, observando que muitos se desiludiram com as tecnologias adotadas por suas instituições, porque não foram consultados e não tiveram a capacidade de avaliar como as tecnologias os ajudarão a ensinar e auxiliar no aprendizado dos estudantes.

Caso esteja sendo exigido que os professores lecionem cursos *on-line*, e sabendo-se que o tipo de tecnologia a ser usada por eles pode afetar significativamente o processo de ensino e aprendizagem, não deveriam eles participar da sua seleção? Infelizmente, com base em nossa experiência, raramente eles são envolvidos nesse processo de maneira significativa. Embora os administradores tenham dinheiro e autoridade, os docentes são os usuários finais da tecnologia, e a opinião deles deve ser levada em consideração na hora da escolha. O envolvimento dos docentes irá ajudá-los a aderir ao processo de ensino *on-line* e facilitará o uso do *software*, permitindo que eles foquem mais nas questões pedagógicas do que nas questões técnicas. Bates e Sangrà (2011) sugerem que as decisões sobre tecnologia devem ser feitas em nível de programa e de curso, em vez de nível institucional.

Os administradores, juntamente com os docentes e os estudantes, precisam ser educados sobre as realidades do ensino *on-line* e o impacto que a boa tecnologia pode ter sobre esse processo (BATES; SANGRÀ, 2011). A preocupação deve ser pedagógica, e não orçamentária. Conforme já discutimos, a tecnologia pode ser uma melhoria efetiva para a sala de aula presencial. Os cursos *on-line* bem construídos podem expandir as ofertas institucionais, atraindo, dessa forma, os estudantes que preferem essa modalidade de aprendizagem. Contudo, a aprendizagem *on-line* não é adequada para todos os estudantes e é improvável que ela substitua completamente as salas de aula presenciais.

Questões sobre a governança têm surgido

Assim como a escolha da tecnologia a ser utilizada nos cursos *on-line*, a seleção e o *design* de cursos e programas que serão ensinados *on-line* também estão sendo feitos com pouca ou nenhuma consulta aos docentes. Em muitas instituições, os diretores de departamento estão tendo que decidir quais cursos serão oferecidos, e o *design* de programas está sendo feito pelos administradores, em vez dos docentes, aumentando o nível de resistência destes (BOWER, 2001).

> Quando os administradores, na urgência de lançar programas *on-line* potencialmente lucrativos, prescindem dos canais usuais de consulta ao corpo docente, a qualidade sofre. (MALONEY, 1999, p. 21).

As preocupações com respeito à qualidade continuam a ser as que mais contribuem para a resistência dos docentes ao ensino *on-line* (ALLEN et al., 2012). Os docentes também contestam a criação de órgãos das universidades com fins lucrativos dedicados ao desenvolvimento e à disponibilização de cursos *on-line*, citando a sua baixa qualidade.

O credenciamento de instituições levanta, ainda, outro conjunto de questões relacionadas à governança. À medida que os cursos e programas são disponibilizados *on-line*, as pessoas com a responsabilidade de julgar a qualidade acadêmica enfrentam o desafio de desenvolver novos padrões. Há uma crença de que as aulas *on-line* não podem ser avaliadas por meio do modelo tradicional de credenciamento acadêmico (MIDDLE STATES COMMISSION ON HIGHER EDUCATION, 2011). Como resultado, os novos padrões foram desenvolvidos porque os cursos *on-line* não são uma reprodução daqueles disponibilizados no formato face a face. Barry Dahl (2012), educador e consultor de aprendizagem *on-line*, observa, em seu *blog*, que, embora os mais novos padrões de credenciamento avaliem os programas *on-line* separadamente, eles encorajam a comparação de programas *on-line* com os programas presenciais, indicando, assim, que os programas *on-line* não estão à altura de seu homólogo face a face. Além disso, há temores de que os padrões de qualidade estão sendo ignorados, o que, por sua vez, degrada a percepção do público em relação ao valor de um diploma universitário (ALLEN et al., 2012). Outros, entretanto, acreditam que os novos padrões para a qualidade de cursos e programas *on-line* deveriam ser determinados por meio do *feedback* dos estudantes e da capacidade de resposta institucional, resultando em novos conjuntos de padrões de credenciamento. Visto que as agências de avaliação nacionais e regionais credenciam instituições inteiras, elas aplicam aos programas e cursos *on-line* os mesmos padrões de seus correspondentes face a face. Entretanto, há reconhecimento de que o ensino e a aprendizagem *on-line* são diferentes, e essa consideração foi incluída nos padrões atuais.

Para complicar ainda mais, novas regulamentações para programas *on-line* e presenciais foram decretadas pelo U.S. Department of Education. Essas regulamentações foram feitas para diminuir o tempo gasto pelos estudantes nos programas, reduzindo, assim, o nível de endividamento necessário para a obtenção de um diploma. As faculdades e universidades agora também têm de demonstrar que os cursos e programas que oferecem irão ajudar os estudantes a procurar e obter emprego depois de formados. Por fim, uma regulamentação que terá impacto significativo sobre as instituições que oferecem cursos e programas *on-line* é aquela que estipula que uma faculdade ou uma universi-dade devem ser autorizadas para oferecer educação em qualquer Estado em que um estudante resida. Considerando que as instituições que oferecem cursos *on-line* podem, potencialmente, atrair estudantes de todos os Estados, estão surgindo preocupações com relação à carga administrativa necessária para atender a tais regulamentos. Até o momento em que este livro foi escrito, essa regulamentação havia sido postergada, mas as instituições estão bem cientes de que precisarão se preparar para o caso de ela ser aprovada. Por sua vez, os docentes sentem-se cada vez mais pressionados a atender às demandas de forma tempestiva e, também, aumentar o nível da relevância dos seus cursos para as carreiras profissionais. Isso pode não ser uma grande preocupação para alguém que ensina ciência da computação, por exemplo, mas para um professor que ensina literatura, a preocupação é enorme.

Nada substitui o bom planejamento na criação de qualquer novo empreendimento acadêmico, especialmente em um novo ambiente de regulamentação. Algumas instituições ignoraram o processo de planejamento no desenvolvimento de programas *on-line*, alegando a pressão dos docentes para lançarem cursos *on-line* ou a necessidade de expandir sua participação no mercado rapidamente. Entretanto, assim como acontece com a criação de um único curso, o planejamento com o objetivo em mente aproximará a instituição do uso realista da tecnologia para fortalecer o ensino e a aprendizagem. Isso significa que as instituições devem conduzir avaliações de aprendizagem e de resultados programáticos que esperam atingir por meio dos cursos *on-line*. A inclusão de docentes nesse processo deve auxiliar a criação de uma abordagem equilibrada, focada tanto nas metas pedagógicas como nas orçamentárias.

A aprendizagem *on-line* não irá salvar as instituições acadêmicas atraindo grandes quantidades de estudantes ao mesmo tempo que reduz custos de infraestrutura. Contudo, com um bom planejamento e bons processos de avaliação, as instituições podem evitar erros graves ao desenvolverem programas realistas que abordem as necessidades reais dos estudantes.

Questões de propriedade intelectual, *design* de cursos e propriedade de cursos

Vários artigos publicados em periódicos e *on-line* discutem de quem são os cursos desenvolvidos por docentes para a oferta *on-line*. O curioso é que isso raramente é objeto de discussão quando se trata das aulas presenciais, lecionadas há anos por membros do corpo docente. Quando os membros do corpo docente vão para outra instituição, geralmente levam seus cursos com eles, e outros docentes são contratados para desenvolver e disponibilizar o mesmo curso. Além disso, normalmente não se questiona o fato de que dois docentes que lecionam o mesmo curso podem optar por incorporar conceitos e materiais diferentes e, provavelmente, irão abordar o curso de maneira muito distinta.

Quando se trata dos cursos *on-line*, porém, há uma tendência crescente de a propriedade dos cursos ser reclamada pelas instituições. Como os cursos *on-line* são geralmente armazenados no servidor da universidade e podem ser arquivados ou mantidos intactos indefinidamente, a questão da propriedade tornou-se um tema controvertido. Algumas instituições estão chamando os cursos de "prestação de serviços" e reivindicando sua propriedade, enquanto outras possuem algumas poucas políticas que regulam como os cursos *on-line* são vistos (KROMREY et al., 2005). Ademais, muitas instituições estão contratando docentes de fora da instituição – pessoas que são consideradas especialistas em conteúdo – para desenvolver cursos, ou estão comprando ou licenciando esses cursos, os quais devem, então, ser lecionados pelos instrutores/docentes da instituição. A qualidade do desenvolvimento e o grau em que esses cursos podem ser personalizados é uma questão que discutiremos mais detalhadamente no Capítulo 6.

Assim como os docentes, os estudantes devem ser capacitados para aprender *on-line*

Muitas das pessoas com quem conversamos ao redor do país continuam a acreditar que a chave para a capacitação de docentes está em familiarizá-los com a tecnologia que eles utilizarão para disponibilizar os cursos. Durante nossos seminários de capacitação de docentes, muitos deles nos disseram que, embora tivessem dominado o uso do sistema de gerenciamento de cursos, eles ainda se perguntavam sobre como dariam o curso de forma eficaz. Por que os estudantes não estavam participando? Por que a maior parte, ou toda a interação que ocorria em aula, se dava entre os estudantes e o docente, em vez de se dar entre os estudantes? Por que os estudantes pareciam pouco dispostos ou incapazes de tomar a iniciativa para fazer o curso "acontecer"? Tanto os problemas como as respostas podem estar relacionados a uma questão: o treinamento de docentes, que vai além da tecnologia em uso. Aqueles docentes que lecionam *on-line* precisam receber orientações sobre as diferenças do ensino *on-line* e o que é necessário para se construir uma comunidade de aprendizagem *on-line*. Retornaremos a esse assunto no Capítulo 2.

Os docentes não são os únicos que precisam de capacitação. Os mesmos erros são cometidos com os estudantes. De novo, supõe-se que, se os estudantes conseguem navegar pelo sistema de gerenciamento de cursos, eles podem completar a aula com sucesso. Em nossa experiência, contudo, os estudantes também precisam de treinamento para aprender o que é esperado deles na sala de aula *on-line*. No Capítulo 7, discutiremos as questões que envolvem o trabalho com alunos virtuais.

Finalmente, administradores, políticos e todos aqueles envolvidos na tomada de decisões relacionadas aos programas *on-line* também precisam de capacitação. As realidades financeiras e a capacidade da tecnologia de resolver os problemas orçamentários devem ser transmitidas pelos tomadores de decisões, juntamente com as realidades do ensino e da aprendizagem *on-line*. Os administradores e os tomadores de decisões foram persuadidos de que a aprendizagem *on-line* pode substituir os *campi* e os docentes. Isso é um mito que precisa ser desfeito para que os docentes e os administradores possam trabalhar juntos, a fim de criar programas *on-line* centrados no aluno e sólidos no âmbito pedagógico.

Carga de trabalho dos docentes

O gerenciamento da carga de trabalho dos docentes é um fator importante para a resistência deles ao ensino *on-line* e uma grande preocupação tanto para os docentes novos quanto para os experientes. Conceição e Lehman (2011) observam que as preocupações com a carga de trabalho geralmente surgem a partir das demandas administrativas, da percepção de que os docentes *on-line* estão disponíveis 24 horas por dia e 7 dias por semana, da inexperiência com instrução *on-line* e de como criar um senso de presença com os alunos. A falta de capacitação e suporte contribui para que docentes sintam-se sobrecarregados quando são solicitados a ensinar *on-line*. Bower (2001) relatou que incentivos na forma de carga de trabalho reduzida não eram consistentemente oferecidos aos docentes para ajudá-los com esse problema.

Na verdade, em nossas conversas com professores de várias partes dos Estados Unidos, muitos relataram que dão aulas *on-line* em uma situação de sobrecarga.

Defendemos que o fornecimento de apoio institucional e capacitação para docentes provavelmente reduzirá a resistência e os ajudará a desenvolver estratégias para gerenciar sua vida profissional ao lecionar *on-line*. Isso, combinado com a sensibilidade institucional para a necessidade de planejar melhor e gerenciar o que é esperado dos docentes, provavelmente resultará em cursos e programas *on-line* de maior qualidade, ministrados por docentes habilidosos em ensino *on-line*.

DESENVOLVIMENTOS RECENTES NA APRENDIZAGEM *ON-LINE* DO K–12

Os profissionais do ensino superior podem começar o seu próprio processo de aprendizagem tomando nota dos desenvolvimentos empolgantes que ocorrem no K-12. Embora a tecnologia venha sendo usada como um suplemento ao ensino fundamental e médio há algum tempo, as escolas de ensino médio virtuais e outros serviços de apoio virtual para a comunidade escolar continuam a surgir, trazendo consigo o desenvolvimento de padrões para o ensino *on-line*.

A oferta de aulas *on-line* no setor K-12 está crescendo drasticamente, levando a uma necessidade de capacitação para o ensino *on-line* nos programas de treinamento de professores. Deubel (2008) relata que a demanda por "educação virtual" está aumentando a uma taxa de, aproximadamente, 30% ao ano, e, com isso, cresce a demanda por professores experientes que possam lecionar *on-line*. Watson e Kalmon (2006) relatam que, em 2006, havia 24 escolas virtuais estaduais e mais 12 em processo de desenvolvimento pelos Estados. Como suas contrapartes no ensino superior, os professores precisam de capacitação em fundamentos teóricos, pedagógicos e técnicos de trabalho *on-line*. Eles também precisam entender como facilitar de modo eficaz uma aula *on-line*, incluindo o uso de discussões eficazes, gerenciamento de alunos, incorporação de atividades colaborativas e condução de avaliações *on-line* do trabalho dos estudantes.

Na maior parte das vezes, as escolas virtuais dependem de tecnologias assíncronas para acomodar os cronogramas escolares e individualizar o ritmo da disponibilização do conteúdo. Em alguns casos, é utilizada uma combinação de tecnologias com a realização de tutoria e discussão em salas de aula virtuais síncronas. A determinação do cronograma e do ritmo geralmente coincide com o ano letivo, sendo que algumas escolas virtuais operam com um cronograma aberto ou que dura o ano todo.

Semelhante ao ensino superior, a comunicação entre aluno e professor geralmente toma a forma de trocas de *e-mail* e quadro de discussões de curso. Algumas escolas virtuais exigem telefonemas regulares entre o professor e os alunos ou a participação em sessões síncronas via sala de aula virtual ou bate-papo. São também similares ao ensino superior os muitos papéis e tarefas do professor, incluindo a facilitação de cursos usando meios síncronos e assíncronos, a condução de discussões e a avaliações de desempenho dos estudantes. Uma diferença é que também se espera que os professores do K-12 *on-line* conduzam sessões regulares de tutoria com os estudantes, que são geralmente realizadas em horários programados e por meio de mídia síncrona.

Programas de escola virtual podem possuir abordagens inteiramente *on-line* ou híbridas (ou mistas). Três modelos principais são usados (VAN DUSEN, 2009):

- *Modelos mistos.* Esta é a abordagem usada com mais frequência pelas escolas *charter*[*] ou pelo *homeschooling.*[**] Esse modelo permite que os estudantes trabalhem a maior parte do tempo em suas casas, em aulas *on-line,* mas assistam a aulas em salas de aula face a face com o mesmo instrutor por um curto período todas as semanas.
- *Modelos suplementares.* Esta abordagem permite que os distritos escolares ou múltiplos distritos preencham lacunas curriculares por meio do uso de cursos *on-line.* Nesse caso, os estudantes ficam predominantemente em salas de aula presenciais, mas podem fazer um ou dois cursos *on-line* para ir além do que suas escolas poderiam oferecer. Em geral, essa abordagem tem sido usada para preencher as lacunas causadas por cortes orçamentários, que afetaram predominantemente a capacidade de oferecer cursos eletivos, de colocação avançada, de línguas e outros. Esses modelos também têm sido usados para o fornecimento de programas de cursos de verão e para a recuperação de créditos de estudantes que precisam de créditos para a graduação.
- *Modelos baseados em sala de aula.* Essa abordagem foca na integração tecnológica na sala de aula presencial. Contudo, isso vai além do simples uso da tecnologia para melhorar as aulas, por meio do uso potencial de cursos *on-line* comprados, disponibilizando-os para a sala de aula, ou pelo envolvimento de todos os estudantes *on-line* enquanto estiverem no ambiente face a face.

As demandas do ensino *on-line* no K-12 são provavelmente diferentes daquelas do ensino superior, devido ao nível de desenvolvimento dos estudantes, das maneiras como os cursos são oferecidos, da natureza do currículo e da necessidade de ser responsivo aos diversos públicos (estudantes, pais, escolas, distritos, Estados e até mesmo o governo federal). Por causa disso, a International Association for K-12 Online Learning desenvolveu padrões para o desenvolvimento de cursos *on-line* e a sua oferta. Para realizar essa tarefa, a iNACOL organizou uma equipe de especialistas que consiste em professores *on-line,* desenvolvedores profissionais, *designers* instrucionais, pesquisadores, desenvolvedores de cursos e administradores para analisar esses novos padrões e a nova literatura sobre o tópico. O resultado é um conjunto abrangente de três categorias de padrões: National Standards for Quality Online Courses, National Standards for Quality Online Teaching e Quality Standards for Quality Online Programs. Infelizmente, não existe um equivalente para o ensino superior;

---

[*] N. de R.T.: As escolas *charter* são escolas públicas dos Estados Unidos geridas por associações de pais, professores, ONGs, ou mesmo empresas. São independentes do currículo seguido pelas escolas públicas de seu distrito e têm o compromisso de alcançar os objetivos educacionais descritos em seu estatuto. Costumam ser inovadoras em seu currículo e metodologias, e suas vagas (gratuitas) são bastante procuradas. Em muitos casos, os novos alunos são selecionados por meio de sorteio entre os candidatos.

[**] N. de R. T.: *Homeschooling* é o ensino de crianças e jovens quando realizado em suas residências, e não em escolas. Os professores são familiares ou profissionais contratados, e os estudos seguem o currículo do governo ou de instituições de ensino. Podem também ser flexíveis, ou mesmo dispensar qualquer forma de currículo, contudo, na maioria dos países onde é permitido o *homeschooling,* os estudantes precisam realizar exames oficiais em certa idade. Entre os principais motivos para a adoção do *homeschooling,* estão o desejo das famílias em oferecer a seus filhos uma educação melhor que aquela propiciada pelo sistema oficial de ensino, além de questões religiosas. O *homeschooling* é autorizado em vários países, como Estados Unidos, Reino Unido, Austrália, Nova Zelândia, Canadá, Portugal, França, Rússia e Itália. No Brasil, ainda não está autorizado, sendo obrigatória a matrícula de estudantes da educação básica em instituições de ensino (até a data de finalização desta obra, agosto de 2014).

por isso, a qualidade dos cursos *on-line* e as melhores práticas nesse tipo de ensino têm sido conceitos um tanto vagos nesse setor, causando o ceticismo de muitos docentes em relação ao valor do ensino *on-line* (ALLEN et al., 2012).

A crescente tendência em favor da educação de ensino médio virtual é algo que nós do ensino superior não podemos ignorar. É provável que os estudantes que participam de aulas de ensino médio *on-line* procurem as mesmas formas de educação ao entrarem na faculdade. Eles provavelmente serão habilidosos na navegação do ambiente *on-line* e no trabalho colaborativo com seus colegas. Então, a questão é a seguinte: o ensino superior está pronto para eles?

A EFICÁCIA DA OFERTA DE AULAS A DISTÂNCIA

Um debate que esperávamos ver resolvido no período em que escrevíamos este livro, mas que infelizmente persiste, é se a aprendizagem *on-line* é tão eficaz quanto a sala de aula presencial na obtenção de resultados. Acompanham esse debate as preocupações de que plágio e trapaça podem acontecer mais facilmente *on-line*. As pesquisas sobre esse tópico continuam a surgir com resultados um tanto decepcionantes e continuam a indicar que, de modo geral, os docentes não estão convencidos de que o ensino *on-line* é eficaz, apesar da demanda dos estudantes (ALLEN et al., 2012). O relatório clássico publicado pelo Institute for Higher Education Policy, *What's the Difference?* (PHIPPS; MERISOTIS, 1999), examinou as pesquisas que comparam os resultados da instrução *on-line* e presencial. Visto que é quase impossível conseguir que docentes participem de uma discussão sobre aprendizagem *on-line* sem que esse tópico surja, nós sentimos que é importante revisar um pouco da literatura neste momento.

Phipps e Merisotis, autores do relatório, ao resumirem sua revisão de literatura sobre a eficácia da aprendizagem a distância, observaram que os estudos conduzidos tendem a cair em três grandes categorias: resultados dos estudantes (incluindo escores em testes, notas e comparações com os estudantes em aulas presenciais), atitudes de estudantes em relação à aprendizagem ao utilizarem esses meios e satisfação geral dos estudantes com a aprendizagem a distância. Um estudo semelhante, conduzido por Schutte, em 1996, distribuiu estudantes aleatoriamente em uma turma virtual e em uma turma presencial de um curso de estatística social. As aulas e as provas foram padronizadas entre os grupos. O estudo indicou que os estudantes que participaram da turma virtual obtiveram melhores resultados nos testes. Schutte concluiu que as diferenças de desempenho poderiam ser atribuídas à capacidade aprimorada dos estudantes de colaborar na aula *on-line*: "Na verdade, os estudantes de melhor desempenho (em ambas as turmas) apresentaram maior interação com os colegas" (SCHUTE, 1996, p. 4). Contudo, Schutte observou que o elemento da colaboração é a variável-chave que precisa ser controlada em estudos futuros.

Phipps e Merisotis (1999, p. 2) observaram que,

> Com poucas exceções, a maior parte desses escritos sugere que os resultados de aprendizagem dos estudantes que utilizam tecnologia a distância são semelhantes aos resultados de aprendizagem dos estudantes que participam de instruções em salas de aula convencionais.

Outros que também compilaram as pesquisas sobre aprendizagem a distância também chegaram à mesma conclusão hesitante (HANSON et al., 1997; RUSSELL, 1999). Entretanto, Phipps e Merisotis ofereceram essa conclusão com uma ressalva: observaram que a maior parte da pesquisa conduzida sobre os resultados de aprendizagem em aulas de aprendizagem a distância é questionável. Muitos dos pesquisadores, como Schutte, observaram variáveis que não podem ser controladas, e muitos estudos foram baseados em medidas qualitativas em vez de quantitativas. Além disso, as pesquisas não definiram o que entendiam por *resultados de aprendizagem* nem conceituaram o que é o conhecimento (BOETTCHER, 1999). Consequentemente, grande parte das pesquisas anteriores tentou retratar "[...] um 'aluno típico' ilusório, que mascara a enorme variabilidade da população de estudantes" (PHIPPS; MERISOTIS, 1999, p. 5) e não levou em consideração as diferenças entre os estilos de aprendizagem. Apesar dos problemas com o fato de as pesquisas serem conduzidas sobre a eficácia, Phipps e Merisotis indicaram implicações importantes que surgiram a partir delas:

> Embora o propósito ostensivo da maior parte da pesquisa seja afirmar como a tecnologia afeta a aprendizagem e a satisfação do estudante, muitos dos resultados parecem indicar que a tecnologia não é tão importante quanto outros fatores, como as tarefas de aprendizagem, as características dos alunos, a motivação dos estudantes e o docente. A ironia é que a maior parte da pesquisa sobre tecnologia acaba abordando uma atividade que é fundamental para a academia, em especial, para a pedagogia: a arte do ensino [...] Qualquer discussão sobre o aprimoramento do processo de ensino-aprendizagem por meio da tecnologia também possui o efeito benéfico de melhorar o modo como os estudantes são ensinados no *campus* [...] A questão-chave que precisa ser feita é: Qual é a melhor forma de ensinar os estudantes? (PHIPPS; MERISOTIS, 1999, p. 8).

O relatório Babson, de 2012, mostra que as questões aqui esboçadas não foram resolvidas: a aprendizagem *on-line* ainda não foi bem estudada como uma entidade autônoma (ALLEN et al., 2012). Apesar das críticas e do ceticismo, voltamos agora nossa atenção para aquilo que é necessário para auxiliar os docentes a desenvolver cursos de alta qualidade. Ao fazê-lo, oferecemos princípios de boas práticas no ensino de graduação, que estão listados a seguir. Eles foram primeiramente publicados pela American Association of Higher Education, em 1987, e foram reproduzidos para servir de guia na conclusão do relatório de Phipps e Merisotis (1999, p. 32):

- Encorajar o contato entre estudantes e docentes.
- Desenvolver a reciprocidade e a cooperação entre os estudantes.
- Usar técnicas de aprendizagem ativas.
- Dar *feedback* imediato.
- Enfatizar o tempo empregado na aprendizagem prática.
- Comunicar altas expectativas.
- Respeitar os diversos talentos e maneiras de aprendizagem.

Esses princípios continuam a formar a base de um curso *on-line* bem construído porque eles encorajam interatividade, técnicas de aprendizagem ativa e a expectativa de que o professor estará presente e envolvido, mas não controlará o processo. Com esses princípios em mente, nos voltamos agora para o importante tópico da capacitação de docentes.

2
A arte do ensino *on-line*

Lecionar na sala de aula virtual exige que nós avancemos para além do que tem sido considerado como modelos tradicionais da pedagogia, envolvendo predominantemente a aula, e adotemos as novas práticas de facilitação. O ensino *on-line* é muito mais do que pegar modelos de pedagogia testados e aprovados e transferi-los para um meio diferente. A facilitação *on-line* requer práticas que promovam a colaboração e a discussão entre os alunos e que os encorajem a trabalhar juntos para explorar o conteúdo do curso. Diferentemente da sala de aula presencial, na educação *on-line* é necessário prestar atenção no desenvolvimento de um senso de comunidade entre os participantes, a fim de que a colaboração ocorra e o processo de aprendizagem seja bem-sucedido.

Neste capítulo, contemplaremos a miríade de questões que os docentes enfrentam à medida que adentram o ambiente *on-line*: quem deve lecionar *on-line*; as frustrações dos que fazem essa transição e a necessidade de mais capacitação eficaz; como integrar a tecnologia na capacitação; e as chaves para o sucesso no ambiente *on-line*, incluindo as formas de avaliação dos estudantes e da experiência *on-line*.

FALTA DE PREPARAÇÃO

Como trabalhamos com docentes e suas instituições acadêmicas por todo o país, continuamos a achar que eles estão mal preparados para fazer a mudança para a aprendizagem e o ensino *on-line*. Ouvimos histórias sobre a baixa participação de estudantes e docentes em cursos, as dificuldades com a construção de cursos e as avaliações ruins dos cursos por parte dos estudantes.

Uma bibliotecária de uma faculdade comunitária nos contou sobre sua experiência ao cursar uma disciplina obrigatória para a obtenção de seu certificado de licenciatura em história. Ela optou por fazer a disciplina *on-line* por conveniência. Conforme o curso avançava, ela foi ficando cada vez mais frustrada, reclamando que deveria ter cursado a disciplina em aulas presenciais. O docente havia preparado o curso publicando *on-line* apenas aulas e lições baseadas em textos. Esperava-se que os estudantes acessassem o *site* do curso e lessem o material, além do material de leitura do livro-texto. Eles enviavam as tarefas de casa por *e-mail* para o instrutor, com o qual não havia qualquer outro contato. Eles faziam provas *on-line*. Não havia como interagir com outros estudantes ou mesmo saber quem mais estava matriculado na disciplina. Quando essa estudante enviava perguntas por *e-mail* ao instrutor, ela não recebia respostas e, por isso, sentia que estava aprendendo menos e fazendo menos progressos do que se tivesse assistido às aulas no *campus*. Ela se saiu mal nas provas e nos *quizzes*[*] e ficou confusa e frustrada com a experiência como um todo. Esse pode parecer um exemplo extremo, mas ouvimos histórias como essa todos os dias e somos questionados sobre por que os cursos *on-line* continuam sendo desenvolvidos desse modo.

Essas histórias tendem a desencorajar os docentes a ensinar *on-line* ou a aconselhar estudantes a se matricular em cursos desse tipo, além de contribuir para o ceticismo dos docentes em relação ao ensino *on-line* (ALLEN et al., 2012). De acordo com Allen e colaboradores (2012), alguns têm até mesmo aconselhado adultos que trabalham a voltar para o *campus* para evitar os programas de aprendizagem a distância. A preocupação decorre dos relatos de estudantes matriculados nesses programas, que descrevem uma sensação de isolamento e frustração, assim como uma incapacidade de ter contato com uma ampla variedade de matérias. E, como surgiram universidades com fins lucrativos que oferecem predominantemente educação *on-line*, as instituições públicas passaram a expressar preocupação em relação à qualidade desses programas.

Conforme salientamos ao longo de todo este livro, a aprendizagem *on-line* pode ser poderosa e eficaz se as aulas forem construídas e conduzidas de maneira cuidadosa, utilizando os conceitos e as diretrizes que desenvolvemos e que oferecemos neste Capítulo. A chave para a realização de aulas bem desenvolvidas é a capacitação de docentes não apenas no uso da tecnologia, mas também na arte do ensino *on-line*. Akridge et al. (2002) sugerem que a retenção de estudantes em cursos *on-line* depende de três fatores: selecionar os estudantes certos para o programa certo, utilizar um modelo de oferta de cursos altamente focado no aluno e envolver os alunos em um nível pessoal. Hebert (2006) descobriu que a receptividade dos docentes em relação às necessidades dos estudantes ajuda a aumentar a persistência nos cursos *on-line* e cria um grau mais elevado de satisfação com o processo de aprendizagem. Seja o curso oferecido em uma instituição com fins lucrativos, sem fins lucrativos ou pública, o mais importante é o bom e sólido *design* de curso, combinado com a facilitação altamente eficaz. Esses são dois elementos que os estudantes citam ao falar sobre a qualidade de um curso ou programa *on-line*.

QUEM DEVE LECIONAR *ON-LINE*?

Nem todos os docentes são adequados para o ambiente *on-line*, e as instituições acadêmicas estão cometendo graves erros ao decidir quem deve lecionar a distância. Para aqueles docentes que resistem à transição para a sala de aula *on-line*, as instituições alegam não ser uma questão de escolha e os obrigam a desenvolver cursos sem preparo ou treinamento adequados. Além disso, as escolhas de quem deve ensinar *on-line* são, muitas vezes, baseadas em critérios problemáticos: normalmente, escolhe-se alguém que é considerado um especialista no conteúdo ou divertido na

---
[*] N. de R.T.: O termo *quiz* em inglês refere-se a testes breves. Podem ser realizados por meio de questões escritas ou orais e, por vezes, na forma dos jogos entre os participantes de um curso.

sala de aula face a face. Brookfield (1995, 2006) observa que, frequentemente, os professores mais populares e que recebem as melhores avaliações são aqueles capazes de entreter. Essa popularidade não se transfere bem para o ambiente on-line.

Em nosso livro *O instrutor online – estratégias para a excelência profissional,* de 2011, dedicamos grande atenção às características associadas à excelência on-line. Um documento técnico orientado aos problemas, que foi publicado logo após uma conferência sobre pedagogia virtual (KIRCHER, 2001), observou as seguintes características: organizado, altamente motivado e entusiasmado, comprometido com o ensino, apoia a aprendizagem centrada nos estudantes, aberto a sugestões, criativo, corre riscos, gerencia bem o tempo, é receptivo às necessidades dos alunos, disciplinado e interessado na oferta de cursos *on-line* sem esperar por outras recompensas. Savery (2005) oferece o acrônimo VOCAL para descrever o docente *on-line* eficaz:

Visível
Organizado
Compassivo
Analítico
Líder pelo exemplo

A Illinois Online Network (2014a) acrescenta que os bons docentes *on-line* possuem uma ampla base de experiência de vida, além de suas credenciais de ensino; demonstram abertura, interesse, flexibilidade e sinceridade (características que temos equiparado consistentemente com a excelência *on-line*); sentem-se confortáveis comunicando-se por escrito (uma característica também destacada por Kearsley, c2014); aceitam que o modelo facilitado de ensino é tão poderoso quanto os modelos de ensino tradicional; valorizam o pensamento crítico; e são experientes e bem capacitados em ensino *on-line*. Kearsley (c2014) também observa que ter experimentado instrução *on-line* como estudante ajuda, o que apoiamos sem reservas. Também sugerimos que habilidades adicionais que sejam significativas no surgimento da excelência *on-line* incluem a capacidade de se fazer presente, criar e manter uma comunidade de aprendizagem e facilitar e desenvolver de forma eficaz cursos *on-line*.

Outra consideração importante é a disposição do docente de abrir mão do controle no processo de ensino e aprendizagem, a fim de dar poder aos alunos e construir uma comunidade de aprendizagem. Um docente que está disposto a abrir mão do controle do processo de aprendizagem, usar técnicas e ideias de aprendizagem colaborativa, permitir interação pessoal e apresentar experiências e exemplos da vida real e que constrói a prática reflexiva no ensino é um bom candidato para o ensino *on-line*. Certamente, nem todos esses critérios precisam ser atendidos, mas uma boa quantidade de abertura e flexibilidade é importantíssima para a transição bem-sucedida para o terreno *on-line*.

Como encontramos esses professores? Em muitas instituições, isso é feito por meio de um processo de atração em vez de coerção. Aqueles que estão interessados em experimentar o ensino *on-line* podem desenvolver ou publicar um ou dois cursos. Conforme enfrentam dificuldades e também obtêm sucesso com o processo, eles irão atrair outros para se juntar a eles nesse esforço. O apoio de que precisam para fazer a transição com sucesso, contudo, reside na capacitação e na função de mentor. Infelizmente, nessa época de restrições orçamentárias, os programas de capacitação e de mentoreamento estão ficando de lado. Por causa disso, é crítico para os docentes *on-line* encontrar maneiras de capacitar a si mesmos por meio da participação em conferências, da leitura de periódicos e boletins e do envolvimento com comunidades *on-line* dedicadas a esse tipo de ensino.

CAPACITAÇÃO, CAPACITAÇÃO E MAIS CAPACITAÇÃO

Não se pode esperar que os docentes saibam intuitivamente como projetar e disponibilizar um curso *on-line* eficaz. Embora alguns cursos e programas sobre o uso de tecnologia na educação estejam surgindo em instituições de ensino superior e estejam disponíveis aos professores em capacitação, os docentes mais experientes não foram expostos às técnicas e aos métodos necessários para serem bem-sucedidos no universo *on-line*. Os sistemas de gerenciamento de cursos (SGC) tornam fácil para os docentes simplesmente transferir materiais para o *site* de um curso. O atrativo para se fazer isso é reforçado pelo fato de que as instituições, vendo a aprendizagem *on-line* como sua salvação em uma época em que há cada vez menos alunos em disciplinas presenciais, estão matriculando um grande número de estudantes em cursos *on-line*, colocando um fardo enorme sobre os ombros dos docentes. O resultado é o desenvolvimento de aulas mal construídas, como a aula de história que descrevemos no início deste capítulo.

Fornecer capacitação para os docentes com o intuito de auxiliá-los a começar e apoiar o seu trabalho no ensino *on-line* também ajuda. Em nossa experiência, o emparelhamento daqueles que são mais experientes com aqueles que estão apenas começando ajuda a derrubar barreiras e a proporcionar exemplos concretos daquilo que funciona ou não. Nós encorajamos o desenvolvimento de programas de mentoreamento como um componente importante da capacitação para lecionar *on-line*.

Com a ajuda de um financiamento, a University of Central Florida estabeleceu um programa abrangente de desenvolvimento de docentes, que aborda quatro áreas fundamentais do preparo: a instituição, o corpo docente, os cursos e os alunos. O preparo institucional leva em consideração os seguintes elementos, que podem ser usados como uma lista de verificação:

- O curso ou o programa é adequado para o caráter e para a missão da instituição.
- É adequado para as características dos alunos da instituição.
- Tem uma missão e um plano estratégico claramente articulados.
- Há um interesse manifestado pelos docentes.
- Há uma infraestrutura robusta no *campus* para apoiar os cursos e os programas.
- Há liderança em prol da iniciativa.
- Há compromissos em relação ao apoio aos docentes, ao curso e ao programa, ao aluno e à avaliação.

O preparo dos docentes é determinado pela disposição de aprender, de abrir mão do controle sobre o *design* da aula e o estilo de ensino e de mudar o seu papel tradicional. Também é determinado pela capacidade de colaborar com os colegas e de construir um sistema de apoio, pela paciência com a tecnologia e pela capacidade de aprender com os outros. O preparo do curso depende da compreensão dos docentes em relação à tecnologia em uso, à pedagogia necessária para o ensino *on-line* e à logística do processo de produção de cursos. O preparo dos alunos é determinado pela autosseleção informada, pela capacidade de assumir a responsabilidade por sua própria aprendizagem, de um plano de acesso para fazer o curso, da consciência de seu próprio estilo de aprendizagem, de alguma habilidade técnica, da criação um sistema de apoio e da capacidade de lidar com as incertezas em relação ao uso da tecnologia para se fazer cursos (TRUMAN-DAVIS et al., 2000). Constatamos que mesmo os docentes experientes têm alguma coisa para aprender sobre a criação de uma comunidade *on-line* de aprendizagem. Um docente que estava participando de uma de nossas sessões de capacitação perguntou por que não conseguia fazer os estudantes falarem com ele ou incluí-lo em suas conversas. Em vez de ver isso como uma coisa boa e uma evidência do desenvolvimento de uma comunidade de aprendizagem que foi capaz de prosseguir sem sua participação, ele se sentiu excluído e ansioso. Outra instrutora lamentou o fato de que, no SGC que sua instituição estava utilizando, não havia maneira de gerar uma transcrição das sessões de bate-papo (discussões síncronas) que ocorreram durante atividades de aprendizagem colaborativa. A falta de uma transcrição e o fato de que a instrutora não estava sendo solicitada a participar das sessões de bate-papo a deixou preocupada e desconfortável. Ela não estava no controle do processo de aprendizagem, o que acreditava ser sua obrigação como instrutora. Esses exemplos ilustram que não é fácil abrir mão dos valores tradicionais e das ideias no meio acadêmico. Quando os docentes têm a oportunidade de discutir as preocupações e os medos que surgem em suas experiências *on-line*, isso os libera para experimentar novas e melhores técnicas para aperfeiçoar a aprendizagem e conquistar a relação que desejam ter com os estudantes. Os cursos de capacitação *on-line* são outra maneira útil de capacitar docentes que irão lecionar *on-line*. Em um curso de capacitação *on-line*, os docentes podem experimentar, em primeira mão, como é ser um docente e um estudante nesse processo. Em nossa experiência, o SGC a ser utilizado no desenvolvimento e na oferta de cursos deve ser usado na capacitação. Como parte da capacitação, os docentes devem ser encorajados a desenvolver um curso, ou mesmo uma lição, que outros participantes podem criticar. O facilitador da capacitação, que provavelmente é um desenvolvedor de docentes, um membro do corpo docente que foi treinado ou alguém habilidoso na oferta de instrução *on-line*, deve modelar boas técnicas para a construção de uma comunidade de aprendizagem e dar o poder aos participantes para explorar o meio de comunicação e o material. Ademais, expor os participantes a novas tecnologias (p. ex., tecnologias móveis) como parte de seu treinamento pode despertar o entusiasmo e a criatividade no futuro.

Constatamos que um curso de orientação para o ensino *on-line* é indicado, principalmente, para docentes que estão prestes a trabalhar na área. Disponibilizar esse treinamento a todos os docentes, quer eles venham a ensinar *on-line* ou não, tende a limitar a participação no curso. Aqueles que estão prestes a lecionar *on-line* estão altamente motivados para aprender boas técnicas; aqueles que estão simplesmente interessados, mas não utilizarão imediatamente o conhecimento, podem não participar com a mesma vontade. Constatamos que, quando o grupo é heterogêneo, os docentes que não irão lecionar no futuro imediato tendem a evadir, frustrando os que persistem na capacitação e dependem do grupo para aproveitá-lo. Porém, independentemente da forma que o treinamento toma, é importante incluir técnicas para o desenvolvimento do curso, facilitando a aprendizagem no ambiente *on-line* e criando uma comunidade de aprendizagem.

UTILIZANDO TECNOLOGIA MÓVEL NA CAPACITAÇÃO DE DOCENTES

Mudar a prática de ensino por meio do envolvimento com as novas tecnologias é algo frequentemente realizado por aqueles considerados como docentes mestres no ensino *on-line* (PALLOFF; PRATT, 2011). É provável que esses docentes aceitem correr riscos e venham a experimentar novas tecnologias. O foco, contudo, pode ser mais na tecnologia do que em como ela apoia a prática pedagógica e os resultados de aprendizagem.

O uso de tecnologias móveis na capacitação e no desenvolvimento de docentes pode levá-los a ter percepções diferentes acerca da utilização dessas ferramentas com seus estudantes, de uma maneira que apoie o ensino e a aprendizagem (LEFOE et al., 2009). Fazendo isso, a prática é modelada por meio do uso de tarefas autênticas que os docentes podem usar diariamente e que também são consideradas práticas diárias para seus estudantes.

O fornecimento de treinamento de docentes por meio do uso de tecnologia móvel elimina a questão do tempo de criação e do espaço físico para o treinamento, já que os docentes podem acessar atividades de treinamento de forma tempestiva. A determinação do cronograma se torna mais flexível, e opções variadas de oferta podem ser incorporadas. Utilizar atividades rotineiras e funções dos dispositivos móveis para capturar essas atividades ajuda a criar maior relevância na capacitação, o que, por sua vez, resulta na possibilidade de dar relevância às atividades de ensino e aprendizagem que os docentes desenvolvem. Além disso, eles ficam mais atualizados em termos de novos desenvolvimentos em tecnologia, além de poderem proporcionar recursos que estão alinhados com esse cenário educacional que está se modificando.

Lefoe et al. (2009) observaram, em seu trabalho, que o uso de tecnologia móvel na capacitação de docentes ajuda a criar consciência sobre os diferentes contextos em que a aprendizagem pode ocorrer, pode promover trabalho e colaboração em grupo, aumenta a confiança dos docentes em relação ao uso de tecnologia e pode ajudar no apoio às estratégias de avaliação. Essa abordagem não apenas fornece um modelo de melhores práticas, mas também expande os recursos disponíveis para os docentes em sua prática de ensino.

NOVOS PROCESSOS, NOVAS RELAÇÕES

Em nossos livros anteriores, descrevemos detalhadamente uma grande quantidade de técnicas e ideias para a construção e a sustentação de uma comunidade de aprendizagem *on-line*, além de discutirmos a importância de se desenvolver uma comunidade para aprimorar e apoiar o processo de aprendizagem. A atenção à comunidade não é apenas conversa fiada ou algo extra em que os já sobrecarregados docentes precisam prestar atenção. É um meio pelo qual os estudantes exercem o poder como alunos e, desse modo, responsabilizam-se pela própria aprendizagem e, na verdade, aliviam o fardo do "ensino" que repousa sobre os ombros do instrutor. Em vez de aumentar a carga de ensino, o bom ensino *on-line* serve para aumentar a responsabilidade do docente como facilitador da aprendizagem. Não se deve menosprezar essa responsabilidade, mas, em vez de ser um fardo, ela pode ser uma forma de infundir energia nova e paixão ao ensino. Trabalhar *on-line* certamente leva mais tempo do que o ensino presencial. Contudo, esse tempo é bem empregado se os estudantes forem responsáveis pelo processo de aprendizagem.

A Figura 2.1 apresenta os elementos que são reunidos em um curso *on-line* e que resultam no desenvolvimento de uma comunidade de aprendizagem: as pessoas envolvidas, o propósito em torno do qual elas se reúnem e o processo do qual elas participam. Os resultados alcançados com a intersecção desses três importantes componentes incluem níveis mais profundos de reflexão, capacidade de colaboração por parte dos estudantes para criar conhecimentos e significados novos, forte senso de aprendizado e novas maneiras de interação com o processo de aprendizagem que se transferem para o aluno em cada curso realizado.

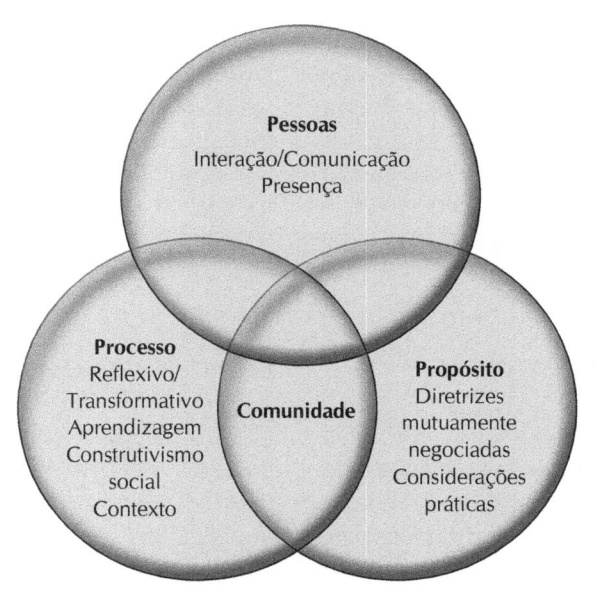

Figura 2.1 Elementos da comunidade de aprendizagem.

As tecnologias mais novas aumentaram o alcance do que é possível fazer *on-line*. Ambientes de aprendizagem assíncronos permitem que os estudantes leiam o material e publiquem as discussões conforme seus próprios cronogramas. O ambiente assíncrono permite que os estudantes tenham tempo para pensar e refletir sobre o material, uma parte importante do processo de aprendizagem. No modo assíncrono, os estudantes podem ler o material dado, procurar fontes adicionais para complementar o que se está estudando, participar de discussões animadas com os colegas – discussões que demonstrem boas habilidades de pensamento crítico e capacidade de pesquisa – e refletir sobre o material apresentado em formato de texto pelo docente e pelos colegas. O resultado é uma maior capacidade de extrair significado do material em estudo e de se envolver com ele.

A suplementação das atividades assíncronas com sessões síncronas de bate-papo, sessões de sala de aula virtual, conferências via Skype e tarefas que envolvam o uso de tecnologias móveis e outros aplicativos colaborativos servem para criar variedade no processo de aprendizagem. Ademais, essas atividades permitem que os estudantes interajam em tempo real com o docente e os demais estudantes. Ouvir os outros e ser capaz de fazer uma pergunta é algo inestimável para muitos estudantes. As tecnologias síncronas permitem que isso ocorra, assim como fornecem uma plataforma para demonstrações e apresentações. Ao incorporarem tecnologias móveis e aplicativos colaborativos disponíveis na internet, os estudantes também podem criar conteúdo e apresentações que o docente e outros estudantes podem ver. Combinar todas essas abordagens ajuda a criar uma abordagem robusta ao ensino e à aprendizagem que é inerente à pedagogia *on-line*.

PEDAGOGIA *ON-LINE*

A sala de aula *on-line* é um meio potencialmente poderoso de ensino e aprendizagem, em que novas práticas e novos relacionamentos podem trazer contribuições significativas à aprendizagem. Para aproveitar o poder que isso traz para a educação, os docentes devem ser treinados não apenas para usar a tecnologia, mas também para mudar as maneiras como eles organizam e disponibilizam o material. Fazer essa mudança pode aumentar o potencial para que os alunos assumam a responsabilidade de seu próprio processo de aprendizagem e facilitem o desenvolvimento de um senso de comunidade entre eles.

A mudança para a aprendizagem *on-line* constitui um desafio enorme para os docentes e para as instituições. Conforme observamos anteriormente, muitos acreditam que a sala de aula *on-line* não é diferente da sala de aula presencial, e que as abordagens que usaram na segunda certamente funcionarão na primeira. Muitos acreditam, ainda, que tudo que precisam fazer para lecionar *on-line* de forma bem-sucedida é "converter" o material do curso, colocando o conteúdo em um *website* ou em um SGC. Ainda assim, outros questionam a qualidade do que está sendo distribuído *on-line*. Acreditamos, porém, que, quando a conexão que temos com nossos estudantes se dá por palavras em uma tela ou por meio de vozes desconectadas em uma teleconferência, devemos prestar atenção a muitas questões que nem sequer consideramos na sala de aula presencial. São as nossas melhores práticas que devem nos acompanhar na sala de aula *on-line*, e estas são a base para o que chamamos de pedagogia *on-line*, ou a arte de ensinar *on-line*.

CHAVES PARA O SUCESSO

A transição para a sala de aula *on-line* pode ser feita de maneira bem-sucedida caso se preste atenção a diversas áreas importantes: garantia de acesso e familiaridade com a tecnologia em uso; estabelecimento de diretrizes e procedimentos que são gerados com contribuições significativas dos participantes; esforço para alcançar a participação máxima e o envolvimento dos participantes; promoção da aprendizagem colaborativa; e criação de um circuito triplo no processo de aprendizagem para permitir que os participantes reflitam sobre sua aprendizagem, sobre si próprios como alunos e sobre o processo de aprendizagem. Todas essas práticas contribuem para o desenvolvimento de uma comunidade de aprendizagem *on-line*, uma ferramenta poderosa que facilita a experiência. Analisaremos cada uma delas detalhadamente.

Garantia de acesso e familiaridade com a tecnologia

De certa forma, é um erro começar com a tecnologia. Muitas instituições acreditam que tudo o que se precisa fazer para implementar um programa *on-line* é instalar um SGC sofisticado e treinar os docentes para usá-lo. Certamente, um docente precisa conhecer bem a tecnologia empregada e se sentir à vontade em relação ao seu uso para auxiliar um estudante que enfrenta dificuldade em usá-la. Um docente deve, também, ser capaz de construir um *site* de curso que seja fácil para os estudantes acessarem, usarem e navegarem. Contudo, a responsabilidade do docente não termina aqui. A questão, portanto, não é a tecnologia em si, mas sim como usá-la no *design* e na oferta de cursos *on-line*.

Um curso com visual atraente, áudio, vídeo e bate-papo é inútil para o estudante que está usando *hardware* antigo ou que vive em uma área afastada com acesso limitado à internet. Embora seja difícil acreditar, ainda há estudantes que precisam usar a linha telefônica convencional para acessar seus cursos *on-line* ou possuem conexões de internet muito lentas. Quando os estudantes entram em programas e cursos de formação, geralmente se diz a eles que, para acessar um curso em particular, eles precisam ter acesso a um certo nível de tecnologia. Entretanto, mesmo a tecnologia computacional mais autalizada não irá necessariamente funcionar bem em áreas com difícil acesso à internet. Consequentemente, o SGC usado para a oferta de cursos deve ser (PALLOFF; PRATT, 2007):

- funcional, oferecendo as funções necessárias para fazer o *design* e oferecer o curso;
- simples de operar;
- fácil de usar e de navegar, além de ter um visual atraente.

A crescente popularidade da tecnologia móvel tem o potencial de reduzir a exclusão digital e superar o difícil acesso à internet. A tecnologia móvel permite que estudantes que talvez não tenham computadores em casa acessem seus cursos *on-line* ou participem de várias atividades utilizando as funções e os aplicativos em um telefone celular, *smartphone*, aparelhos portáteis ou *tablets*. As atividades que utilizam telefones celulares podem ser incorporadas nas disciplinas face a face ou *on-line* que dão suporte à colaboração entre os estudantes e usam as funções com as quais os estudantes estão mais familiarizados, como mensagens de texto. A simplicidade da tecnologia móvel ajuda a atender aos critérios de funcionalidade e de facilidade de uso e, dessa forma, fornece um bom suplemento para um curso *on-line*.

Conforme os docentes se tornam mais habilidosos no *design* e na oferta de cursos *on-line*, o acréscimo de elementos multimídia pode deixar o curso mais interessante, o que aumenta o nível de envolvimento por parte dos alunos. Contudo, um fator crítico no desenvolvimento de multimídia é evitar o mero uso de aulas gravadas em vídeo ou a incorporação de elemento de curso mais tradicionais por meio do uso de áudio ou vídeo. Os estudantes logo ficam entediados quando assistem a um vídeo de aula expositiva na tela dos seus computadores. Um de nós participou de um curso *on-line* envolvendo aulas expositivas de 15 minutos via transmissão de áudio e constatou que era impossível ficar sentado e escutá-las, mesmo durante um breve período de tempo. Os autores que escreveram sobre o uso de áudio e vídeo em disciplinas *on-line* dão conselhos para que se evite o uso de gravações de alguém que fica apenas falando. E, assim mesmo, a maior parte das experiências com o uso de transmissão de vídeo em disciplinas *on-line* geralmente envolve a gravação de um professor lecionando parte de uma aula. Infelizmente, a popularidade das tecnologias de captura de aulas tem apoiado essa tendência, assim como o mau uso do conceito intitulado "salas de aula invertidas" para a oferta de aulas híbridas, em que o material de aula expositiva é postado com a intenção de usar o tempo de aula para a prática e a aprendizagem ativa. Infelizmente, muitos docentes baseiam-se na aula expositiva e jamais chegam ao componente de aprendizagem de ação.

Kapus (2010) sugere cincos dicas para o uso de transmissões de mídia em um curso *on-line:*

1. Publicar transcrições completas de todas as mídias e encorajar os estudantes a assistir a apresentação e a ler a transcrição.
2. Manter as apresentações relativamente curtas, com 15 minutos ou menos.
3. Planejar a apresentação visual antes de escrever toda e qualquer narração que a acompanhe para permitir o foco em pontos-chave.
4. Escrever a narração antes de disponibilizá-la *on-line*.
5. Escolher tecnologias de apresentação que permitam edição de áudio e vídeo separadamente em alguns poucos passos, a fim de tornar a apresentação coesa.

Nielsen (2010) estudou o uso de *websites* por parte de estudantes universitários e constatou que eles tendem a realizar múltiplas tarefas e trabalhar com várias janelas de navegador abertas simultaneamente. Por causa disso, é provável que eles percam itens importantes que estavam procurando ao visitar o *website*, como uma tarefa ou um anúncio. Embora a pesquisa de Nielsen mostre que os usuários navegarão por uma página da internet se ela for envolvente, a maioria dos *designers* de *websites* sugere que materiais importantes sejam colocados no topo da página, onde os usuários podem achá-los facilmente. O trabalho de Nielsen também mostra que poucos usuários da internet leem mais do que uma tela de texto. Páginas longas que obrigam os leitores a navegar por grandes porções e se lembrar do conteúdo de suas telas podem ser desorientadoras. Consequentemente, manter a simplicidade com o uso de porções concisas de informações ou conteúdos é o melhor a se fazer (SMITH, 2008).

Garrison, Anderson e Archer (2001) constataram que dividir o conteúdo em porções ajuda os estudantes a absorver as informações de que necessitam para completarem as tarefas e as atividades, evitando a sobrecarga e a exaustão. Publicações informativas ou anúncios breves que estimulam o pensamento e a discussão servem bem ao processo de aprendizagem. Smith (2008) cita, entre os benefícios de se dividir o conteúdo em porções, o seguinte: aumento na retenção e na compreensão; acesso mais conveniente aos materiais do curso; e maior probabilidade de que os estudantes lidem com mais materiais, que os resultados serão mais mensuráveis e que a compreensão pode ser maior. Outros estudos indicaram que módulos mais curtos têm maior probabilidade de manter a atenção dos alunos, permitindo, assim, que eles completem o trabalho (POMALES; LIU, 2006). A qualidade e a profundidade do conteúdo não precisam ser sacrificadas com a divisão do material em porções. Ao invés disso, dividi-lo é uma forma diferente de organizar e pensar sobre o conteúdo para uma oferta mais eficiente.

A discussão síncrona refere-se à conversação *on-line* que ocorre em tempo real e pode tomar a forma de sessões de bate-papo e sessões de sala de aula virtual, com o uso de Skype, Second Life ou programas semelhantes. Todos os usuários estão *on-line* ao mesmo tempo e interagindo no mesmo espaço de discussão. Ele é mais bem usado na aprendizagem *on-line* para aprimorar experiências de aprendizagem colaborativa e possibilitar o trabalho em equipe.

Para tirar o melhor proveito possível das discussões síncronas, os grupos devem ser pequenos, por exemplo, entre 10 e 12 estudantes, e uma agenda de discussão deve ser distribuída com antecedência para ajudar os participantes a se manter no caminho certo. Em contrapartida, é muito fácil que uma sessão de sala de aula virtual ou de bate-papo divague por assuntos não relacionados ao curso ou ao exercício colaborativo. Os pequenos grupos também criam um ambiente em que todas as vozes são possíveis de serem ouvidas. Uma vez que as pessoas que digitam mais rápido ou que possuem conexões mais ágeis de internet costumam dominar as sessões de bate-papo, manter um grupo pequeno permite que os participantes acompanhem o fluxo da conversa e participem dela quando acharem apropriado. De forma similar, uma sessão de sala de aula virtual, em que o contato por voz é possível, pode imitar rapidamente a sala de aula presencial, em que poucos estudantes participam. Consequentemente, é importante que o professor preste atenção no que é necessário para realizar uma boa sessão síncrona.

Finkelstein (2006) observa que instrução, colaboração, apoio, socialização e alcance ampliado podem ser oferecidos por meio da comunicação síncrona em um curso *on-line*. Ele afirma que, como em qualquer outra forma de uso de tecnologia, o motivo para a inclusão de sessões síncronas e ao vivo deve ser alinhado aos objetivos de aprendizagem. Em outras palavras, a sessão deve servir ao propósito do curso *on-line* e não ser feita apenas porque é possível. E, como acontece com todas as outras aprendizagens que ocorrem *on-line*, o planejamento cuidadoso deve ser aplicado à mediação de uma sessão síncrona para que suas metas sejam alcançadas. Alguns docentes estão experimentando o uso de mídias sociais, como o Twitter, para conduzir discussões, completar tarefas e disponibilizar fragmentos de informações de curso em tempo real. Um de nós tentou usar o Twitter para anúncios e discussões. Entretanto, os estudantes mostraram-se um tanto resistentes para registrar uma conta no Twitter. Consequentemente, a ideia foi descartada.

Schaffhauser (2012) examinou alguns experimentos bem-sucedidos com as mídias sociais em cursos *on-line* e face a face e constatou que os estudantes envolveram-se de modo entusiasmado nas atividades, apesar da existência de algumas falhas. O resultado indicou que, assim como ocorre com todas as outras formas de tecnologia, encontrar maneiras de envolver os estudantes por meio do uso de mídias sociais é apropriado quando elas se adequam aos objetivos de aprendizagem do curso. A idade do estudante também pode desempenhar um papel nisso. O projeto Internet and American Life do Pew Research Center (SMITH; BRENNER, 2012) mostrou o uso crescente do Twitter por pessoas jovens (com idades entre 18 e 24 anos), com leves decréscimos no uso entre os adultos mais velhos e decréscimos significativos entre os estudantes do ensino médio.

Por fim, a tecnologia em uso deve ser transparente para os estudantes matriculados no curso. Os docentes não querem enfrentar dificuldades tecnológicas ao longo do curso, pois já têm de trabalhar para construir uma boa comunidade de aprendizagem. Eles também precisam estar familiarizados o suficiente com a tecnologia para lidar com quaisquer problemas difíceis que possam aparecer. A tecnologia, portanto, deve servir apenas como um veículo para a realização do curso, permitindo que o docente e os estudantes deem atenção a questões mais importantes.

Estabelecendo diretrizes e procedimentos

Não podemos deixar de enfatizar que é importante no começo de um curso *on-line* apresentar diretrizes claras para a participação nas aulas, assim como informações para os estudantes sobre as expectativas e os procedimentos do curso. As diretrizes são geralmente apresentadas juntamente com a súmula e as linhas gerais do curso como forma de criar alguma estrutura em torno e no interior do curso. Caso não sejam apresentadas diretrizes claras, os estudantes podem ficar confusos e desorganizados, e o processo de aprendizagem será prejudicado.

Depois que o curso começa, o docente também deve fazer uma avaliação do grupo com o qual está trabalhando, a fim de determinar quais modificações precisam ser feitas em relação às diretrizes. Um de nós aprendeu essa lição da maneira mais difícil com um grupo de estudantes de pós-graduação que estava tendo dificuldades para fazer a transição ao ambiente de aprendizagem *on-line*. O docente havia publicado um curso que havia lecionado anteriormente, utilizando o mesmo conjunto de diretrizes que haviam funcionado bem com os grupos anteriores. Esse grupo, contudo, precisava de muito mais estrutura. Acreditando que estavam pedindo ajuda, dois estudantes "queimaram" o docente no *site*, o que causou uma diminuição na participação no curso. ("Queimar" é quando um participante de uma discussão *on-line* envia a outro algum tipo de comentário derrogativo. Uma "queimada" é, muitas vezes, interpretada como um ataque, em vez de uma discussão das posições dos participantes. Assim, trata-se de uma discussão acalorada). Depois que as diretrizes e as expectativas do curso foram esclarecidas e os ânimos dos estudantes foram acalmados, a participação aumentou, mas jamais alcançou níveis aceitáveis pelo resto do curso. Uma estudante, chamada Beth, respondeu aos esclarecimentos da seguinte maneira:

> Sinto que fiz de tudo para me comunicar *on-line* e recebi pouco ou nenhum *feedback*, de modo que o seu retorno será de grande ajuda. Eu estava começando a sentir que este seria um curso em que eu aproveitaria ao máximo a autorreflexão, e não o diálogo, mas eu gostaria que isso mudasse. Às vezes, eu acho que as tensões iniciais criaram algumas cisões. Acho que estamos nos recuperando como grupo.

Ao avaliarem sua experiência com a turma, os estudantes comentaram que aprenderam mais com a leitura do que uns com os outros, uma clara indicação de que os objetivos de aprendizagem não foram alcançados e que uma comunidade de aprendizagem jamais foi formada.

As diretrizes para um curso *on-line* também não devem ser muito rígidas e devem dar espaço para a discussão e a negociação.

> Diretrizes impostas que são rígidas demais restringirão a discussão, levando os partici-

pantes a se preocupar mais com a natureza das suas publicações do que com a publicação em si. (PALLOFF; PRATT, 2007, p. 20).

As diretrizes não devem deixar os estudantes com a dúvida: "estou fazendo isso certo?". Elas devem, em vez disso, proporcionar um espaço seguro, no qual os estudantes sintam-se livres para se expressar e discutir materiais relacionados ao curso.

As diretrizes podem ser o primeiro item de discussão em uma nova disciplina. Fazer isso permite que os estudantes assumam a responsabilidade pela forma que eles se envolvem no curso e uns com os outros e serve para promover a colaboração no processo de aprendizagem. No entanto, fazemos uma advertência. Em primeiro lugar, o docente deve conservar o poder de veto, ou seja, caso uma mudança proposta venha a alterar substancialmente o curso e afastá-lo dos resultados de aprendizagem, o docente precisa interferir e dizer não. Segundo, o docente tem o poder de decisão final no que se refere às tarefas e à atribuição de notas. Frequentemente, quando pedimos para que os estudantes expressem seus pensamentos sobre as diretrizes, dizemos que as tarefas e a atribuição de notas não estão abertas à negociação. Os prazos, no entanto, estão. Se um prazo para uma tarefa coincide com o prazo de outros cursos que os estudantes possam estar fazendo, certamente podemos pensar em mudar as datas. A segunda advertência é a de que, se um estudante sugere uma mudança, os outros estudantes devem ser consultados sobre sua concordância ou não. Não mudaremos a maneira como um curso está estruturado só porque um estudante quer. Como a aprendizagem *on-line* deve ser colaborativa, todas as vozes devem ser ouvidas quando uma mudança é proposta.

Obtendo a participação máxima

As diretrizes de participação em um curso *on-line* são críticas para seu resultado bem-sucedido. Como docentes *on-line*, entretanto, não podemos supor que, se estabelecermos diretrizes de participação mínima de, digamos, duas publicações por semana, os estudantes irão entender o que isso significa. Também precisamos explicar o que significa publicar uma discussão de curso *on-line*. Publicar é mais do que visitar o *site* do curso para dar uma olhada e dizer oi. As publicações devem ser consideradas uma contribuição substancial para a discussão: um estudante pode fazer comentários sobre outras publicações ou iniciar um novo tópico (PALLOFF; PRATT, 2007).

Além de ser claro sobre as expectativas de participação, constatamos que algumas atitudes por parte dos docentes podem levar a um aumento na participação em um curso *on-line* (PALLOFF; PRATT, 2007). São elas:

- Seja claro em relação à quantidade de tempo que o curso irá exigir dos estudantes e do docente para eliminar possíveis mal-entendidos sobre as demandas do curso. Às vezes, os estudantes supõem que fazer um curso *on-line* é forma mais fácil de obter créditos. Porém, eles logo entendem que não é esse o caso. Se o docente os avisa previamente com informações precisas em uma introdução ao curso, os estudantes podem tomar decisões mais bem informadas sobre esse ser um curso que eles podem concluir com sucesso. Ademais, isso ajuda a reduzir ou a eliminar a possibilidade de evasão após o início do curso. Se os estudantes estão enfrentando dificuldades significativas para administrar o tempo conforme o curso avança e, como resultado, têm sua

participação reduzida, talvez o docente necessite trabalhar com eles para ajudá-los no estabelecimento de boas práticas, auxiliando-os a alcançar suas metas de aprendizagem para o curso.
- Ensine os estudantes sobre a aprendizagem *on-line*. Os docentes e as instituições acadêmicas supõem que, quando os estudantes entram na sala de aula *on-line*, eles saberão intuitivamente o que é o ensino *on-line* e como aprender nesse ambiente. Constatamos, entretanto, que os estudantes precisam ser orientados sobre a sala de aula e ensinados sobre como aprender *on-line*.
- Seja um exemplo de boa participação entrando frequentemente no *site* e contribuindo para a discussão. A carga de trabalho em uma disciplina *on-line* não é apenas significativamente maior para os estudantes: ela também o é para o docente (SEAMAN, 2009). Os docentes *on-line* não podem publicar um curso e então sair de férias por uma semana, a não ser que estejam dispostos a levar um computador com eles! É improvável que um docente consiga acompanhar a discussão dos estudantes entrando no *site* uma ou duas vezes por semana. Além disso, um docente que assim o fizer provavelmente observará uma fraca participação no curso. O papel do docente como facilitador de aprendizagem é acompanhar a discussão, orientá-la e redirecioná-la, gentilmente, pedindo esclarecimentos e fazendo perguntas expansivas. Essa prática mantém a discussão em andamento e também assegura aos estudantes que o docente está presente e disponível.

O docente também precisa manter o equilíbrio entre pouca e muita participação. Grandzol e Grandzol (2010) observaram que a prática institucional que obriga o docente a manter níveis elevados de interação, mediante exigência de que ele responda a cada aluno, pode ser contraproducente, resultando em piores índices de conclusão de curso. Visto que a comunidade de aprendizagem é uma característica crucial do curso *on-line*, o docente não precisa responder a cada publicação dos estudantes, mas, em vez disso, deve determinar o momento adequado para interferir, fazer um comentário, fazer outra pergunta ou redirecionar a discussão. A participação excessiva do docente pode causar a redução da interação entre os estudantes e criar um grau desnecessário de dependência em relação ao professor. A participação excessiva do docente, muitas vezes, é evidenciada na forma de questões ou comentários dirigidos a ele, em vez de o serem a outros participantes, ou caso o grupo espere pela publicação do docente para poder prosseguir. O equilíbrio é a chave para a facilitação de uma boa discussão *on-line:*
- Estar disposto a interferir e estabelecer limites caso a participação decaia ou a conversação se encaminhe para a direção errada. Ser um facilitador da aprendizagem não significa que o docente não está envolvido no processo de aprendizagem. Ele precisa agir como um guia para assegurar que os objetivos de aprendizagem sejam cumpridos. Consequentemente, se os estudantes estiverem indo para o caminho errado, o docente precisa informá-los disso, de modo que eles possam voltar ao caminho certo. Tivemos uma experiência com um grupo de alunos de graduação que, ao receberem perguntas cuja finalidade era ajudá-los a analisar criticamente o material que estavam lendo,

responderam diretamente com o material que estava no livro. Quando um estudante começava a discussão da semana dessa forma, os outros o seguiam. Tivemos de interferir e, de modo gentil, levá-los a refletir sobre o material que estavam lendo e afastá-los das suas zonas de conforto, apresentando-lhes um território que era inteiramente novo para eles.
- Lembrar-se de que há pessoas vinculadas às palavras na tela. Esteja disposto a contatar os estudantes que não estão participando e a convidá-los a retornar. Quando os estudantes afastam-se da discussão *on-line*, o processo de aprendizagem de todos os participantes é afetado. Portanto, é importante monitorar a participação de cada estudante e fazer contato quando houver uma mudança (p. ex., um aluno tem sido um bom participante, mas a sua participação diminui por uma semana) ou quando houver mínima ou nenhuma participação. Às vezes, as razões para a falta de participação estão relacionadas a problemas técnicos e questões pessoais, e o docente pode ajudar os estudantes que estão enfrentando esses contratempos. Outras vezes, o docente pode perceber que o modo *on-line* de instrução simplesmente não é adequado ao estudante. Quando isso acontecer, os estudantes devem ser encorajados a encontrar outras formas de fazer o curso, como retornar à sala de aula presencial.
- Salientar que a boa participação é essencial. Na sala de aula presencial, a falta de um ou mais participantes pode não ser notada. Mas a ausência de um estudante na sala de aula *on-line* afeta de forma significativa a qualidade da discussão *on-line* e deve ser abordada tão logo se torne aparente.
- Criar uma atmosfera aconchegante e convidativa que promova o desenvolvimento de um senso de comunidade entre os participantes. Durante uma de nossas apresentações em conferências na Europa, um docente dos Países Baixos expressou a preocupação de que ele não era capaz de fazer com que seus alunos *on-line* lhe respondessem como pessoa, e não como professor. Ele esperava desenvolver um senso de comunidade com seus participantes e estava achando essa tarefa muito difícil. Nós o encorajamos a compartilhar uma quantidade razoável de informações pessoais com seus estudantes como uma maneira de convidá-los a fazer o mesmo. Por exemplo, em uma apresentação, em vez de simplesmente contar aos alunos sobre as conquistas acadêmicas que demonstram por que ele é competente para lecionar o curso, por que não incluir informações sobre o cônjuge, os filhos, os bichos de estimação e seus interesses fora das atividades acadêmicas? Compartilhar essas informações apresenta o docente como uma pessoa real, que também está interessada em ouvir pessoas reais.

É sempre importante lembrar que, quando publicamos em uma discussão assíncrona, nos apresentamos no texto. Visto que esse meio pode ser visto como frio, precisamos fazer um esforço extra para humanizar o ambiente. Na sala de aula presencial, os estudantes têm a oportunidade de conhecer uns aos outros como pessoas antes ou depois da aula, durante as discussões em sala de aula e em outros locais do *campus*. No ambiente *on-line*, precisamos criar essas oportunidades com mais determinação.

Se essas sugestões forem incorporadas no desenvolvimento de um curso *on-line*, elas promoverão o desenvolvimento de uma comunidade de aprendizagem e também poderão auxiliar na promoção de aprendizagem colaborativa. Potencialmente, ambas contribuem para resultados mais fortes e experiências de aprendizagem mais satisfatórias para todos os envolvidos.

Promovendo a colaboração

Os processos de aprendizagem colaborativa ajudam os estudantes a alcançar níveis mais profundos de geração de conhecimento por meio de criação de metas e exploração e processo compartilhados de construção de sentido. Além disso, a atividade colaborativa pode ajudar a reduzir os sentimentos de isolamento que podem acontecer quando os estudantes estão trabalhando a distância (PALLOFF; PRATT, 2004). Jonassen et al. (1995) observaram em seu trabalho clássico sobre colaboração que o resultado de processos de aprendizagem colaborativa inclui construção de sentido pessoal e construção social de conhecimento e significado. Brookfield (1995, 2006) descreve o que chama de professores do novo paradigma: aqueles que estão dispostos a envolver e facilitar processos colaborativos promovendo a iniciativa por parte dos alunos, a criatividade, o pensamento crítico e o diálogo.

Dada a separação pelo tempo e pela distância dos alunos entre si e com o instrutor, e dada a natureza baseada em discussão desses cursos, o ambiente de aprendizagem *on-line* é o tipo de meio de aprendizagem que pode facilitar o desenvolvimento de uma meta compartilhada para o processo de aprendizagem, encoraja os estudantes a trazer problemas motivadores de suas vidas e a trabalhar na discussão *on-line* e utiliza diálogos como fundamento do processo de aprendizagem. Assim, a aprendizagem colaborativa auxilia com níveis mais aprofundados de geração de conhecimento e promove a iniciativa, a criatividade e o desenvolvimento de habilidades de pensamento crítico.

O envolvimento neste tipo de processo colaborativo constitui o fundamento de uma comunidade de aprendizagem, e a formação de uma sólida comunidade de aprendizagem apoia a atividade colaborativa conforme descrita em nosso modelo de colaboração *on-line*. Quando a colaboração não é encorajada, a participação no curso *on-line* é geralmente baixa e pode tomar a forma de questionamentos ao docente, em vez de diálogo e *feedback*. A Figura 2.2 ilustra a natureza cíclica do processo colaborativo: a colaboração apoia o desenvolvimento da comunidade de aprendizagem *on-line*, e a presença dessa comunidade facilita a colaboração mais eficaz. Dentro do ciclo, estão os elementos importantes da comunidade de aprendizagem *on-line* aqui discutidos, todos eles melhorados e apoiados pelo ciclo.

Promovendo a reflexão

Quando os estudantes estão aprendendo de forma colaborativa, a reflexão no processo de aprendizagem é inerente. Ela envolve a autorreflexão, que inclui o processo de aprendizagem e o conhecimento adquirido sobre o conteúdo; os alunos também refletem sobre como a aprendizagem ocorre *on-line*, sobre a tecnologia em si e sobre como os usuários têm sido trans-

Comunidade

(Diagrama: Interação/Comunicação, Presença, Contexto Social/Construtivista, Aprendizagem Reflexiva/Transformadora, Tecnologia)

Colaboração

Figura 2.2 Modelo de colaboração *on-line*.

formados pelos seus novos relacionamentos com a tecnologia, com o processo de aprendizagem e com os demais participantes (PALLOFF; PRATT, 2007). Além disso, quando os estudantes estão aprendendo colaborativamente *on-line*, as reflexões sobre a contribuição da tecnologia ao processo de aprendizagem são quase inevitáveis. Eles devem ser encorajados a refletir sobre seu próprio processo de aprendizagem, sobre como o uso da tecnologia afetou esse processo tanto positiva quanto negativamente, e sobre o que eles podem ter aprendido sobre a própria tecnologia ao usá-la para aprender.

Construir um curso que permita o desdobrar natural desses processos melhora muito o resultado da aprendizagem e o processo de construção de comunidade. É mais do que reflexão sobre o significado e a importância do material do curso. O processo de reflexão transforma um estudante em um profissional, e o ideal é que acione o potencial para uma aprendizagem reflexiva permanente. A facilitação proposital desse processo envolve a incorporação das seguintes questões em um curso (PALLOFF; PRATT, 2007, p. 199): "Que tipo de aluno você era antes de entrar nesse curso? Como você mudou? Como você prevê que isso afetará sua aprendizagem no futuro?".

A publicação a seguir, feita por uma estudante, apresenta um bom exemplo do processo reflexivo. Em seus comentários, Juliet reflete sobre o curso, proporcionando alguns *insights* sobre a interação *on-line* e sobre seu próprio estilo de aprendizagem:

> Um grande lampejo foi a compreensão de que algumas competências de liderança, como visão, confiança, construção de relacionamentos, comunicação, celebração, recompensa, etc., são necessárias no mundo virtual e no real. Modelar essas competências no mundo real é algo desafiador, e elas demandam um esforço e uma consciência ainda maior dos líderes para serem modeladas no ambiente virtual. Em condições virtuais, os líderes também precisam ser atualizados e proficientes no uso das diversas ferramentas eletrônicas disponíveis para a liderança.
> Agora consigo entender como a expressão de um lado oculto ou menos usado de si mesmo em um ambiente *on-line* pode proporcionar uma oportunidade para trabalhar questões emocionais, que provavelmente não seriam trabalhadas sob condições mais "reais". Essa tem sido uma experiência de aprendizagem, uma oportu-

nidade para desenvolver um lado meu ainda pouco desenvolvido, e realmente melhorei minhas habilidades de escrita e de pensamento analítico.

O processo reflexivo inerente à aprendizagem *on-line* é uma das suas maiores e mais empolgantes características. Se um docente está disposto a abrir mão do controle do processo de aprendizagem e age como um facilitador de verdade, ele pode se surpreender com a profundidade do envolvimento com a aprendizagem e com o material que pode resultar disso.

A TRANSIÇÃO FINAL: AVALIANDO OS ESTUDANTES E NÓS MESMOS

Magennis e Farrell (2005, p. 45) definem a arte de ensinar como "[...] um conjunto de atividades que tornam a aprendizagem possível". Harasim et al. (1996, p. 167), em seu trabalho seminal sobre a aprendizagem *on-line*, afirmaram:

> Ao se manter uma abordagem centrada no aluno, a avaliação deve ser parte do processo de ensino e aprendizagem, incorporada às atividades de aula e às interações entre alunos e entre alunos e professores.

A boa avaliação dos estudantes deve fornecer a ligação entre o que foi ensinado e o que foi aprendido. Uma autoavaliação da nossa própria prática de ensino está embutida no resultado da avaliação do estudante.

No espírito da colaboração e da reflexão, a avaliação do progresso e do desempenho dos alunos não deve recair somente sobre o professor. Os estudantes devem ser encorajados a comentar sobre os trabalhos uns dos outros, e a autoavaliação deve ser incorporada à avaliação final de desempenho de cada estudante. À medida que o curso avança, pedimos para que os estudantes forneçam *feedback* mútuo com relação às tarefas. Ademais, ao final do curso, utilizando uma rubrica projetada para este propósito, pedimos aos estudantes para nos enviarem um *e-mail* particular com uma avaliação descritiva do desempenho de seus colegas, assim como de seu próprio desempenho. Usamos esse *feedback*, juntamente com a qualidade e a quantidade de participação e de desempenho nas tarefas e na discussão, como medidas do desempenho geral dos estudantes.

Com base em nossa experiência, acreditamos que as provas podem não ser a melhor medida do desempenho do estudante no ambiente *on-line*. A menos que uma prova seja bem desenvolvida, ela não irá medir necessariamente as habilidades de pensamento crítico de modo adequado. Rocco (2007) observa que os instrutores, devido à conveniência e ao fato de que a maioria dos sistemas de gerenciamento de cursos inclui uma função de teste e *quiz*, podem usar essas ferramentas como sua primeira opção para a avaliação de estudantes *on-line*, mesmo elas não sendo a melhor opção. As provas bem desenvolvidas são abrangentes, contextuais e relacionadas ao material estudado; além disso, promovem a reflexão e o pensamento crítico, e não a regurgitação de material. Rocco observa, contudo, que a maioria das provas não é projetada para medir o nível de domínio que o estudante tem do conteúdo, que os docentes esperam conseguir. Considerando que a maioria dos testes e *quizzes* é projetada utilizando questões do tipo falso/verdadeiro e de múltipla escolha, a capacidade de um estudante de sintetizar o conteúdo, por exemplo, não será avaliada. O desempenho *on-line* de um estudante deve ser um indicador melhor em relação ao cumprimento dos objetivos de aprendizagem. Quando as provas tornam-se parte do processo, preocupações com fraude surgem, e, na verdade, os testes e *quizzes on-line* realmente possibilitam isso (MCNETT, 2002). Entretanto, em um processo de aprendizagem verdadeiramente colaborativo, as preocupações com a fraude tornam-se irrelevantes, pois os estudantes aprendem uns com os outros e, juntos, criam níveis mais elevados de conhecimento e significado.

Porém, a avaliação não deve estar focada apenas no desempenho do estudante. A avaliação contínua do curso também deve ser incorporada ao processo de aprendizagem. Os docentes devem disponibilizar recursos para os estudantes que possibilitem que eles expressem suas opiniões sobre o curso, sobre a maneira como ele avança e sobre quão bem ele cumpre seus objetivos de aprendizagem, com base na forma co-mo ele é configurado. A avaliação do curso, portanto, não deve ser relegada ao seu término e ser simplesmente uma medida da popularidade do professor. Em vez disso, ela deve se tornar parte do processo colaborativo de oferta do curso para atender às expectativas de aprendizagem.

APOIANDO OS DOCENTES PARA QUE FAÇAM A TRANSIÇÃO

Fazer a transição para o ambiente de aprendizagem *on-line* significa desenvolver novas abordagens a respeito da educação e novas habilidades em sua realização. Isso implica o envolvimento na autorreflexão conforme determinamos nosso próprio nível de conforto ao passar o controle do processo de aprendizagem aos nossos alunos. Também significa a promoção de um senso de comunidade entre nossos estudantes para melhorar o seu processo de aprendizagem. E, acima de tudo, significa o abandono das técnicas testadas e aprovadas, que podem ter nos servido bem na sala de aula presencial, em favor da experimentação com novas técnicas e suposições. Ao fazermos isso, responderemos aos desafios de preparar os estudantes para navegar pelas demandas de uma sociedade do conhecimento e, nesse processo, aprenderemos algo novo para nós mesmos, assim apoiando nossa própria busca pela aprendizagem por toda a vida.

Como conseguir tudo isso é uma das questões mais desafiadoras que os docentes enfrentam. Para fazer isso acontecer, eles precisam de boa capacitação, suporte técnico e possibilidade de participar do processo na companhia dos demais. Nada substitui o apoio dos outros colegas, já que eles fazem a mesma jornada. Encorajar os docentes que estão lecionando *on-line* a participar de grupos de discussão, assistir a conferências sobre aprendizagem a distância *on-line* e assistir a sessões de treinamento no *campus* pode auxiliá-los bastante na mudança para a sala de aula *on-line*.

Encerramos este capítulo com algumas dicas para cursos *on-line* bem-sucedidos que resumem a essência da pedagogia *on-line*.

Dicas para docentes e *designers* instrucionais para o *design* e a realização de um curso *on-line* bem-sucedido

- Estabelecer diretrizes para a disciplina e a participação que proporcionem estrutura suficiente para os alunos, mas que também permitam flexibilidade e negociação.
- Exigir a participação e incorporá-la na avaliação e na atribuição de notas dos estudantes. Uma boa ideia é requerer pelo menos duas ou mais publicações a cada semana. Outra boa ideia é equiparar as publicações com o número de horas-aula para o curso; por exemplo, um curso padrão de três créditos demandaria três publicações por semana.
- Promover a aprendizagem colaborativa por meio de tarefas em grupos pequenos, estudos de caso, simulações e discussão de leituras e tarefas em grupos.
- Fazer com que os estudantes publiquem suas tarefas e encorajar o *feedback* mútuo em seu trabalho. Embora alguns docentes e estudantes sintam-se confortáveis tendo suas notas compartilhadas no *site* do curso, sentimos que estas devem ser compartilhadas de forma privativa. Se as notas serão compartilhadas ou mantidas privativas é algo que pode ser discutido juntamente com as diretrizes no início do curso; isso também pode ser regulado ou controlado por regras e requisitos da universidade.
- Configurar um *site* de curso bem organizado que inclua um lugar para os estudantes socializarem.
- Incluir uma área em que os estudantes possam refletir sobre como é aprender *on-line*, como um *blog*, e os encorajar a fazer a autorreflexão sobre seu progresso no curso, pelo menos na metade e no final deste, por meio do uso de rubricas.
- Encorajar os estudantes a trazer exemplos da vida real para a sala de aula *on-line*. Quanto mais relevante for o material para as suas vidas, maior será a probabilidade de ele ser integrado pelos alunos.
- Não dê aulas expositivas! Uma aula expositiva *on-line* pode se tornar apenas mais um artigo que os estudantes são obrigados a ler ou uma longa e entediante apresentação de áudio ou vídeo. Ao criar e incorporar material de aula expositiva, divida-o em porções de 5 a 10 minutos, para que os estudantes possam ver ou ouvir rapidamente, e apenas para apoiar os pontos principais da unidade ou do estudo da semana.
- Quando as aulas expositivas são usadas, sempre forneça uma transcrição delas para dar suporte aos estudantes deficientes ou aos alunos visuais.
- Seja presente. Faça com que os estudantes saibam que você está presente por meio de comentários sobre as suas publicações e de perguntas adicionais para que eles façam considerações. Porém, evite ser intrusivo ou prepotente. O equilíbrio é chave para a participação bem-sucedida.
- Torne-se confortável o suficiente com a tecnologia para ser capaz de responder às indagações dos estudantes sobre seu uso e ajude-os quando eles enfrentarem dificuldades.
- Aja como um facilitador de aprendizagem, e não só como um professor.
- Acima de tudo, divirta-se e esteja aberto para aprender com os estudantes da mesma forma que eles aprenderão uns com os outros e com você.

3
Questões e preocupações administrativas

Por que razão nós dedicaríamos atenção às questões e preocupações administrativas em um livro escrito principalmente para a equipe de profissionais envolvida no *design* e na oferta de cursos – docentes, *designers* instrucionais, desenvolvedores de docentes e tecnólogos instrucionais? Considere os dois cenários a seguir como uma forma de começar a responder essa pergunta.

Uma universidade está usando cursos *on-line* para oferecer seus certificados e programas em nível de mestrado. Dois sistemas de gerenciamento de cursos diferentes estão sendo usados, um significativamente mais fácil de usar do que o outro. Os estudantes sentem-se confusos sobre por que alguns cursos são oferecidos em um lugar e outros, em outro sistema. Para complicar as coisas, os programas de outros níveis da universidade estão usando apenas oferta *on-line* se um membro do corpo docente opta por usar o sistema de gerenciamento de cursos. A Associação dos Docentes percebeu nisso um problema, e um comitê formado por profissionais de toda a universidade foi estabelecido para desenvolver políticas de uso de tecnologia uniformes, incorporar o uso de tecnologia no plano estratégico da universidade e determinar as necessidades de capacitação dos docentes e dos estudantes.

Outra faculdade recebeu uma análise de seu órgão de credenciamento que indicou que seus cursos *on-line* possuem *design* e facilitação ruins. Diante dessa avaliação, a universidade decidiu que todos os docentes devem ser treinados e receber certificação em *design* e mediação de cursos *on-line*, independentemente de lecionarem *on-line* ou não. A nova expectativa é de que todos os docentes contratados para lecionar na universidade também lecionem *on-line*. Entretanto, os docentes estão expressando extrema resistência em relação a esse plano, e a faculdade respondeu pagando um adicional para que eles façam a capacitação, independentemente do seu desempenho.

Como já observamos, as faculdades e as universidades estão passando por uma transição significativa. Há pressões econômicas por causa dos custos crescentes, demandas do mercado para que os jovens graduados sejam capazes de operar na sociedade do conhecimento e uma maior diversidade entre os estudantes que optam pelo ensino superior. Ademais, espera-se que os graduados de hoje sejam capazes de demonstrar boa capacidade de pensamento crítico, boas habilidades analíticas e capacidade de trabalhar colaborativamente em um ambiente de equipe e em ambientes distribuídos. O que ambos os cenários apontam é a necessidade por planejamento abrangente feito por uma equipe de profissionais, incluindo equipe administrativa, para oferecer um programa de aprendizagem *on-line* coerente de forma bem-sucedida. Ao desenvolver um plano abrangente para a instituição, todos os participantes na realização do programa devem entender as necessidades e as preocupações dos demais. No próximo Capítulo, discutiremos as preocupações administrativas e docentes em relação à escolha da tecnologia e à criação de uma infraestrutura tecnológica para a instituição. Essas não são, contudo, as únicas questões que os administradores enfrentam à medida que buscam desenvolver um programa *on-line* ou iniciam a oferta de cursos *on-line*.

Frequentemente, quando fazemos apresentações e consultorias, perguntam-nos sobre questões como a remuneração pelo desenvolvimento do curso e pelo ensino *on-line*, considerando-se a quantidade de tempo que lecionar cursos *on-line* toma. A questão da remuneração é controversa, ainda sem respostas claras que possam resolvê-la. Neste capítulo, analisamos o pensamento atual acerca disso, assim como discutimos outras questões e preocupações administrativas, como planejamento e desenvolvimento de programas *on-line*, apoio e capacitação de docentes e questões de governança e de estabilidade empregatícia. Essas preocupações referem-se a questões de responsabilidade e controle, em outras palavras, quem controla o desenvolvimento e a oferta de cursos *on-line* e quem deveria controlá-los.

Todas as questões inseridas no âmbito administrativo são controversas e têm sido causa de divergências, e até mesmo de conflito aberto, entre administradores e docentes. Elas são, no entanto, importantes e devem ser consideradas por todos os elementos da instituição. As políticas, que, idealmente, são o resultado da discussão dessas questões, devem se tornar a fundação de uma infraestrutura tecnológica em uma instituição. Bates e Sangrà (2011) descrevem a necessidade de os líderes educacionais desenvolverem *quadros de referência* estratégicos, a fim de abordar as questões culturais, organizacionais, econômicas e de sobrevivências da instituição. Eles também observam que liderança, por si só, não resultará em integração tecnológica eficaz; uma ampla variedade de *atores institucionais* precisa apoiar a estratégia para que ela seja bem-sucedida. Cada vez mais, estamos vendo esses planos serem desenvolvidos por faculdades, universidades e distritos escolares do K-12, à medida que os líderes percebem a sua importância. Todas as questões que acabamos de delinear precisam ser incluídas nesse *quadro de referência*. Conforme Bates e Sangrà observaram, a demanda por educação superior está crescendo, embora com estudantes diferentes daqueles que as instituições tradicionalmente atendiam no passado. Para que as faculdades e as universidades estejam à altura do desafio de oferecer educação com e por meio do uso de tecnologia, elas devem superar o conservadorismo natural de seus docentes e estabelecer difíceis discussões que as levarão a desenvolver estratégias para mantê-las financeiramente sólidas ao oferecerem programas educacionais de alta qualidade. Os administradores também devem desenvolver o que Bates e Sangrà (2011, p. 79) chamam de "visões e metas convincentes para o uso de tecnologia" e se afastar das visões conservadoras sobre como a tecnologia pode apoiar o ensino e a aprendizagem. Isso significa que os administradores precisam começar a trabalhar com seus docentes, ouvindo-os.

Agora examinaremos cada uma das questões do âmbito administrativo e encerraremos com algumas dicas para a criação de uma infraestrutura tecnológica sólida.

TEMPO DOS DOCENTES, REMUNERAÇÃO E QUESTÕES DE ESTABILIDADE EMPREGATÍCIA

Um levantamento com 60 docentes, realizado em 1999 pela Arkansas State University, produziu resultados que parecem ser a norma da experiência dos docentes que lecionam *on-line*: 90% dos entrevistados indicaram que precisavam de um tempo substancialmente maior de preparação para desenvolver um curso; 75% não haviam participado de quaisquer oportunidades de capacitação, além do que precisavam para entender a tecnologia utilizada; e mais de 88% indicaram que não recebiam remuneração adicional nem redução na carga de trabalho para o desenvolvimento ou a mediação de cursos de aprendizagem a distância (DICKINSON; AGNEW; GORMAN, 1999). Estudos mais recentes confirmam que essas questões ainda existem. De acordo com o relatório apresentado pela Association of Public and Land-Grant Universities, os diretores acadêmicos acreditavam que os docentes empregavam mais tempo desenvolvendo do que lecionando um curso *on-line*. No entanto, aproximadamente 64% dos docentes que participaram do levantamento indicaram que era necessário "um tanto" ou "muito mais" esforço para lecionar *on-line* (SEAMAN, 2009, p. 6).

Conforme o ensino *on-line* foi ganhando popularidade, surgiram alguns estudos sobre a quantidade de tempo que os docentes gastam lecionando dessa forma. Andersen e Avery (2008) constataram que os docentes gastam, aproximadamente, 46,1 horas por crédito da disciplina lecionando *on-line*. Esse número não inclui o tempo necessário para fazer o *design* e planejar um curso *on-line*. Bates e Sangrà (2011) estimam que desenvolver um curso *on-line* requer 12,5 dias. Muitas vezes, essas demandas de tempo passam despercebidas. Considerando essas estatísticas, não surpreende o fato de que alguns docentes resistem ao ensino *on-line*.

Um estudo inicial (ROCKWELL et al., 1999), que foi projetado para analisar o que os docentes percebem como incentivos ou obstáculos para a participação no ensino *on-line*, constatou que os principais incentivos para os docentes lecionarem a distância eram as recompensas pessoais ou intrínsecas, e não monetárias. Inclusa na lista de incentivos estava a oportunidade para proporcionar instrução inovadora, usar novas técnicas de ensino e receber reconhecimento por seu trabalho. Os principais obstáculos citados correspondiam às questões delineadas nos estudos mais recentes: necessidade de tempo, capacitação e apoio. As recompensas monetárias não foram vistas como um incentivo nem como um obstáculo para a participação no ensino *on-line*. Isso foi apoiado pelos achados do estudo da Association of Public and Land--Grant Universities (SEAMAN, 2009), que indicaram que os docentes citaram as necessidades dos estudantes como sua principal motivação para lecionar *on-line*.

Isso não quer dizer que o tempo extra requerido para o desenvolvimento e a oferta de cursos e o aumento da carga de trabalho não deveriam ser considerados ao se desenvolver uma estrutura de recompensas para os docentes. Bates e Sangrà (2011) fizeram uma grande quantidade de perguntas importantes: o que pode ser considerado custo no ensino *on-line*? Como se calcula o custo do trabalho extra que os docentes têm de fazer? Alguém deveria calcular esse custo? Se a faculdade ou a universidade veem o ensino *on-line* como parte do papel dos docentes e não oferecem incentivos para essa atividade, Bates e Sangrà levantam a hipótese de o custo dessa postura aparecer de outras maneiras. Por exemplo, com a redução da atividade de pesquisa e do tempo livre disponível para o docente e com a redução das atividades sociais e do tempo passado com a família. Eles alertam que "em certo momento, esses custos ocultos tornam-se inaceitáveis para o docente, e a tecnologia é rejeitada" (BATES; SANGRÀ, 2011, p. 158). Consequentemente, é importante fornecer incentivos e capacitação suficientes para envolver os docentes no ensino *on-line* de forma eficaz, além de maximizar o retorno sobre o investimento em tecnologia.

Atualmente, o cenário educacional está mudando muito rápido por causa do impacto da tecnologia. Por isso, administradores, docentes e todos aqueles afetados pelas mudanças precisam conversar e concordar com novas maneiras de negociar esse território. Se, em outras palavras, os resultados e os produtos de nosso envolvimento com o ensino *on-line* são compartilhados, examinados pelos colegas, publicados, financiados e apresentados em conferências, então essas atividades devem receber a mesma consideração e as mesmas recompensas dadas às pesquisas publicadas segundo o critério tradicional.

Os docentes respondem positivamente e expressam interesse em se envolver no trabalho *on-line* quando os incentivos apropriados são dados. Incentivos como a concessão de bolsas internas para o desenvolvimento de cursos, tempo suficiente para a participação em desenvolvimento de cursos e atividades de capacitação, cargas reduzidas de tempo de ensino ao lecionar em cursos *on-line* e apoio adequado para o desenvolvimento e a mediação de cursos podem ajudar a amenizar os medos dos docentes que estão entrando na plataforma *on-line* pela primeira vez. Docentes *on-line* mais experientes também podem receber incentivos para oferecer suporte aos colegas novos na área. O *Sloan Consortium* (2012), em sua discussão sobre os cinco pilares da educação *on-line* de qualidade, afirma:

> Os fatores pessoais que contribuem para a satisfação dos docentes com a experiência *on-line* incluem as oportunidades para ampliar as comunidades de aprendizagem interativa para novas populações de estudantes e conduzir e publicar pesquisas relacionadas à aprendizagem e ao ensino *on-line*. Os fatores institucionais relacionados à satisfação dos docentes incluem três categorias: apoio, recompensas e estudo e pesquisa institucionais. A satisfação dos docentes é aprimorada quando a instituição apoia os docentes com uma infraestrutura robusta e bem conservada, capacitação em habilidades instrucionais *on-line* e assistência técnica e administrativa continuada. Os membros do corpo docente também esperam ser incluídos na governança e no controle de qualidade dos programas *on-line*, especialmente aqueles relacionados às decisões curriculares e ao desenvolvimento de políticas de especial importância ao ambiente *on-line* (como propriedade intelectual, direitos autorais, *royalties*, *design* e mediação colaborativos). A satisfação dos docentes está intimamente relacionada a um sistema institucional de recompensas que reconheça o rigor e o valor do ensino *on-line*. A satisfação aumenta quando as atribuições e avaliações de carga de trabalho refletem a maior

quantidade de tempo comprometida com o desenvolvimento e o ensino de cursos *on-line* e quando o ensino *on-line* é valorizado da mesma maneira que o ensino presencial para fins de promoção ou em relação às decisões sobre a estabilidade no emprego. Um fator institucional final – crucial para o recrutamento, a retenção e a expansão de um corpo docente *on-line* dedicado – é o comprometimento com o estudo permanente e a melhoria da experiência *on-line* dos docentes.

PLANEJAMENTO E DESENVOLVIMENTO DE PROGRAMAS

Conforme ilustrado pelos dois cenários no início deste capítulo, muitas vezes o movimento para a implementação de cursos *on-line* e o uso de tecnologia para apoiar o ensino é feito sem muito planejamento. O planejamento deve começar tendo-se em mente o *design* instrucional e os objetivos gerais. As ferramentas tecnológicas que se adequam às necessidades dos docentes, dos estudantes e do currículo devem ser escolhidas e integradas. Bates e Sangrà (2011) observam que, em muitas instituições, o planejamento da integração das tecnologias de aprendizagem em nível institucional e o planejamento acadêmico em nível departamental são duas atividades separadas. Eles argumentam que deveria haver coerência e coordenação entre esses processos para fornecer os níveis mais altos de apoio e inovação em toda a instituição.

Cartwright (1996), com um bocado de humor, descreveu quatro maneiras em que o planejamento tecnológico parece ocorrer nos *campi*:

- *A correria de fim de ano*, na qual o planejamento de longo prazo é colocado de lado em prol das exigências orçamentárias de curto prazo antes do término do ano fiscal.
- *Caos neo-passe*, em que não há evidência de processo de planejamento, mas os chefes de departamento recebem recursos para a aquisição de *hardware* e *software* adequados às necessidades individuais; essa abordagem ao planejamento também é chamada de "os docentes sabem o que fazem".
- *Papai sabe o que faz*, em que as decisões são tomadas pelo administrador de tecnologia ou por um grupo pequeno e seleto, formado principalmente por profissionais de tecnologia.
- *Pollyanna-Phillpanna* Utopia, na qual todas as atividades institucionais são suspensas por várias semanas ao ano, enquanto todos os departamentos se envolvem com uma abordagem de construção de consenso; isso pode resultar em um planejamento com atualizações anuais, mas pode também redundar em uma total falta de ação.

Em resumo, os erros que as instituições cometem no processo de planejamento estão relacionados com a falta de apoio ou orientação por parte de administradores de alto escalão, a falta de conhecimento ou contato com o mercado (isto é, os estudantes e suas necessidades), a falta de passos específicos para a implementação dos planos e a incapacidade de implementar planos rapidamente.

Curiosamente, o planejamento tecnológico mais abrangente está ocorrendo em âmbito estadual, principalmente na arena K-12. Novamente, a educação superior pode ser beneficiada pela análise do escopo e da intenção desses planos, a fim de iniciar um processo de planejamento abrangente em *campi* individuais. Algumas universidades estão começando a abordar a necessidade do desenvolvimento de planos estratégicos de tecnologia e estão publicando os resultados do seu trabalho *on-line*.

Além de focar nos resultados de ensino e aprendizagem, um plano abrangente de tecnologia para a educação a distância deve identificar claramente os estudantes que a instituição pretende atender e avaliar de forma realista o acesso à tecnologia do público-alvo (BATES, 2000). Muitas vezes, as instituições pretendem usar a aprendizagem *on-line* para ampliar seu alcance sem pensar muito sobre quem esses estudantes realmente são, onde eles residem ou como eles irão acessar programas e cursos.

Fizemos uma consultoria em uma instituição que tinha essa intenção em mente. O pensamento era que oferecer aprendizagem a distância para um público em âmbito nacional ajudaria a apoiar e até mesmo salvar a instituição economicamente. Sem ter um plano abrangente, a instituição usou uma combinação da abordagem "os docentes sabem o que fazem", para o desenvolvimento de cursos e programas, com a abordagem "papai sabe o que faz" para a escolha da tecnologia que os docentes iriam utilizar. Após termos fornecido capacitação a um departamento, este começou a oferecer uma série de cursos e teve certo sucesso em atrair estudantes da mesma região geográfica. Quando o departamento decidiu expandir seu alcance, no entanto, a instituição foi incapaz de apoiá-lo. Por exemplo, quando os estudantes a uma distância significativa tentaram se registrar nos cursos *on-line*, foi-lhes dito que teriam de ir ao *campus* para fazê-lo. Apesar da intervenção do departamento, a secretaria recusou-se a ceder. O resultado óbvio foi que os estudantes a partir de uma certa distância não se matricularam nos cursos. Se a instituição tivesse desenvolvido um plano abrangente, no qual todos os departamentos e unidades da instituição estivessem representados, ela teria evitado tal situação.

Pensar sobre todos os aspectos da implementação de um programa *on-line* ou mesmo alguns cursos *on-line* é algo crucial para o sucesso desse esforço. Além do mais, o plano de tecnologia para a instituição não deve ser feito de maneira isolada: ele deve estar incorporado ao plano estratégico da instituição. Bates (2000) observa o resultado de um estudo comparativo que descreve as melhores práticas no uso de tecnologia no *campus*. Os resultados do estudo não surpreenderam e fazem eco às melhores práticas que encorajamos ao longo deste livro: o desenvolvimento de um plano estratégico em que a implementação da tecnologia no ensino desempenha um papel proeminente; investimento na infraestrutura tecnológica necessária para apoiar esse esforço; apoio do alto escalão ao uso de tecnologia; suportes para os docentes que usam tecnologia no seu ensino; e apoio aos estudantes por meio do acesso a computadores, cursos e internet.

As melhores práticas estão relacionadas às atividades de ensino e aprendizagem, e não à tecnologia em si. Bates (2000) afirma que, embora o desenvolvimento de docentes nessa área seja importante, essa não é a melhor estratégia a ser utilizada na implementação bem-sucedida de um plano de tecnologia. Contudo, agora retornaremos à discussão do desenvolvimento de docentes e estudantes como atividades importantes que não podem ser ignoradas. Mas, antes de fazê-lo, é importante compartilhar um último pensamento sobre o planejamento para a implementação de tecnologia: embora seja fundamental planejar institucionalmente para criar estratégias realistas consistentes com a missão, os pontos fortes e os recursos disponíveis da instituição, também é importante criar planos e estratégias que foquem no futuro e possibilitem flexibilidade, crescimento e mudança. Como em todas as outras atividades relacionadas à implementação da tecnologia no ensino, o equilíbrio é muito importante.

OUTROS ASPECTOS DE APOIO, CAPACITAÇÃO E DESENVOLVIMENTO DE DOCENTES E ESTUDANTES

O relatório comparativo que Bates (2000) descreve observou que, nas instituições que seguem as melhores práticas na implementação de tecnologia, o desenvolvimento de docentes foca no ensino e na aprendizagem, e não na tecnologia em si. Certamente, os docentes precisam desenvolver habilidades tecnológicas antes que possam começar a lecionar *on-line*. Entretanto, conforme temos enfatizado, o foco no desenvolvimento de docentes deve ser sobre os métodos pedagógicos, e não sobre a tecnologia utilizada.

Os docentes que são apresentados aos princípios de *design* instrucional adequados ao ensino *on-line* muitas vezes perguntam "onde está a aula expositiva?". Obviamente, essa é uma indicação da abordagem tradicional da educação, em que as aulas expositivas tinham uma posição de destaque. Infelizmente, a tecnologia de captura de aulas expositivas promoveu a ideia de que esse tipo de aula continua a ser peça central do curso, seja esse disponibilizado *on-line* ou presencial. Por essa razão, a capacitação e o desenvolvimento de docentes devem incorporar situações concretas que não fazem uso de aulas expositivas ou que fazem uso de abordagens diferentes à aula expositiva, como *podcasts* curtos. Algumas técnicas podem incluir:

- Projetar *WebQuests* (ou gincanas de pesquisas *on-line*) que permitam que os estudantes explorem e busquem o conteúdo do curso.
- Proporcionar tarefas colaborativas em grupos pequenos.
- Proporcionar tarefas de pesquisa, pedindo para que os estudantes busquem e apresentem recursos adicionais disponíveis na internet e em livros e periódicos.
- Utilizar simulações que possibilitem aos estudantes praticar as habilidades ensinadas no curso, utilizando exemplos reais.
- Pedir para que os estudantes se informem bem sobre um tópico do escopo do curso e o apresentem para os seus colegas.
- Utilizar discussão assíncrona dos tópicos no escopo do material do curso sendo estudado.
- Levar os estudantes a publicar artigos no *site* do curso e analisar os artigos dos colegas.
- Incorporar clipes de áudio e vídeo curtos (menos de 15 minutos) para apoiar o conteúdo.
- *Links* para vídeos do YouTube ou para outros conteúdos baseados na *web* que apoiem o curso.
- Encorajar o uso de *wikis* e outras tecnologias colaborativas que permitam aos estudantes contribuir com conteúdo para o curso, ao mesmo tempo em que demonstram sua aprendizagem.

O importante é encorajar e apoiar os docentes no desenvolvimento de maneiras criativas de apresentar o conteúdo do curso, não esquecendo da tecnologia que os estudantes provavelmente poderão acessar. Em vez de confiar na tecnologia computacional para realizar todos os aspectos do curso, usar a tecnologia que quase todos possuem – telefones e *tablets* – pode ajudar a atingir e a envolver todos os estudantes do curso.

Os estudantes precisam de capacitação não apenas no sistema de gerenciamento que utilizarão para acessar seus cursos, mas também em como aprender no ambiente *on-line*. Se a instituição não puder fornecer esse treinamento ou não vê isso como uma parte de seu plano de tecnologia, então incorporar sugestões sobre como aprender *online* torna-se responsabilidade do instrutor. Os docentes podem fazer isso de diversas maneiras, por exemplo:

- Realizar uma orientação presencial, se possível, para mostrar aos estudantes o *site* do curso e discutir a aprendizagem *on-line*.
- Fornecer uma orientação para o curso em algum local do *site* ou como um item de discussão inicial no curso.
- Fornecer aos estudantes uma lista de perguntas frequentes e respostas a essas perguntas.
- Colocar, na tela de boas-vindas ou na página inicial do curso, informações básicas sobre como navegar no *site* do curso, com a mensagem "Comece aqui".
- Enviar uma mensagem de *e-mail* contendo informações de orientação para cada estudante matriculado no curso.
- Criar vídeos curtos que mostrem o uso do *site*, o sistema de gerenciamento de cursos e o curso em si, que possam ser publicados no curso ou no YouTube.

Independentemente de como a orientação do estudante ocorra, ela precisa ser considerada como um elemento importante no desenvolvimento do curso; mesmo assim, ela é frequentemente negligenciada. Incluir informações sobre isso a capacitação na capacitação dos docentes pode levá-los a criar consciência de como isso é importante.

Como observamos no caso do relatório comparativo, o apoio aos docentes e estudantes é um elemento crucial na construção de uma boa infraestrutura tecnológica. Os administradores devem se lembrar de quem eles precisam atender ao desenvolver um plano de tecnologia, e eles devem fornecer o suporte financeiro e pessoal necessários para manter o bom funcionamento de um programa *on-line*.

Outras duas questões que são fundamentais para o desenvolvimento bem-sucedido de um programa *on-line* estão relacionadas ao papel dos docentes nesse programa. Assim como os docentes precisam ser envolvidos em decisões como a escolha dos sistemas de gerenciamento de cursos e de outras tecnologias, eles também precisam ser envolvidos em decisões sobre quais cursos serão oferecidos *on-line* e como estes serão desenvolvidos.

Agora, nos voltaremos às questões de governança e retomaremos a discussão das questões sobre direitos autorais e propriedade intelectual conforme elas se relacionam ao desenvolvimento de um plano para oferecer cursos e programas *on-line*.

GOVERNANÇA E PROPRIEDADE INTELECTUAL

Quem decide que cursos serão oferecidos e que programas de formação devem ser migrados para o ambiente *on-line*? Essas decisões devem ficar a cargo dos chefes de departamento, dos membros do corpo docente, da Associação de Docentes, dos coordenadores de aprendizagem a distância ou de uma combinação desses grupos? Questões sobre quem possui o poder de tomar as decisões sobre a aprendizagem a distância e quem detém a propriedade dos cursos tornaram-se extremamente relevantes, já que o número e a gama de cursos oferecidos aumentaram. E, como com quaisquer outras questões relacionadas à aprendizagem a distância, elas não costumam ser abordadas quando se trata das disciplinas presenciais tradicionais.

Os autores que escrevem a respeito do impacto da aprendizagem *on-line* sobre a academia, combinado com o ambiente econômico atual, têm observado que a aprendizagem a distância mudou a economia da educação, jogando as instituições em um mercado competitivo (BARONE; LUKER, 2000). Outras inquietações originam-se de preocupações cada vez maiores com o orçamento, dos regulamentos federais feitos para reduzir o peso dos créditos estudantis e do foco nos custos das mensalidades que, muitas vezes, excedem o teto dos créditos estudantis federais.

A resposta de muitas instituições tem sido oferecer cursos e programas de aprendizagem a distância *on-line* como forma de estender seu alcance, atrair mais estudantes e controlar custos. Algumas instituições são mais preparadas do que outras para participar do mercado de aprendizagem a distância, e outras têm enfrentado dificuldades por causa de uma falta de visão ou de um plano para dar início ao projeto ou por causa de esperanças irreais de que essa modalidade de ensino irá "salvar" a instituição da bancarrota. Mais recentemente, essas discussões ampliaram-se para o uso de MOOCs (Massively Open Online Courses), que serão discutidos no Capítulo final deste livro, como uma forma de mostrar o que a instituição pode oferecer aos futuros estudantes e proporcionar oportunidades *on-line* que não valem créditos a uma ampla gama de pessoas, sem nenhum custo.

Naturalmente, os princípios econômicos da educação a distância mudaram as formas como as decisões são tomadas em relação aos cursos e programas oferecidos. Em alguns *campi*, os departamentos e seus docentes, em conjunto com as Associações de Docentes, estão tomando decisões sobre quais cursos e programas serão oferecidos. Em outros *campi*, essas decisões estão sendo tiradas das mãos dos docentes e passadas para as mãos de administradores superiores, chefes de departamento e coordenadores de educação continuada. Em um ambiente em que o fosso entre o corpo docente e a administração já está sendo fomentado, lidar com questões de governança dessa maneira não pode ser algo muito bom.

Como resposta a essa situação, as instituições têm se envolvido em um processo de planejamento abrangente, com a participação da Associação de Docentes e de administradores. Essas atividades de planejamento têm resultado em políticas detalhadas e abrangentes que tratam tanto das preocupações dos administradores como dos docentes. Essas políticas retomam os acordos entre administradores e docentes e colocam a preocupação com os estudantes no primeiro plano. O espírito geral das políticas é que os cursos *on-line* não devem ser tratados de modo diferente dos tradicionais. As medidas de qualidade existentes para os cursos lecionados no *campus* também devem ser aplicadas aos cursos *on-line*, ou seja, os comitês de currículo da universidade irão analisar todos os cursos; a contratação de docentes deverá ocorrer de maneira similar à contratação de docentes para o *campus*; a terceirização de cursos ou programas não poderá ocorrer sem a aprovação dos órgãos adequados da universidade; uma estrutura de apoio adequada será colocada em prática para auxiliar tanto docentes quanto estudantes; e antes de se oferecer um curso ou programa, acordos em relação aos direitos autorais e à propriedade intelectual, assim como em relação à remuneração dos docentes e ao uso das receitas, serão concluídos segundo a política da universidade com respeito à propriedade intelectual.

Políticas como essas serão, provavelmente, a onda do futuro. Tais políticas devem incluir regras e diretrizes claras com relação à propriedade dos materiais criados para os cursos *on-line*. Bates (2000) oferece uma perspectiva interessante sobre essa questão. Em geral, espera-se que os docentes que forem contratados para lecionar no *campus* escrevam e publiquem de forma independente. A universidade geralmente não é proprietária nem recebe receitas a partir de materiais que seus docentes publicam. Mas, quando o assunto é criar cursos *on-line*, as coisas mudam drasticamente. Bates (2000, p. 110) escreveu que

> As universidades e as faculdades agora estão financiando a criação de materiais e se tornando os principais *atores interessados* e produtores dos materiais com direitos autorais.

Consequentemente, se os materiais de cursos forem criados como parte das responsabilidades de trabalho regular dos docentes, então esses materiais podem mesmo pertencer ao empregador: no caso, a universidade. O que complica esse quadro é o fato de que há cada vez mais cursos sendo criados não apenas por um instrutor, mas por uma equipe formada por docentes, *designers* instrucionais e programadores. O mesmo, contudo, poderia ser dito da escrita e da publicação de um livro: há poucos livros publicados pelos próprios docentes. Os livros escritos por eles são produzidos com a ajuda de uma equipe. Consequentemente, o princípio da equidade deve ser aplicado.

Hawke (2000) observa que as universidades estão aplicando diversos modelos de propriedade de cursos. O primeiro parte do princípio de que os membros do corpo docente são proprietários do trabalho e podem atribuir propriedade à instituição ou conceder a ela uma licença de uso não exclusivo desse trabalho. A instituição e o membro do corpo docente que criou o curso compartilham os lucros. O segundo modelo parte do princípio de que a propriedade é da instituição, pois o trabalho é uma "prestação de serviços". Neste caso, o membro do corpo docente pode receber *royalties* e uma licença para usar os materiais em outros lugares. O terceiro modelo parte do princípio de que o docente que cria o trabalho é um trabalhador autônomo que possui a propriedade do trabalho e pode atribuir sua propriedade ou licenciá-lo como no primeiro modelo. As universidades adotam os dois últimos modelos com mais frequência.

Uma boa política de governança aborda a necessidade de se estabelecer acordos antes do desenvolvimento do curso sobre o uso da propriedade intelectual e das receitas geradas pela realização dos cursos. Acordos prévios que sejam justos para todas as partes envolvidas podem mitigar as preocupações que possam existir quando os docentes sentirem que seu material está sendo usado de maneira injusta. Tais acordos podem incluir *royalties* pagos aos docentes que desenvolvem cursos, inserção da realização de cursos na carga de ensino padrão, em vez de tratá-la como uma sobrecarga, e compartilhamento de receitas após os cursos terem sido ministrados. Ainda não existem respostas concretas, e os poucos casos que abordam essa questão estão sendo julgados pelos tribunais. Contudo, existe potencial para o desenvolvimento de processos judiciais caso as universidades e seus docentes não ajam proativamente em relação a como os materiais serão desenvolvidos e usados. Mais uma vez, o bom planejamento é fundamental.

RETENÇÃO DE ESTUDANTES

Outro componente importante na nova economia do ensino a distância, e que parece ser consistentemente menosprezado ou ignorado no planejamento e na oferta de cursos de aprendizagem a distância, é o estudante. Muitos planos e políticas não consideram os estudantes, gerando preocupações com o interesse dos estudantes a respeito dos programas *on-line* e, mais importante, sua permanência nesses programas depois que eles se matriculam. Phipps e Merisotis (1999, p. 2) observaram que

> [...] a maioria das instituições acredita que é um tanto ou muito importante que seus programas de educação a distância aumentem o acesso a novos públicos e aumentem o número de matrículas.

Porém, as pesquisas que buscaram acompanhar o impacto da educação a distância sobre o acesso, as matrículas e os custos dos programas não mostram conclusivamente que, caso uma instituição ofereça cursos e programas de educação a distância, o número de matrículas irá aumentar, embora as matrículas em cursos e programas *on-line* tenham excedido, em muito, as matrículas em ofertas educacionais baseadas no *campus* (ALLEN; SEAMAN, 2011). Em vez disso, os estudantes simplesmente passaram a esperar que as ofertas de cursos *on-line* existam e ficam surpresos quando elas não estão disponíveis. Para complicar esse quadro, após os estudantes matricularem-se em cursos de educação a distância, a probabilidade de que eles completarão os cursos e permanecerão matriculados em programas *on-line* é mais baixa do que em cursos baseados no *campus*.

Há algumas pesquisas disponíveis que ajudam as instituições a entender por que os estudantes *on-line* evadem com mais frequência. As razões geralmente atribuídas a esse fato estão relacionadas ao perfil demográfico dos estudantes matriculados, já que eles tendem a ser adultos mais velhos, que trabalham e têm obrigações familiares. As situações de vida que os levam aos programas de aprendizagem a distância também podem interferir em sua capacidade de completá-los. Em geral, a probabilidade de que alunos adultos abandonem os cursos *on-line* é duas vezes maior do que a dos demais, e as principais causas disso são: restrições profissionais, problemas pessoais e fatores institucionais (MCGIVNEY, 2004). Park e Hee (2009), entretanto, determinaram que os perfis demográficos não têm impacto sobre a permanência em cursos *on-line*. Em vez disso, eles constataram que fatores externos, assim como a relevância do curso para o trabalho ou para os planos de carreira do estudante, eram fatores significativos para a sua permanência. Moore e Fetzner (2009) constataram que os estudantes persistem em cursos e programas *on-line* que proporcionam um bom nível de apoio tanto aos docentes como aos estudantes em cursos que possuem um *design* que utiliza boas e eficazes estratégias de aprendizagem.

O que não pode ser ignorado, no entanto, é que as instituições, muitas vezes, criam planos de tecnologia sem explorar seus mercados ou perguntar aos estudantes o que eles querem ou precisam em um programa *on-line*. As instituições tendem a construir cursos e programas *on-line* com base nas necessidades e nos interesses dos docentes, dos departamentos e da instituição, sem levar em consideração o que querem os estudantes.

O paradigma tradicional da educação nos *campi* universitários é centrado nos docentes. Conforme temos argumentado, para que os cursos *on-line* sejam bem-sucedidos, o foco centrado nos docentes precisa mudar para um foco centrado no aluno. Isso também é válido ao se desenvolver um plano para a implementação de tecnologia no ensino e na construção de programas *on-line*: para serem bem-sucedidos, os planos, os cursos e os programas devem ser focados no aluno. Para cumprir essa meta, as instituições precisam iniciar um processo de planejamento que inclua uma boa pesquisa de mercado, que responda às seguintes perguntas: Quem são nossos estudantes? Onde eles moram? Quais são as necessidades acadêmicas deles? O que eles querem em sua educação? Como podemos atender a essas necessidades?

Os cursos e programas *on-line* não vão "salvar" as instituições acadêmicas. Entretanto, a tecnologia na educação faz sentido quando é usada para alcançar um grupo cada vez maior de estudantes não tradicionais que agora vemos nas instituições de ensino superior e para atender suas necessidades de aprendizagem, que diferem das dos estudantes tradicionalmente ensinados nas instituições. Os cursos e programas *on-line* também fazem sentido ao servir às necessidade de estudantes que estão no *campus* e que buscam flexibilidade em seus programas de estudo, além de demandarem abordagens atualizadas de ensino e aprendizagem. Muitos desses estudantes experimentaram os cursos *on-line* durante o ensino médio e esperam que eles estejam disponíveis quando avançarem pa-ra as faculdades ou universidades.

ALGUNS PENSAMENTOS FINAIS SOBRE QUESTÕES E PREOCUPAÇÕES ADMINISTRATIVAS

Bates (2000, p. 119) sintetiza bem as questões na área administrativa:

> Grandes investimentos em ensino baseado em tecnologia só podem ser justificados se levarem a mudanças significativas no modo como ensinamos.

Conforme temos salientado, usar a tecnologia para replicar a sala de aula presencial tradicional é uma perda de tempo, energia e dinheiro. A tecnologia deve ser usada como um veículo para auxiliar as instituições e seus docentes a chegar até os estudantes que, de outra maneira, não poderiam ser alcançados por causa da distância ou do estilo de ensino. Ela também é um veículo que auxilia os docentes a cumprir objetivos de aprendizagem.

A introdução da tecnologia no ensino está criando inegáveis mudanças culturais nas instituições acadêmicas. Os docentes e os administradores estão começando a aprender que o desenvolvimento de cursos *on-line* não pode ser realizado por uma pessoa isolada. É preciso uma equipe de profissionais comprometidos com o desenvolvimento de cursos e programas *on-line* de alta qualidade. Como resultado, as instituições não podem mais fazer negócios como costumavam fazer e devem reexaminar as formas de interação entre docentes e administradores. Bates e Sangrà (2011) afirmam que a integração de tecnologia bem-sucedida ajuda a aumentar a competitividade de uma instituição no mercado educacional atual, já que possibilita acesso mais flexível à aprendizagem, melhores resultados, graduados mais bem preparados e serviços administrativos e pedagógicos de maior qualidade. Considerando esses possíveis resultados, o investimento no bom planejamento colaborativo para a integração tecnológica parece valer a pena.

No próximo Capítulo, daremos outra olhada na tecnologia atualmente utilizada, particularmente no fato de que ela pertence ao processo de planejamento. Nosso foco é o desenvolvimento de uma infraestrutura tecnológica projetada para apoiar as mudanças que estamos descrevendo.

Dicas para os administradores para a criação de uma infraestrutura tecnológica

- Criar uma equipe ou um comitê inclusivo para desenvolver políticas e planos para a instituição a respeito de cursos e programas *on-line*.
- Disponibilizar incentivos aos docentes para o desenvolvimento de cursos, incluindo liberação de outras atividades, redução da carga de ensino e bolsas.
- Fornecer suporte técnico e capacitação adequados aos docentes e estudantes. Os docentes não apenas necessitam saber como usar a tecnologia, mas também precisam ser capazes de explorar novos métodos e técnicas de ensino. Os estudantes precisam entender a tecnologia sendo utilizada e como aprender em um ambiente *on-line*.
- Reconsiderar acordos com os docentes para incluir cláusulas relacionadas ao uso de propriedade intelectual que sejam justas e equitativas para todos os envolvidos.
- Limitar o número de matrículas em cursos *on-line*. Se esse número for muito alto, devem-se fornecer avaliadores, corretores ou assistentes de ensino para reduzir a carga sobre o instrutor e permitir que os estudantes tenham maior acesso a ele.
- Trabalhar em prol do desenvolvimento de uma visão compartilhada e de um plano estratégico em torno do uso de tecnologia no ensino e na aprendizagem. Os planos devem possuir fluidez suficiente para permitir a inclusão de avanços tecnológicos à medida que eles acontecerem, e não deve se limitar apenas ao que estiver disponível no momento em que o plano for concebido.

4
As ferramentas do ensino *on-line*

A tecnologia mudou drasticamente desde que escrevemos a primeira edição deste livro e continua a mudar em um ritmo muito veloz. Os sistemas de gerenciamento de cursos que foram desenvolvidos em 2001 tornaram-se a base sobre a qual a maioria dos cursos *on-line* está construída atualmente. Contudo, isso também está mudando. A tecnologia móvel está criando um baluarte da educação e sendo usada tanto em cursos presenciais como em cursos *on-line*. Os *tablets,* como o iPad e outros, estão começando a substituir os *laptops* e os *desktops*. Muitas faculdades e universidades têm investido em iPads, distribuindo-os aos novos estudantes e conduzindo projetos com essa ferramenta, um tópico que discutiremos mais adiante neste Capítulo. Os sistemas de gerenciamento de cursos de código aberto, que foram desenvolvidos e são apoiados por comunidades de usuários, estão substituindo rapidamente os sistemas de gerenciamento de cursos comerciais, que dominaram o mundo da educação *on-line* na década passada.

Independentemente disso, a tecnologia não é o foco do curso *on-line* e permanece sendo apenas o veículo para sua realização. Don Foshee, primeiro presidente da Texas Distance Learning Association, já falecido, afirmou, em 1999, que o uso da tecnologia é tão bom quanto as pessoas e o conteúdo por trás desse uso. Ele compartilhou algumas lições aprendidas com a evolução da tecnologia em educação daquela época, observando que "o bom ensino é bom, e o mau ensino é ainda pior em um ambiente baseado em tecnologia" (FOSHEE, 1999, p. 26). E ele afirmou o que não podemos deixar de salientar: nada substitui o bom planejamento. O planejamento deve tratar da tecnologia a ser utilizada, dos programas a ser desenvolvidos e dos cursos a ser lecionados. Esses pensamentos eram válidos em 1999 e assim o são até hoje: a tecnologia é o veículo, não o condutor, do curso *on-line*.

Neste Capítulo, examinaremos como a tecnologia está sendo usada na educação atualmente, observando com cautela que, com o rápido desenvolvimento tanto do *hardware* quanto do *software,* o que dizemos hoje pode não ser mais válido no momento em que este livro for publicado. Iremos, entretanto, discutir como trabalhar com os pontos fortes e as limitações da tecnologia disponível, auxiliando dessa forma os docentes no processo de planejamento de seus cursos *on-line* e fornecendo algumas sugestões para a avaliação de suas necessidades tecnológicas. Além disso, exploraremos as maneiras pelas quais os cursos e os programas *on-line* podem ser desenvolvidos e implementados quando a instituição possuir recursos financeiros limitados, o que é muito mais fácil nos dias de hoje por causa da disponibilidade de aplicativos na internet e do uso da tecnologia móvel. Dedicaremos atenção especial à tecnologia móvel: como ela está afetando nosso trabalho e como pode ser usada de maneira eficaz no ensino *on-line.*

TECNOLOGIA NO SÉCULO XXI

Em 1999, o National Center for Educational Statistics (NCES) publicou seu primeiro relatório (que já não está mais disponível), que discutiu as maneiras pelas quais a tecnologia de aprendizagem a distância avançou e mudou. Os autores do relatório observaram que os principais componentes da tecnologia em uso eram o maior nível de interatividade entre estudantes e docentes, resultando em uma maior capacidade de troca de informações, e a exigência de quantidades de tempo significativamente menores para que a troca de informações ocorresse. Os tipos de tecnologia aos quais eles estavam se referindo incluíam *e-mail*, sessões de bate-papo, fóruns de discussão, vídeo, CD-ROM, audioconferência e videoconferência. O relatório alertava que o uso de tecnologias avançadas não significava, necessariamente, melhor implementação de programas de aprendizagem a distância. A tecnologia precisa variar com as necessidades instrucionais e com as necessidades dos alunos. Em outras palavras, só porque várias tecnologias estão disponíveis não significa que elas precisam ser usadas na realização de um curso. Um curso pode ser oferecido utilizando-se apenas fóruns de discussão, enquanto outros podem utilizar bate-papo ou um *whiteboard*. Foram feitas diversas atualizações para os relatórios do NCES desde 1999, muitas das quais focaram na eficácia da aprendizagem por meio do uso de tecnologia e no grau em que esta está sendo integrada ao ensino.

Um levantamento conduzido por Allen e Seaman (2007) revelou que mais de dois terços das 4.300 instituições de ensino superior dos Estados Unidos estão oferecendo alguma forma de educação *on-line*. Além disso, 69% das universidades tradicionais e não tradicionais acreditam que a demanda dos estudantes por cursos *on-line* continuará a crescer. Desde 2007, 83% das instituições que já ofereciam cursos *on-line* acreditavam que o número de matrículas nesses cursos continuaria a crescer. As principais razões citadas para o oferecimento de cursos e diplomas *on-line* são a melhoria no acesso para os estudantes e o aumento nas taxas de conclusão de curso por parte deles (ALLEN; SEAMAN, 2007). Dadas as pressões sobre as instituições em relação a essas áreas, é claro que a instrução *on-line* continuará a se expandir.

Uma tendência similar está acontecendo no setor K-12. Há novos programas *on-line* de ensino médio em todos os Estados, e esses programas estão sendo oferecidos em todas as províncias do Canadá. Tais programas servem, sobretudo, aos estudantes que vivem em áreas rurais ou fornecem acesso a cursos que não estão mais sendo oferecidos pelos distritos escolares em virtude dos cortes no orçamento. A educação *on-line* no K-12, também chamada de educação virtual, está crescendo cerca de 30% ao ano (NORTH AMERICAN COUNCIL FOR ONLINE LEARNING, 2011). O North American Council for Online Learning e a National Education Association (2014) desenvolveram padrões para a qualidade do ensino *on--line* e estão advogando para que os Estados criem credenciais para o ensino *on-line.*

Um levantamento feito com professores, administradores e instrutores de desenvolvimento profissional do K-12 mostrou as disparidades entre a quantidade de preparação que os professores recebem para lecionar *on-line* e a sua preparação para outros empreendimentos de ensino. A variação no tempo dedicado ia de zero a 270 horas anuais. Além disso, 62% dos professores relataram não ter recebido capacitação antes de lecionar *on-line* (RICE; DAWLEY, 2007). Em todos os Estados, o credenciamento de programas requer alguma competência em instrução assistida por computador, mas nenhum possui uma credencial específica para o ensino *on-line*.

Com base neste tipo de demanda, é claro que a necessidade de se ter docentes com experiência para ensinar essas disciplinas é enorme e que as instituições precisam desenvolver planos de recrutamento, contratação, treinamento, desenvolvimento e apoio para os docentes *on-line* (GREEN; ALEJANDRO; BROWN, 2009). A capacitação e o desenvolvimento de docentes para lecionar *on-line* devem incluir discussão sobre as ferramentas disponíveis, juntamente com a estratégia pedagógica para o seu uso.

Fica claro que as ferramentas tecnológicas para criar e aumentar a interatividade nos cursos *on-line* disponíveis aos docentes são variadas e continuam a ser desenvolvidas. Como observamos anteriormente, o *continuum* do uso da tecnologia em cursos não vai mais de zero a 100%; as ferramentas tecnológicas são, em geral, empregadas em todos os cursos e em todos os níveis atualmente. Manning e Johnson (2011) observam que o uso de tecnologia na educação é um processo pelo qual usamos essas ferramentas para abordar um problema educacional. As ferramentas, então, têm a função de apoiar a aprendizagem. Se antes fazíamos distinções entre as ferramentas contidas em sistemas de gerenciamento de cursos e aquelas que podemos encontrar na *web* ou em outros lugares, agora essas distinções estão indefinidas. Manning e Johnson observam que a proliferação das ferramentas *web* 2.0 (redes sociais, *wikis*, *blogs* e afins, aspectos que discutiremos mais adiante) e a capacidade de vinculá-las a um sistema de gerenciamento de cursos ou usá-las para criar o curso fora de um sistema de gerenciamento nos fizeram avançar de uma abordagem estática ao desenvolvimento de cursos para um lugar em que os docentes podem colaborar com os estudantes, a fim de compartilhar a autoria dos cursos.

Mais uma vez, não podemos deixar de salientar que a disponibilidade dessas ferramentas não determina seu uso. Considerando que as ferramentas são projetadas para apoiar a aprendizagem e abordar os problemas educacionais, os docentes devem fazer o *design* dos cursos tendo em mente os resultados e os objetivos de aprendizagem e construindo atividades de aprendizagem que permitam aos estudantes alcançarem esses objetivos utilizando tecnologia. As ferramentas usadas devem ser escolhidas para atingir os resultados e os objetivos e servem como veículo para alcançá-los.

Agora, iremos examinar especificamente algumas dessas ferramentas – tecnologias *web* 2.0 e móveis – e discutiremos como se pode adequar com eficácia essas ferramentas aos objetivos de aprendizagem.

ADEQUANDO A TECNOLOGIA AO CURSO

A seleção das tecnologias de aprendizagem a distância deve envolver a avaliação do conteúdo do curso, dos objetivos de aprendizagem e das necessidades de interação. Nenhuma tecnologia é ideal para se atingir todos os objetivos de aprendizagem e, em contrapartida, os docentes raramente terão a liberdade de integrar todas as tecnologias em um curso. Olcott (1999) forneceu o que ele chamou de os cinco "Is" do ensino a distância eficaz: interação, introspecção, inovação, integração e informação. Eles continuam a ser boas características das maneiras de se escolher tecnologias apropriadas para o uso em cursos híbridos *on-line*:

- *Interação* refere-se não apenas à comunicação que deve ocorrer entre o estudante e o instrutor e entre o estudante e os outros estudantes, mas também entre o estudante e o conteúdo do curso. Desse modo, as comunicações assíncronas e síncronas, bem como a apresentação de materiais impressos e *links* da internet, formam as necessidades tecnológicas de interação.
- *Introspecção* é a interpretação, a revisão e o entendimento comprovado dos conceitos. Fóruns de discussão, gráficos e até mesmo áudio e vídeo podem ser tecnologias eficazes para encorajar a introspecção.
- *Inovação* refere-se à capacidade de os docentes experimentarem as tecnologias para abordar vários estilos e ciclos de aprendizagem pelos quais os estudantes passarão durante o curso. Dessa forma, combinações de áudio, vídeo e discussão síncrona e assíncrona podem proporcionar várias oportunidades para os estudantes aprenderem. Tão importante quanto usar várias tecnologias é implementar vários modos de avaliação do trabalho dos estudantes em um curso. A dependência de um único meio de avaliação, como testes e *quizzes*, pode não casar bem com os resultados que o instrutor espera que os estudantes venham a alcançar (PALLOFF; PRATT, 2009). Os docentes podem até mesmo optar por convidar os estudantes a escolher as formas como eles serão avaliados, aprofundando o objetivo de atribuição de poder aos alunos no processo de aprendizagem.
- *Integração* reflete a integração de fatos, conceitos, teorias e aplicação prática do conhecimento. O uso de estudos de caso, exercícios de simulação, produção de apresentações de áudio, vídeo ou gráficos e interpretação de papéis podem criar um ambiente que favoreça a integração. Essas atividades colaborativas podem ser facilmente realizadas em um ambiente assíncrono, e as aplicações *web* 2.0 e a tecnologia móvel podem apoiar o desenvolvimento delas.
- *Informação* refere-se ao conhecimento e ao entendimento que são pré-requisitos para os estudantes avançarem para o próximo nível de aprendizagem. Tradicionalmente, os docentes pensam na transferência de informações que ocorrem em uma aula expositiva. No entanto, depender de uma aula expositiva no ambiente *on-line* tende a reduzir a capacidade dinâmica de um curso *on-line*, enquanto a colaboração e a interação podem melhorá-la de maneira eficaz (PALLOFF; PRATT, 2004).

Essa discussão deve ilustrar que qualquer forma ou formas de tecnologia podem ser usadas para oferecer um curso. O que é mais crucial para um curso *on-line* bem-sucedido é o bom ensino centrado no aluno. Consequentemente, ao se escolherem as formas de tecnologia a ser utilizadas em um curso, a primeira consideração de-ve ser em relação aos objetivos a ser alcançados, assim como a tecnologia que os estudantes comumente usam. Todo o resto deve fluir a partir daí. Em muitos casos, os resultados de aprendizagem podem ser alcançados com a tecnologia menos complexa. Isso também permite que o curso seja acessado pela maioria dos usuários com poucas dificuldades. Acesso e acessibilidade continuam a ser considerações importantes no desenvolvimento e oferta de um curso, e a tecnologia móvel está ajudando a diminuir a exclusão digital: os estudantes podem não ter computadores em casa ou em seus dormitórios, mas eles provavelmente possuem um telefone celular. Agora, voltaremos nossa atenção ao impacto e ao uso das tecnologias móveis no ensino e na aprendizagem e veremos como elas estão ajudando a aumentar o acesso.

Usando as tecnologias móveis para dar poder à aprendizagem dos estudantes

Os telefones celulares são uma parte essencial do gênero comumente conhecido como tecnologia móvel, que abrange os telefones celulares, os assistentes pessoais digitais (PDAs, na sigla em inglês), *iPod Touches*, *iPads* e muitos outros dispositivos. Os dispositivos dessa natureza possuem a conectividade que permite o acesso às informações e às comunicações síncrona e assíncrona (CLOUGH et al., 2008; TRAXLER, 2010). Nós excluímos os *laptops* da categoria dos dispositivos móveis por causa dos problemas de peso e de duração da bateria.

A tecnologia móvel tem "[...] possibilidades quase infinitas para a educação, as redes sociais e a produtividade social" (LUNSFORD, 2010, p. 66). Clough et al., (2008, p. 359) afirmaram que,

Com essa penetração de mercado quase ubíqua, os dispositivos móveis atraíram a atenção de pesquisadores e educadores por meio do seu potencial tanto como ferramentas que apoiam e aprimoram a experiência de aprendizagem quanto como aparelhos que perturbam, possivelmente interrompendo e distraindo os alunos.

O acesso praticamente ubíquo a essas tecnologias móveis pode ser a causa de uma mudança de pensamento entre os educadores do ensino superior, levando a aprendizagem a distância, ou *e-learning*, à proeminência devido à "[...] capacidade da tecnologia de criar e sustentar comunidades de alunos" (GARRISON, 2011, p. 1). Os dispositivos móveis ampliam a aprendizagem para além do ambiente da sala de aula tradicional, seja ela física ou digital. As capacidades de comunicação e de dados dos dispositivos expandem as fronteiras tradicionais da sala de aula e a conduzem para além das normas de espaço e tempo (EL-HUSSEIN; CRONJE, 2010; YEONJEONG, 2011).

A tecnologia móvel no ensino superior

Embora muitas pessoas no ensino superior vejam a tecnologia móvel como uma influência inoportuna, pois dificulta a educação, em vez de melhorá-la, a tecnologia móvel está aos poucos ganhando um lugar entre os educadores a distância como uma ferramenta eficaz para reunir diversas comunidades de estudantes (EL-HUSSEIN; CRONJE, 2010; GARRISON, 2011). Palloff e Pratt (2007, p. 28) indicam que um elemento essencial da construção de comunidade é a presença social, definida como "[...] a pessoa que nos tornamos quando estamos *on-line* e como a expressamos no espa-

continua

ço virtual". Os dispositivos móveis permitem que os indivíduos publiquem, comentem e compartilhem informações – em outras palavras, permitem a expansão da sua presença social – independentemente da sua localização geográfica ou do seu tempo (ENGEL; GREEN, 2011). Com essas tecnologias, os indivíduos podem contribuir para sua presença *on-line* a qualquer momento. Na verdade, os dispositivos móveis podem dar uma "[...] sensação de disponibilidade contínua" (KOOLE; MCQUILKIN; ALLY, 2010, p. 61) aos estudantes em comunidades *on-line*.

Além de abrir novas vias de comunicação e reforçar a presença social, a natureza da distância na sala de aula *on-line* é negada pelo uso da tecnologia móvel, que pode "[...] amplificar a flexibilidade da aprendizagem a distância e *on-line*, reduzindo a importância da localização geográfica, ao mesmo tempo em que aumenta a da contextualidade" (KOOLE; MCQUILKIN; ALLY, 2010, p. 60).

Contextos da aprendizagem móvel

Frohberg (2006) tentou posicionar os aplicativos móveis de acordo com o contexto de aprendizagem em que são usados – o contexto livre, o contexto formalizado, o contexto digital e o contexto informal. Ao fazer isso, ele apresentou um modelo em que outros poderiam se basear e usar conforme os novos aplicativos fossem desenvolvidos. Em um aplicativo de contexto livre, o contexto não é relevante para a atividade de aprendizagem. Em outras palavras, os elementos ambientais e situacionais não afetam a atividade de aprendizagem. Os aplicativos de contexto livre incluem aplicativos administrativos, aplicativos de gerenciamento de cursos, calculadoras, dicionários e aplicativos semelhantes.

Frohberg (2006, p. 3) definiu o contexto formalizado para os aplicativos móveis como "[...] a aprendizagem dentro de um currículo bem definido, oferecido por algum estabelecimento educacional e liderado por um ator central, isto é, um professor, tutor, moderador ou alguém parecido". O ambiente relevante e contextual é a sala de aula, tanto tradicional como virtual (FROHBERG, 2006). Isso pode incluir o uso de um aplicativo de resposta do público, como o polleverywhere.com, para coleta de dados de estudantes no ambiente *on-line*. Ademais, as ferramentas de redes sociais como o Twitter poderiam ser usadas em um contexto formalizado para a comunicação e a construção de comunidades. Aplicativos como o Twitter podem dar à comunidade de aprendizagem *insights* sobre o pensamento do grupo a respeito de um momento particular no tempo (ENGEL; GREEN, 2011).

O uso de tecnologia móvel no contexto da aprendizagem digital é puramente baseado no uso de telas e totalmente designado como uma ferramenta educacional. As simulações e os micromundos enquadram-se nesse contexto e são construtivistas em termos de *design* (FROHBERG et al., 2005; PATTEN; ARNEDILLO SÁNCHEZ; TANGNEY, 2006). "Os micromundos educacionais permitem que os alunos construam seu próprio conhecimento por meio da experimentação em modelos restritos dos domínios do mundo real" (PATTEN; ARDENILLO SÁNCHEZ; TANGNEY, 2006, p. 298).

Ainda existem poucos tipos de simulações por causa das limitações do tamanho da tela e da memória dos dispositivos (PATTEN; ARDENILLO SÁNCHEZ; TANGNEY, 2006). No entanto, os novos aplicativos, como o *geocaching* e o *foursquare*, permitem que indivíduos e grupos tornem-se parte da simulação.

Os elementos do contexto digital também podem invadir o contexto físico. Quando as simulações no contexto digital adentram o território físico, elas começam a ter um impacto sobre os estudantes de uma nova maneira, uma maneira que se torna aprendizagem física. Esse é um dos principais componentes da aprendizagem móvel, em que "[...] o papel da tecnologia móvel é enriquecer o ambiente físico de forma inovadora" (FROHBERG, 2006).

continua

Benefícios da aprendizagem móvel[*]

A aprendizagem informal, isto é, a aprendizagem fora da sala de aula, é o princípio fundamental da verdadeira aprendizagem permanente (FROHBERG, 2006). A tecnologia móvel é uma ponte que pode ajudar os indivíduos a se tornarem alunos informais e, portanto, permanentes. A tecnologia móvel "[...] pode ser usada dentro de contextos de aprendizagem formal e informal e, portanto, é uma ferramenta que pode interligar a aprendizagem para vida inteira com a aprendizagem permanente" (BEDDALL-HILL; RAPER, 2010).

Visto que a tecnologia móvel está misturada ao quotidiano das pessoas, ela é o suporte máximo para a aprendizagem a distância, porque pode ser usada a qualquer momento, independentemente da localização e do tempo (NAISMITH et al., 2005). A própria mobilidade da tecnologia permite que os alunos perambulem e explorem conceitos livremente, sem qualquer restrição, para gerenciar informações onde quer que estejam. Os mais recentes aplicativos dos *smartphones* permitem que os estudantes procurem na *web* a partir de uma foto tirada com seus telefones. Outros aplicativos utilizam realidade aumentada (uma visão ao vivo, direta ou indireta, de um objeto ou espaço que é aumentado por um computador) para compartilhar informações sobre um local ou um objeto. "A tecnologia móvel tem um elevado potencial para apoiar essa função de gerenciamento em ambientes móveis, proporcionando adaptabilidade *ad hoc*, flexibilidade e espontaneidade muito maiores do que em ambientes analógicos" (FROHBERG, 2006).

Apesar dos benefícios da utilização de tecnologia móvel em contextos apropriados, as instituições de ensino superior, a exemplo de suas contrapartes do ensino médio, ainda têm de adotar a tecnologia móvel como uma parte essencial da prática pedagógica (EL-HUSSEIN; CRONJE, 2010). Há diversas razões para isso. A ubiquidade é o principal fator para a não adoção da tecnologia móvel (ENGEL; GREEN, 2011). A maioria dos indivíduos em idade universitária possui um telefone celular, se não possuírem um *smartphone*. Além disso, uma enquete do centro de pesquisas Pew indica que as minorias possuem uma tendência ainda maior de usar os dados e os aplicativos de comunicação dos *smartphones* do que as não minorias (SMITH, 2010). Outra desvantagem da tecnologia móvel é a interatividade e o tamanho da tela; as forças do mercado têm tratado dessas questões. Com o advento dos *tablets*, o tamanho da tela e a facilidade de uso da tecnologia móvel aumentaram para um tamanho melhor de se utilizar (YEONJEONG, 2011).

Além dessas limitações físicas, outros afirmam que as questões sobre segurança e integridade acadêmica levantadas pela tecnologia móvel são importantes demais para serem ignoradas; eles dizem, portanto, que a tecnologia não deveria ser usada como parte da pedagogia (ENGEL; GREEN, 2011). Nós concordamos que essas questões são importantes e devem ser abordadas. No entanto, elas não devem ser motivo para manter a tecnologia móvel fora da prática educacional. As instituições devem criar diretrizes que regulem o uso da tecnologia móvel, de modo que elas apoiem o seu uso pedagógico ao mesmo tempo em que orientam como lidar com os violadores da integridade acadêmica e as regras de segurança dos estudantes.

A tecnologia móvel não é uma moda ou tendência tecnológica que irá desaparecer eventualmente: "A aprendizagem móvel é o prenúncio do futuro da aprendizagem" (KEEGAN, 2002). A tecnologia móvel tem o potencial para mudar a aprendizagem e o ensino como os conhecemos. O uso dessa tecnologia pode dar poder aos estudantes para que se tornem verdadeiros alunos informais que carregam esse conhecimento ao longo de uma vida de prática. O ensino superior está no limiar de um grande precipício de mudança; uma mudança trazida pela tecnologia móvel.

---

[*] George Engel, da State University, em Albany, e da Clarkstown High School South, contribuiu com este quadro.

O QUE SÃO TECNOLOGIAS *WEB* 2.0?

A *web* 2.0 refere-se à segunda geração da World Wide Web, oferecendo níveis mais elevados de interação e colaboração entre usuários. Muito da *web* 2.0 surgiu do desejo dos jovens de se expressarem por meio da criação de conteúdos publicados na *web*, de ter uma comunicação facilitada com colegas e de encontrar formas de se manterem conectados aos amigos. Entretanto, o interesse e o envolvimento em relação às tecnologias *web* 2.0 não estão mais relegados aos jovens ou aos entendidos em tecnologia. Os adultos estão agora usando as tecnologias *web* 2.0 em grande número, e os negócios estão fazendo uso dessas tecnologias para propósitos de *marketing* e para se conectarem e se comunicarem de maneira mais eficaz com os consumidores. As ferramentas *web* 2.0 variam entre aquelas que permitem a expressão pessoal e aquelas que apoiam a construção de comunidades. As aplicações educativas das tecnologias *web* 2.0 estão aumentando rapidamente.

Formas comuns das tecnologias *web* 2.0

Aqui examinamos algumas das formas mais comuns de tecnologias *web* 2.0 que estão sendo integradas aos cursos *on-line*, com exemplos de como são usadas.

Blogs Os *blogs* (*web logs*, ou "diários da *web*") são diários *on-line* mantidos por indivíduos, sendo, em geral, constituídos por comentários sobre tópicos particulares. Eles estão sendo incorporados aos cursos *on-line* de diversas maneiras. Os docentes estão encorajando os estudantes a estabelecer *blogs*, tanto dentro quanto fora dos cursos, para servirem como um diário de suas reflexões sobre o curso e, no caso de cursos de jornalismo ou escrita, para experimentar a "blogosfera",[*] que se tornou uma parte essencial do jornalismo de hoje.

Alguns docentes estão usando os *blogs* como um meio de conduzir cursos *on-line*, levando os estudantes a publicar tarefas na forma de *blogs* e pedindo para que eles, bem como especialistas na área, comentem sobre as publicações em *blogs*. Os docentes também estão usando os *blogs* como substitutos para as aulas expositivas, refletindo sobre o material dos cursos e colocando perspectivas adicionais.

Contexto gerado pelos alunos Também conhecido como *inteligência coletiva*, o contexto gerado pelos alunos (CGA) é um sistema que reúne os conhecimentos de um grupo, em vez de contar com um único indivíduo para tomar decisões e gerar conhecimento. Ele pode incluir *wikis* (definidos separadamente), conteúdo digital gerado de forma colaborativa (como conteúdo de vídeo do YouTube e conteúdo gráfico do Flickr), espaços de aprendizagem, abordagens à aprendizagem projetada colaborativamente pelos alunos e bases de dados compartilhadas.

O contexto gerado pelos alunos é uma coleção de ferramentas, informações e pesquisas conduzidas por outras pessoas e reunidas por um grupo de alunos, a fim de criar um espaço de aprendizagem que atenda a suas necessidades. O grupo interdisciplinar

---

[*] N. de R.T.: O termo blogosfera remete ao conjunto de *blogs* na internet e à rede social formada por pessoas que publicam sobre diferentes assuntos. No exemplo oferecido pelos autores, a blogosfera é, hoje, parte essencial do jornalismo, uma vez que nela podem ser encontradas notícias e análises além daquelas publicadas nas mídias de massa (jornais, revistas, rádios e TV).

London Research Group está estudando essa forma de tecnologia e a definiu como

> [...] um contexto criado por pessoas que interagem em conjunto com uma meta de aprendizagem comum, autodefinida ou negociada. O aspecto principal dos contextos gerados pelos alunos é o de que eles são gerados por meio da iniciativa daqueles que teriam sido consumidores anteriormente, em um contexto criado para eles. (LUKIN et al., 2007, p. 91).

O CGA pode incluir o desenvolvimento de *wikis*, Google Docs, conteúdo de vídeo do YouTube, Flickr e outras tecnologias digitais. Ele está sendo usado como material suplementar de um curso *on-line*, mas ainda não encontramos um curso inteiramente desenvolvido e distribuído por meio do CGA, embora esta seja a meta daqueles que estudam essa forma de tecnologia.

O lado negativo do uso do CGA é que o instrutor possui controle limitado da direção que os alunos podem tomar. O lado positivo, conforme Lukin et al. (2007) observaram, é que o CGA rompe os limites da pedagogia tradicional e estimula de forma significativa a colaboração entre os estudantes.

Wikis São sistemas que permitem a criação e a publicação de uma página ou um *site* da internet. A Wikipedia é o mais conhecido deles, mas existem muitos outros *sites* de *wiki*. Qualquer pessoa com acesso ou permissão pode contribuir ou editar um *wiki*.

O uso de *wikis* está se tornando cada vez mais popular em cursos *on-line*, e a capacidade para criá-los já está instalada em muitos sistemas de gerenciamento de cursos, embora esses *wikis* não sejam tão robustos quanto as aplicações *wiki* encontradas na *web*, que permitem a criação de contas de usuário para o desenvolvimento de *wikis*. Os estudantes que estão trabalhando em tarefas *wiki* colaboram na coleta de informações e na construção de uma pagina da internet em que as informações são apresentadas. Os estudantes podem adicionar ou editar o con-teúdo se tiverem permissão para fazê-lo.

Grupos pequenos em um curso *on-line* podem trabalhar em múltiplos *wikis* simultaneamente e compartilhar os produtos finais com os outros grupos, com o instrutor ou com especialistas de fora. O *wikis* podem ser adicionados a portfólios para a avaliação e a documentação do trabalho do estudante. Como os *wikis* podem ser editados à vontade, eles normalmente contêm uma história de revisão acessível que indica o autor das edições. Devido à função de edição, contudo, os estudantes precisam desenvolver uma "etiqueta *wiki*" para manter a colaboração em primeiro lugar e evitar possíveis conflitos conforme o conteúdo for editado ou deletado.

Podcasts São gravações de áudio ou vídeo publicadas em um curso *on-line* ou na *web*, que podem ser baixadas e executadas em um computador ou em um aparelho de MP3.

Os *podcasts* são outra forma de tecnologia *web* 2.0 que ganhou popularidade significativa em cursos *on-line* devido à facilidade de criação, *download* e uso. Os *podcasts*, em geral, são usados para a distribuição de conteúdo tempestivo de aula expositiva do instrutor e podem ser adicionados a um curso por meio da anexação de arquivos, publicação no iTunes ou no YouTube, no caso dos vídeos, ou por meio de um canal RSS, que discutiremos na próxima seção. Dada a disponibilidade de *softwares* de código aberto para a criação de *podcasts* (Audacity) e de *vodcasts* (iMovie, Windows Movie Maker, Jumpcut) e a facilidade com que os produtos finais podem ser disponibilizados, os estudantes podem criar *podcasts* e *vodcasts*, sozinhos ou colaborativamente, para adicionar conteúdo aos cursos ou completar tarefas.

RSS Os canais RSS (*Really Simple Syndication*) referem-se às informações em tempo real, normalmente em forma de notícias, *blogs* ou *podcasts*, que podem ser transmitidos para um *website* em tempo real.

Quase todos os sistemas de gerenciamento de cursos permitem a inclusão de canais RSS. Os docentes podem optar por inclui-los a partir de fontes externas que sejam relevantes para o conteúdo do curso ou criar canais a partir de *blogs* ou quaisquer outros conteúdos atualizados, tal como os *podcasts* ao serem criados. Os estudantes também podem assinar canais de RSS em dispositivos móveis. Os canais podem ajudar a manter os estudantes informados sobre novos desenvolvimentos e conectados ao instrutor e à turma.

Redes sociais Os *sites* de redes sociais, como o MySpace e o Facebook, permitem que as pessoas conectem-se a grupos seletos, de acordo com interesses pessoais e profissionais. Geralmente, o MySpace é considerado um local onde as pessoas mais jovens (a maioria ainda no ensino médio) encontram-se, enquanto o Facebook atrai mais adultos e estudantes universitários.

Em setembro de 2012, estimava-se que mais de 937 milhões de pessoas do mundo inteiro estavam registradas no Facebook (INTERNET WORLD STATS, 2001-2014) e 34 milhões de jovens estavam registrados no MySpace (SOCIAL COMPARE, 2014). Os usuários das redes sociais estabelecem uma lista de "amigos" com quem se comunicam, compartilham informações sobre suas vidas e, em geral, conectam-se social e pessoalmente. Muitos estudiosos estão pesquisando o impacto das redes sociais, e alguns docentes estão usando as redes sociais como um meio para oferecer cursos *on-line*. Incorporados ao Facebook, por exemplo, estão aplicativos como *wikis* e *groupware*, úteis para a criação de grupos de estudos que permitem a publicação de anotações e o compartilhamento de documentos. A discussão assíncrona e a publicação de arquivos, fotos e outras mídias são todas possíveis no Facebook. Devido a preocupações com a privacidade no Facebook, entretanto, muitos docentes estão se voltando para novos aplicativos oferecidos pelo Google e por outros, em que a adesão pode ser restringida.

Twitter O Twitter é uma forma de espaço de rede social que permite entradas curtas de *microblog* (até 140 caracteres), conhecidas como *tweets*. Os *tweets* são disponibilizados instantaneamente para aqueles que decidiram "seguir" uma pessoa no Twitter.

Assim como em uma rede social (Facebook ou MySpace, p. ex.), os usuários do Twitter declaram a lista de pessoas que escolhem seguir. Diferentemente do Facebook ou do MySpace, em que as publicações são limitadas a um grupo de amigos identificados, as publicações no Twitter podem ser lidas por qualquer usuário do Twitter que optar por seguir uma pessoa em particular. Apesar de ser possível responder aos *tweets*, isso não ocorre comumente (ANGWIN, 2009). Um estudo sobre o Twitter (HUBERMAN; ROMERO; WU, 2009) concluiu que os usuários do Twitter têm um número muito reduzido de "amigos", comparado ao número de seguidores ou de pessoas que eles seguem.

O Twitter, nessa conjuntura, não está sendo amplamente usado no ensino *on-line*. No entanto, alguns docentes estão utilizando o *microblog* para comunicar pequenas porções de informação aos estudantes, incluindo *websites* para visitar, especialistas para seguir e leituras que o professor está fazendo no momento ou recomendando aos alunos (PEREZ, 2009).

Skype O Skype é um serviço de telefone baseado na internet que também pode ser usado para teleconferência, compartilhamento de documentos e envio de mensagens de texto. Ele está se tornando popular como ferramenta para ensinar uma variedade de matérias e, particularmente, no ensino de línguas em que o contato por voz é importante.

A capacidade de se utilizar o Skype para voz, vídeo e bate-papo ajuda docentes e estudantes a suprir muitas necessidades de comunicação. Quando os estudantes estão espalhados pelo planeta, o Skype pode facilitar as chamadas individuais e as teleconferências e possui a virtude de ser gratuito. O Skype também permite transferências e compartilhamento de arquivos, além de recursos de *whiteboard*.

Second Life O Second Life (SL) é um mundo virtual em que os usuários interagem em tempo real por meio do uso de avatares, que são representações gráficas deles mesmos. Ele possui a sua própria economia e a capacidade de se comprar terra; muitas universidades possuem terras no SL e as estão usando para oferecer programas de aprendizagem a distância.

O Second Life ainda não cumpriu a promessa que havia sido feita, inicialmente, em relação ao ensino *on-line*. Há uma curva de aprendizagem envolvida, e diversos programas de orientação ao Second Life, juntamente com instruções sobre como usá-lo no ensino, surgiram para abordar esse desafio. Como as aulas são conduzidas no mundo virtual e os estudantes podem falar a qualquer momento (ao contrário das discussões lineares, que ocorrem em um curso *on-line* assíncrono), os docentes observam que um novo conjunto de normas de sala de aula precisa ser desenvolvido para que se evite o caos (LAMONT, 2007). Contudo, visto que o SL é um mundo virtual em que docentes e estudantes possuem representação física, os usuários acreditam que ele ajuda a criar um senso de comunidade em uma turma *on-line*. O uso de avatares também levantou questões sobre isso, considerando que os estudantes podem representar a si próprios como seres humanos, animais ou criaturas imaginárias. Há preocupações adicionais relacionadas à falta de segurança no SL, pois esse é um mundo virtual que não foi criado para propósitos acadêmicos. Além disso, os estudantes podem andar por áreas indesejáveis, criando possíveis problemas de responsabilização para as instituições acadêmicas.

Usando ferramentas *web* 2.0 em cursos *on-line*

Como com qualquer outra forma de tecnologia, as tecnologias *web* 2.0 têm pontos positivos e negativos associados ao seu uso. Alguns exemplos de preocupações incluem:

- Como a maioria dessas tecnologias está disponível ao domínio público, podem surgir questões sobre direitos autorais. Os usuários do Facebook, por exemplo, assinam documentos que reconhecem que essa rede social possui os direitos autorais sobre todos os conteúdos nela presentes.
- Outra preocupação relacionada à natureza pública de sites como o Facebook e o Second Life é que, considerando que sua natureza primária é social, os estudantes podem "perambular" por áreas suspeitas. Isso traz à tona possíveis problemas de responsabilização para as universidades.

- Visto que os materiais são criados e publicados em outro site, pode haver preocupações em relação ao arquivamento e à perda de conteúdo.
- Preocupações com a privacidade surgem com o uso de redes sociais e do Second Life.
- O uso de *sites* de redes sociais também apaga os limites da formalidade: alguns docentes recusam-se a ter uma relação mais próxima com seus estudantes.
- Os docentes temem a perda do controle que acompanha a natureza mais colaborativa e social das tecnologias web 2.0 e estão descobrindo a necessidade de desenvolverem novas normas para o seu uso.

Essas preocupações devem ser abordadas ao se utilizar fontes *web* 2.0 para a criação de comunidade ou para ampliar o alcance de um curso *on-line*. Os aspectos positivos da utilização dessas formas de tecnologia, no entanto, podem superar os negativos. Eles possuem a capacidade de apoiar o desenvolvimento de uma comunidade *on-line*, contribuindo, dessa forma, para uma colaboração mais eficaz entre os estudantes (PALLOFF; PRATT, 2004). Depender de apenas uma delas para realizar essa tarefa é um bocado temerário; entretanto, a inclusão de uma variedade de meios pelos quais a comunidade é desenvolvida em um curso *on-line* pode facilitar essa tarefa, aumentado os meios e a quantidade de comunicação possível entre os estudantes, assim como entre os estudantes e o instrutor. O senso de comunidade pode ser aprofundado significativamente, apoiando, dessa maneira, a capacidade para a colaboração *on-line*.

As tecnologias *web* 2.0 projetadas para conectar as pessoas umas às outras também serve para aumentar o senso de presença social em um curso *on-line*, por meio dessas várias formas de comunicação. O uso das tecnologias *web* 2.0 pode ajudar a reduzir o isolamento e a distância percebida muitas vezes pelos estudantes em um curso *on-line* e, portanto, vale a pena explorá-las.

ESCOLHENDO A TECNOLOGIA DE MANEIRA SÁBIA

Apesar da proliferação das tecnologias móveis e dos aplicativos da *web* 2.0, exige-se que os docentes usem o sistema de gerenciamento de cursos que sua instituição acadêmica escolheu para oferecer cursos ou componentes *on-line* de seus cursos presenciais. No entanto, muitas vezes, eles não têm liberdade para ampliar esse sistema com outras tecnologias, tais como tecnologias móveis ou tecnologias *web* 2.0 que acabamos de discutir. Como, então, um instrutor pode fazer boas escolhas sobre o que usar, dada a vasta gama de opções disponíveis?

Manning e Johnson (2011) fazem algumas considerações amplas para ajudar nessas decisões e sugerem que esses elementos sejam aplicados a qualquer forma de tecnologia que está sendo considerada para um curso *on-line*:

- *O problema educacional para o qual a ferramenta foi projetada.* Uma análise significativa deve ser dedicada a essa decisão para que a ferramenta não acabe criando um problema educacional ao invés de resolvê-lo.
- *A plataforma em que o curso será oferecido.* Deve-se perguntar se essa ferramenta irá complementar um sistema de gerenciamento de cursos, ampliar a instrução de sala de aula tradicional ou ser usada com uma abordagem híbrida.

- *Para o que a ferramenta é mais bem empregada.* A pergunta aqui é se a ferramenta ajudará o educador a alcançar os resultados determinados para o curso.
- *O custo.* Ele será arcado pela instituição ou pelos próprios estudantes? Lembre-se de que o custo inclui o tempo requerido pelos funcionários para apoiar o uso da ferramenta.
- *A acessibilidade da ferramenta.* Os aspectos de acessibilidade incluem as várias necessidades de aprendizagem dos estudantes, a competência técnica e a capacidade da tecnologia para eles. Em outras palavras, deve-se investigar se os estudantes precisam adquirir ou baixar o *software* para usar a ferramenta de maneira eficaz; se ela é mais facilmente acessada na *web*; e se os estudantes com deficiências, que também podem estar usando tecnologias assistivas, como leitores de telas, conseguem usá-la com facilidade.

Os desenvolvedores de sistemas de gerenciamento de cursos têm debatido essas questões e vêm trabalhando para tornar esses sistemas acessíveis. Quando os docentes saem do sistema de gerenciamento de cursos, eles precisam refletir sobre estas mesmas questões:

- Que equipamentos ou requisitos técnicos especiais precisam ser atendidos para o uso da ferramenta e qual o nível de conhecimento, competência ou habilidades técnicas esperado? Se for necessário um equipamento especial, ou se os estudantes precisarem de um alto nível de competência no uso da ferramenta, o instrutor deve estar preparado para oferecer assistência técnica aos estudantes ou ter uma equipe de apoio disponível para fornecer a ajuda necessária. Manning e Johnson (2011) sugerem que conhecer a competência técnica dos estudantes antes mesmo do curso começar permite que o instrutor evite possíveis problemas, por meio da criação de tutoriais ou outros treinamentos para apoiar os estudantes no uso da ferramenta.
- Outra preocupação a respeito da avaliação das ferramentas técnicas é se elas possuem utilização síncrona ou assíncrona. O uso de ferramentas síncronas, em que os estudantes reúnem-se para usar a ferramenta em tempo real, requer significativamente mais planejamento e facilitação do que o uso de ferramentas assíncronas, que podem ser usadas a qualquer hora e de qualquer lugar pelos estudantes.
- Quando novas tecnologias são usadas em um curso, elas tendem a trazer consigo um novo vocabulário. Manning e Johnson (2011) observam que os docentes precisam aprender o vocabulário associado às ferramentas utilizadas para poder transmitir esse conhecimento aos estudantes. Falar a mesma língua é importante ao se introduzir ferramentas tecnológicas em um curso *on-line* ou híbrido.

Uma importante consideração final ao se escolher a tecnologia para cursos *on-line* ou híbridos é garantir um equilíbrio entre as ferramentas utilizadas e os resultados do curso. É tentador incorporar todas as novas tecnologias em um curso para aumentar o nível do envolvimento e do entusiasmo que elas podem gerar. Recursos em excesso, entretanto, podem sobrecarregar e confundir os estudantes. Uma lição importante é escolher apenas a tecnologia que serve aos objetivos de aprendizagem.

Qualquer coisa que vá além disso pode criar mais problemas do que resolvê-los.

Quando a tecnologia é um problema

Se um instrutor for obrigado, pela instituição, a usar uma tecnologia que não serve bem aos objetivos de aprendizagem, ele terá de usar de criatividade. Complementar a tecnologia com a utilização de ferramentas disponíveis fora do sistema de gerenciamento de cursos pode ser adequado nesses casos. Também é importante responder às preocupações dos estudantes em relação ao uso dessa tecnologia sem deixar que elas se tornem o foco do curso. Estabelecer um fórum de discussão em que os estudantes possam trabalhar juntos em estratégias para a aprendizagem, apesar das falhas da tecnologia, pode fazer com que os estudantes sejam ouvidos ao mesmo tempo em que mantêm o foco na aprendizagem.

A colaboração entre docentes é crucial para a resolução desses problemas no nível institucional. Comunicar-se mutuamente sobre os problemas experimentados e levantar ideias para buscar maneiras de solucioná-los ajuda todos os docentes a aprender sobre a tecnologia utilizada enquanto apoiam seus estudantes. Também é importante levar as preocupações até a administração. Talvez não seja possível mudar a tecnologia, mas pode ser possível discutir as preocupações com o desenvolvedor do *software* de forma que futuras versões possam incluir modificações que atendam as necessidades de todos os envolvidos.

Avaliando a tecnologia

Incluir os docentes no processo de seleção da tecnologia para a instrução é algo crucial. Se for possível, é proveitoso incluir também os estudantes no processo. Embora essas pareçam ser conclusões óbvias, muitas vezes os docentes e os estudantes, os principais usuários da tecnologia selecionada, são ignorados no processo de avaliação e seleção. Frequentemente, as decisões são tomadas por técnicos, que tomam por base seu uso pessoal, sua participação em *workshops* patrocinados pelo fornecedor, ou o fato de já terem usado outros produtos do mesmo fornecedor ou em outras instituições. Obviamente, a capacidade dos técnicos deve ser um dos critérios usados na avaliação da tecnologia a ser adotada pela instituição. Porém, esse não deve ser o único meio pelo qual a decisão é tomada. Os técnicos devem ser apenas uma das vozes no processo de tomada de decisão; os docentes e os estudantes são os usuários da tecnologia e, portanto, suas opiniões devem ter mais peso nessa decisão.

Visto que cada instituição tem suas próprias necessidades, seus requisitos e seus recursos disponíveis – todos fatores na escolha da tecnologia –, não pode haver padrões para uma seleção que abarque todas as situações. Contudo, alguns elementos comuns precisam ser considerados, independentemente das necessidades específicas da instituição, de seus docentes e estudantes. Lawrence Tomei (1999) dividiu os elementos comuns em três amplas categorias: uso da tecnologia, infraestrutura e estratégia instrucional. Consideramos cada categoria e fornecemos algumas perguntas para ajudar no estabelecimento de estratégias para a seleção da tecnologia.

Uso da tecnologia

Comprar computadores e *software* sem ter uma noção de como eles serão usados para apoiar o trabalho da sala de aula é temerário. Recentemente, fizemos consultoria com uma instituição que comprou iPads para todos os seus docentes e estudantes. Apesar de isso ter soado como uma ação empolgante, quando perguntamos a eles como pretendiam usá-los, eles admitiram que não tinham ideia. Pensavam em cuidar disso depois que os iPads tivessem sido distribuídos. Obviamente, não houve muito planejamento nessa compra, o que resultou apenas em confusão.

Eis algumas perguntas para consideração a respeito do uso da tecnologia:
- Como imaginamos utilizar a tecnologia? Ela será considerada um apoio à sala de aula presencial, será usada para oferecer aulas e programas ou ambas as coisas?
- Como a tecnologia irá atender às necessidades em nossa instituição?
- O que vemos como implicações do uso da tecnologia em nossa instituição?
- Quão amplo esperamos que seja o uso da tecnologia? O seu uso será por etapas ou passaremos diretamente a oferecer programas integrais que requerem implementação imediata?

Infraestrutura

Muitas instituições embarcam na realização de aulas *on-line* sem antes construir uma infraestrutura sólida para apoiar o uso da tecnologia. Os elementos críticos da infraestrutura são as pessoas, o dinheiro e os recursos, conforme ilustrado na Figura 4.1. A figura demonstra o número de influências e, até mesmo, as pressões que convergem no processo de tomada de decisão. Cuidar de todos os elementos ajuda a apoiar uma infraestrutura sólida. As pessoas que devem ser consideradas enquanto a infraestrutura está sendo construída são os docentes, os estudantes, os administradores, os *designers* instrucionais (caso a instituição conte com os serviços deles), os coordenadores de tecnologia e a equipe de apoio.

Pessoas
Estudantes
Administradores
Equipe de apoio
Designers instrucionais
Docentes

Recursos
Estratégia instrucional
Tempo alocacional
Desenvolvimento de cursos
Oferta de cursos
Desenvolvimento de docentes

Dinheiro
Orçamento
Equipamento
Rede
Software
Treinamento

Infraestrutura tecnológica

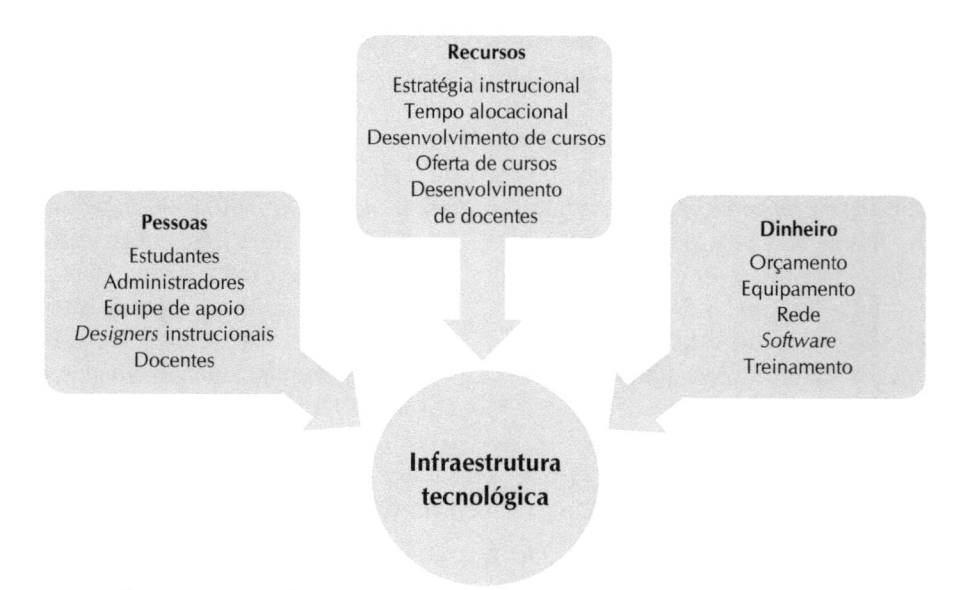

Figura 4.1 A infraestrutura tecnológica.

Entretanto, identificar simplesmente os *atores envolvidos* na infraestrutura tecnológica não é suficiente. As necessidades de capacitação de cada pessoa também são um elemento importante aqui. As pessoas e suas necessidades de capacitação têm um impacto direto sobre o orçamento, ou o componente do dinheiro, da infraestrutura tecnológica. Além das despesas de capacitação, as preocupações orçamentárias devem incluir compras e atualizações de *hardware* e *software*, assistência e suporte técnico e incentivos para que os docentes desenvolvam cursos *on-line*. Os componente de recursos da infraestrutura incluem a alocação de tempo e esforço necessários para fazer o uso da tecnologia ser viável. Proporcionar tempo para o desenvolvimento e a oferta de cursos, bem como para o desenvolvimento de docentes e funcionários, são elementos importantes do componente de recursos. As perguntas a ser consideradas ao se construir uma infraestrutura tecnológica incluem:

- Quantos docentes estão interessados e prontos para lecionar aulas *on-line*?
- Quantos docentes precisam ser capacitados, de modo que possam começar a desenvolver e lecionar aulas *on-line*? Quais níveis de capacitação precisam ser fornecidos aos usuários (dos iniciantes aos experientes)?
- Como pretendemos fornecer capacitação para os docentes? Quanto nos custará oferecer capacitação de forma contínua?
- Quais são as necessidades de capacitação dos estudantes? Como iremos atendê-las? Quanto nos custará a capacitação de nossos estudantes?
- Seremos capazes de oferecer incentivos aos docentes para o desenvolvimento de cursos? Espera-se que os docentes lecionem cursos *on-line* além das cargas de ensino existentes ou eles receberão uma carga mais leve para ensinar *on-line*?
- Como forneceremos suporte técnico para docentes e estudantes?
- Que tipo de orçamento de tecnologia, em termos de tempo e dinheiro, esperamos poder desenvolver? A instituição apoiará financeiramente as despesas com tecnologia anualmente? Se assim for, como será esse apoio?

Estratégia instrucional

Como temos enfatizado, as decisões sobre o direcionamento curricular e os objetivos de aprendizagem devem preceder aquelas sobre o uso de tecnologia no ensino e na aprendizagem. Se *hardware* e *software* forem selecionados sem que se tenha uma boa ideia sobre os resultados de aprendizagem que a instituição pretende alcançar, poderá haver resistência à implementação da tecnologia no currículo e pouco uso, por parte dos docentes, para a criação e a oferta de cursos.

Nós já trabalhamos em uma faculdade pequena que havia recebido uma doação de um de seus ex-alunos, que estava destinada para a compra de tecnologia para a escola. A escola investiu em salas de aula inteligentes, laboratórios de informática e outras formas de tecnologia, sem envolver os docentes e os estudantes nessas decisões. Isso acabou resultando na resistência dos professores para incorporar tecnologia na oferta de seus cursos, utilização mínima dos recursos disponíveis e frustração por parte dos administradores. Não houve qualquer discussão sobre os objetivos de aprendizagem aos quais o uso da tecnologia poderia servir, o que acabou resultando em resistência.

Após as decisões sobre os objetivos de aprendizagem terem sido tomadas, podem-se escolher, de forma apropriada, as tecnologias que servirão como ferramentas para a aprendizagem e como veículo para alcançar os resultados. A discussão sobre como os estudantes serão avaliados também deve ser incluída ao se fazer considerações sobre a estratégia instrucional, pois ela tem alguma influência sobre essa tecnologia. As perguntas a ser consideradas na área da estratégia instrucional são estas:

- Quais resultados programáticos, de curso e de aprendizagem, estamos tentando alcançar?
- Como a tecnologia irá nos auxiliar a alcançar esses resultados?
- Como os resultados de aprendizagem dos estudantes serão avaliados? Como a tecnologia selecionada irá nos auxiliar na avaliação dos estudantes e de seu alcance dos objetivos de aprendizagem?

O planejamento é, obviamente, o componente principal para uma avaliação das compras de tecnologia. Muitas vezes, parece que o rápido movimento em direção à aprendizagem *on-line* sacrificou um bom e abrangente processo de planejamento. Porém, nada substitui uma abordagem bem pensada, abrangente e inclusiva, que ofereça tempo para a participação de todos os *envolvidos*. Muitas das preocupações institucionais que têm sido expressadas em relação à resistência dos docentes ao ensino *on-line* podem ser superadas com bons processos de planejamento que lhes permitam ter uma participação ativa na escolha da tecnologia que utilizarão, além de receberem treinamento para utilizá-la e apoio ao lecionar. Ademais, planejar e orçamentar uma infraestrutura sólida para apoiar um empreendimento de aprendizagem *on-line* pode ajudar a sustentá-lo. Fazer economia nessas áreas é nada menos do que autossabotagem e gasto desnecessário de dinheiro. Obter dinheiro para investir em aprendizagem *on-line* é uma preocupação para muitas instituições. Consequentemente, nos voltaremos para uma discussão sobre as maneiras pelas quais as instituições podem oferecer cursos *on-line* quando as preocupações com dinheiro são reais.

QUANDO O DINHEIRO É UM PROBLEMA

Muitas instituições de pequeno porte estão descobrindo que a compra e a manutenção de *hardware* e *software* para a aprendizagem *on-line* podem ser dispendiosas. Embora o custo de uma licença para baixar e executar *softwares* de gerenciamento de cursos possa não ser exorbitante, se opções de código aberto forem escolhidas, técnicos serão necessários para configurar, instalar e oferecer suporte permanente. Também há alguns fornecedores de programas para realização de cursos que não oferecem a compra de uma licença: em vez disso, exigem que as instituições paguem uma taxa pelo desenvolvimento de cursos e pela hospedagem, além de pagarem por cada estudante. Muitas instituições carecem de orçamento ou capacidade para comprar servidores e licenças para *software*, contratar funcionários de apoio ou pagar altas taxas para uma empresa que deseja hospedar e manter seus cursos. Então, como essas instituições podem oferecer opções *on-line* aos seus estudantes usando seus próprios recursos?

Por sorte, já existem muitas opções sem custo ou de baixo custo. Chamadas de "código aberto", essas opções muitas vezes são *downloads* gratuitos ou fornecem a capacidade de criar e acessar cursos em um servidor que não seja hospedado ou apoiado pela instituição.

Outra solução é a de que muitas editoras de livros didáticos estão fornecendo versões digitais de seus livros com materiais e exercícios suplementares, bem como ferramentas de comunicação. O acesso aos materiais é geralmente feito por meio de assinatura ou pelo pagamento de um valor adicional à compra do livro. Além disso, as tecnologias *web* 2.0 que temos discutido também são opções. Para adentrar o mundo do ensino *on-line*, portanto, o dinheiro não deve ser considerado um obstáculo.

A ACESSIBILIDADE É UMA DAS PRINCIPAIS PREOCUPAÇÕES

Em contraste com as preocupações financeiras, as questões de acesso e acessibilidade são significativas na aprendizagem *on-line*. O acesso pode ser um problema para estudantes que possuem um computador mais antigo ou que não possuem computador. Além disso, a acessibilidade pode ser um problema para pessoas com deficiências. Muitos acreditam erroneamente que a tecnologia computacional atende igualmente bem a pessoas com deficiências. Contudo, o uso de computadores é baseado na capacidade de ler aquilo que está no monitor e de digitar em um teclado, assistir a apresentações em vídeo, ouvir apresentações de áudio ou participar de sessões síncronas que envolvam tanto vídeo como áudio. Nem todos os deficientes são capazes de realizar essas tarefas. Existem tecnologias assistivas, como leitores de tela e *softwares* ativados por voz, que são projetados para ajudar pessoas com deficiências de tipos variados a usar tecnologia e acessar a internet. No entanto, isso não assegura que um *site* de curso será acessível, a menos que seja construído com a acessibilidade em mente.

Na realidade, uma internet cada vez mais sofisticada, cheia de gráficos, multimídia e textos reduzidos, tem significado uma internet menos acessível aos deficientes. (STRASBURG, 2000, p. 83).

Coombs (2010) observa que os docentes não precisam estar familiarizados com tecnologias assistivas, mas eles precisavam estar familiarizados com os princípios de *design* universal, que permitem aos usuários o mais elevado nível de utilização. Esses princípios, que podem ser encontrados no *website* do *Center for Universal Design* (1997), incluem estes componentes:

- *Uso equitativo*, significa que o *design* deve ser atraente para os usuários.
- *Flexibilidade em uso*, significa que o *design* acomoda uma gama de preferências e habilidades.
- *Simplicidade e intuição*, permitindo o uso do *site* aos usuários com todos os níveis de experiência, conhecimento, habilidades linguísticas ou concentrações.
- *Informações perceptíveis*, isto é, comunicar informações necessárias de forma eficaz e fácil.
- *Tolerância ao erro*, que minimiza o potencial de ações acidentais ou não intencionais.
- *Pouco esforço físico*, permitindo que os usuários movimentem-se facilmente, com mínimo de esforço e fadiga.
- *Tamanho e espaço para abordagem e uso*, permitindo que todos os usuários acessem todos os componentes, independentemente do seu tamanho de corpo ou grau de mobilidade; também permite acomodar tecnologias assistivas.

Fazer o *design* de cursos *on-line* tendo esses princípios em mente pode proporcionar os mais altos níveis de acesso aos estudantes, não apenas àqueles com deficiências.

De novo, é importante observar que a tecnologia precisa ser tratada como mais uma ferramenta de aprendizagem. Ela é apenas um veículo para cumprir os objetivos de aprendizagem. Ao serem vistas dessa maneira, as necessidades dos alunos são mantidas como prioridade, exatamente como elas devem ser vistas em uma sala de aula *on-line* centrada no aluno.

Dicas para a escolha de tecnologia adequada para um curso *on-line*

- Escolher a tecnologia para um curso *on-line* colocando o aluno e os objetivos de aprendizagem em primeiro lugar. O instrutor e os funcionários devem ser uma preocupação secundária.
- Não use uma ferramenta tecnológica simplesmente porque ela está disponível. Só use ferramentas se elas servirem às metas de aprendizagem.
- As ferramentas síncronas ou o uso de captura de aulas expositivas não são a melhor maneira de oferecer conteúdo, nem a pior. Use essas opções de modo criterioso e cauteloso, tendo em mente as metas de aprendizagem específicas, aumentando o acesso a todos.
- Avalie e adote sistemas de gerenciamento de cursos com base em metas de aprendizagem e programáticas, não em propaganda exagerada. O sistema deve ser fácil de usar, transparente e estar predominantemente sob o controle do instrutor ou de uma equipe instrucional.
- Cuidado com os sistemas que prometem ser "soluções totais". Se a tecnologia não estiver sob o controle dos docentes e da instituição, preocupações que vão da propriedade intelectual à flexibilidade do uso podem surgir e se tornar problemáticas.
- Permitir que os docentes ampliem o sistema de gerenciamento de cursos com a *web* 2.0 e ferramentas móveis para aumentar a flexibilidade e os níveis de envolvimento dos estudantes, além de ajudar no cumprimento dos objetivos de aprendizagem.
- Incluir os docentes e, se possível, os estudantes na avaliação e na escolha da tecnologia para a instituição. Isso não apenas ajuda a aumentar o senso de propriedade e de envolvimento, como aumenta a probabilidade de resultar em uma escolha que alinha mais estreitamente o uso da tecnologia com os objetivos de aprendizagem.
- Acima de tudo, mantenha a simplicidade. Um site de curso construído com simplicidade, com mínimo uso de gráficos, áudio e vídeo, tem maior probabilidade de ser acessível a todos os usuários e de causar menos problemas no longo prazo.

Parte II

Ensinando e aprendendo *on-line*

5

Transformando cursos para a sala de aula *on-line*

Nas inúmeras vezes que encontramos docentes por todo o país, constatamos que tanto os docentes experientes quanto os novatos enfrentam dificuldades com a transformação de um curso lecionado há anos na sala de aula presencial em um curso que funcionará bem *on-line*. Como já falamos, colocar material de aula expositiva em aula *on-line* não é a saída. Embora os aplicativos de captura de aulas expositivas tornem isso fácil de ser feito, alertamos contra essa prática, pois ministrar aulas expositivas *on-line* não é a forma mais indicada de envolver os estudantes a distância. Na verdade, em vez de procurar por maneiras de converter um curso que foi bem-sucedido na sala de aula presencial, o melhor que os docentes podem fazer é encarar esse curso que será lecionado *on-line* como se ele fosse ser lecionado pela primeira vez (o que, na sua essência, é verdade), enquanto se apoiam no conhecimento do conteúdo e nas melhores práticas para o ensino *on-line*. Isso permite uma sensação de liberdade no desenvolvimento do curso, sem uma tendência à adesão de métodos testados e aprovados que podem não funcionar *on-line*.

Outra questão para os docentes é quão longe eles podem ir ao considerar a oferta *on-line* de um curso. O aprimoramento tecnológico de um curso presencial é suficiente? Um modelo híbrido deve ser considerado quando 30% ou mais do curso for oferecido *on-line*? Ou o instrutor deve trabalhar para oferecer o curso inteiramente *on-line*?

Alguns docentes já vieram nos pedir desculpas pelo uso que faziam da abordagem aprimorada pela *web*; eles sentiam-se culpados por não terem adotado a realização *on-line* integral. No entanto, muitos autores sugerem que os resultados de curso mais satisfatórios e bem-sucedidos são vistos em muitas aulas pequenas que combinam interação presencial com interação *on-line*. Essas aulas, segudo eles, combinam o melhor de ambos os mundos em termos da utilização tanto da oferta *on-line* como da presencial (ALBRECHT, 2006; BONK; GRAHAM, 2006; BOURNE; SEAMAN, 2005; GARRISON; VAUGHAN, 2008; MARQUIS, 2004). Consequentemente, uma consideração importante no desenvolvimento de um curso *on-line* deve ser o grau em que a tecnologia pode e deve ser usada na oferta do curso.

Boettcher e Conrad (1999) apresentaram três questões que formam a base do bom *design* instrucional: quem são os meus estudantes? O que eu quero que eles saibam ou sejam capazes de fazer como resultado dessa experiência de curso? E onde, quando e com que recursos aprenderão? Incorporamos essas perguntas a uma série de questões, a fim de facilitar o trabalho dos docentes na conversão do material do curso para o trabalho *on-line*:

- Quem são os meus estudantes?
- Esse é um curso que funcionará bem no ambiente *on-line*?
- Como eu defino a aprendizagem nessa área de conteúdo e que resultados de aprendizagem eu quero ver nesse curso?
- O que quero realizar por meio desse curso? O que eu quero que meus estudantes saibam, sintam ou sejam capazes de fazer como resultado desse curso ou experiência? Que conteúdo de curso apoiará esses objetivos?
- Que diretrizes, regras, papéis e normas precisam ser estabelecidos para a conclusão do curso?
- Como eu pretendo oferecer esse material? O que será esperado dos estudantes no processo de aprendizagem? Eu oferecerei uma combinação de opções *on-line* e presenciais?
- Quão confortável eu me sinto, como docente, em relação às tarefas de aprendizagem colaborativa, à interação pessoal, à promoção do conhecimento entre os alunos e à liberação do controle do processo de aprendizagem?
- Como eu quero organizar o *site* do curso? Quanta flexibilidade eu terei para fazê-lo? Tenho liberdade para desenvolver esse curso da maneira que eu escolher?
- Como irei avaliar o desempenho dos estudantes nesse curso?
- Como irei abordar as exigências de assiduidade?

Discutiremos cada uma dessas questões conforme avançarmos no processo de desenvolvimento do curso. O curso que desenvolvemos aqui é um curso de graduação em sociologia que lecionamos *on-line* de verdade: teorias de sistemas. Optamos por não apresentar o curso dentro de um sistema de gerenciamento de cursos específico, porque o desenvolvimento do conteúdo deve ocorrer fora do sistema e, assim, o conteúdo deve ser passível de ser importado ao sistema utilizado, desde que tenha estas características:

- *Ele é funcional.* Oferece as funções necessárias ao *design* e à realização de um curso *on-line*.
- *Ele é simples de ser operado tanto para os docentes quanto para os estudantes.* Depois que os usuários aprendem o sistema, este torna-se transparente para o processo de oferta de cursos.
- *Ele é fácil de usar, atraente e fácil de navegar* (PALLOFF; PRATT, 2007).

Além disso, ele deve ter capacidade para a construção de *wikis* (páginas *web* desenvolvidas colaborativamente) e ser robusto o bastante para permitir a inclusão de conteúdos de áudio e vídeo. (Na verdade, a maioria das atuais ferramentas de gerenciamento de cursos possui essa capacidade). Provavelmente, ele também conterá uma função de bate-papo para conduzir discussões em tempo real. O que estamos tentando fazer é ilustrar as respostas para as perguntas que fizemos em relação ao *design* do curso, em vez de promover um sistema de gerenciamento de cursos específico. Conforme discutimos no Capítulo 4, a ferramenta não é tão importante quanto os resultados de aprendizagem ou o problema educacional que ela busca solucionar. Depois que as decisões a respeito dos resultados de aprendizagem forem tomadas, o docente pode se voltar para o processo de desenvolvimento do curso e escolher as ferramentas apropriadas para apoiá-lo. Agora, examinaremos as considerações e as decisões que precisam ser feitas.

COMEÇANDO DO INÍCIO: CONSIDERAÇÕES SOBRE O DESENVOLVIMENTO DE UM CURSO *ON-LINE*

Boettcher e Conrad (2010) sugerem que duas decisões importantes são tomadas ao se passar um curso da sala de aula para o ambiente *on-line*: determinação da visão (incluindo o grau no qual a aula será conduzida *on-line* ou por meio do uso de tecnologia) e previsão do processo. Conforme os docentes pensam sobre passar um curso para o ambiente *on-line* e começam a considerar as respostas para as perguntas que fizemos, é importante, para eles, manter uma visão do curso como um todo e os resultados de aprendizagem desejados para os estudantes. Tendo isso em mente, os docentes podem, então, considerar o processo a ser usado para alcançar os resultados desejados no contexto do que é possível *on-line*. Embora os resultados de um curso presencial ou *on-line* sejam provavelmente os mesmos, os processos para alcançá-los diferem em duas áreas. É provável que as tarefas, as discussões e as ferramentas usadas sejam bem diferentes. Os docentes, muitas vezes, entram no processo *on-line* publicando notas de aulas, súmulas ou apresentações de PowerPoint sem ter uma visão sobre o curso como um todo

e os resultados desejados. Começar com o resultado desejado em mente ajuda a dar forma ao processo necessário para chegar lá.

A seguir, ilustramos o processo de desenvolvimento de cursos apresentando e respondendo uma série de perguntas.

Quem são os meus estudantes?

Pediram-nos para ensinar um curso sobre teorias de sistemas de forma híbrida, com duração de um semestre, utilizando três sessões de seis horas intensivas presenciais, com um intervalo de um mês entre elas, com discussão *on-line*, para um grupo de 10 a 15 estudantes adultos de graduação de ciências da saúde e ciências humanas. Apesar de parecer uma resposta suficientemente completa à pergunta sobre quem iríamos ensinar e como o curso seria oferecido, outras perguntas sobre eles surgiram:
- Quais outros cursos eles estarão fazendo ao mesmo tempo que o meu?
- Eles já tiveram contato com o conteúdo a ser estudado em outros cursos realizados?
- Onde esse curso se enquadra no programa geral de estudos em que esses estudantes estão envolvidos?
- Quão longe da instituição esses estudantes vivem?
- Todos eles trabalham? Eles trabalham em turno integral?
- Eles já fizeram outros cursos nesse formato, ou esta será a primeira experiência *on-line*?
- Quais são as capacidades tecnológicas de cada estudante e que tecnologia está disponível para eles?

Essas perguntas foram facilmente respondidas por meio de uma breve conversa com o diretor do departamento. A maioria dos estudantes estava fazendo um curso adicional em fisiologia, e alguns estavam atendendo os requisitos de cursos de graduação em outras escolas da região da Baía de São Francisco, na Califórnia. Descobrimos que esta seria a primeira vez que esses estudantes entrariam em contato com os conceitos das teorias de sistemas. Embora alguns desses outros cursos possam ter mencionado o tópico, ele não foi tratado em grande profundidade. Todos os estudantes que se matricularam no curso estavam trabalhando em tempo integral, e a maioria tinha também responsabilidades familiares. Muitos faziam longas viagens para chegar ao *campus*, mas todos viviam na região da baía, onde a faculdade está localizada. Alguns estudantes possuíam experiência em cursos *on-line*, mas o diretor não tinha certeza se todos já tinham feito um curso *on-line*. A posse dessas informações nos ajudou a determinar o quanto de tecnologia e apoio precisaríamos fornecer, assim como o que poderíamos esperar dos estudantes matriculados no curso em termos de participação.

É importante obter a imagem mais completa possível dos estudantes a serem atendidos pelo curso antes de embarcar no seu desenvolvimento. No ambiente presencial, um instrutor não projetaria um levantamento básico com uma turma para estudantes em final de curso a não ser que, por exemplo, eles estivessem em um programa de conclusão de curso e jamais tivessem tido contato com o material antes.

Da mesma forma que coletaríamos informações sobre o grupo a ser atendido em um curso presencial, é importante fazê-lo com um grupo *on-line*. Essa informação nos ajuda a determinar o processo. Por exemplo, caso a maioria dos estudantes que irá se matricular no curso viva a uma distância significativa da instituição, então o uso das sessões presenciais pode não ser viável. Após o início do curso, se constatarmos que o grupo matriculado não corresponde à nossa expectativa, podemos fazer ajustes para acomodá-lo conforme o curso avança.

Este é um curso que funcionará bem no ambiente *on-line*?

A maioria dos cursos é transferida de forma bem-sucedida para o ambiente *on-line*, particularmente com a disponibilidade das tecnologias atuais. O uso criativo de instalações locais de laboratório e estúdio e a inclusão de material de demonstração utilizando *slides* de PowerPoint, além de conteúdo de áudio e vídeo para os estudantes acessarem no local do curso ou no YouTube, podem superar a necessidade de contato presencial. A questão, em geral, acaba sendo como transferir o curso e quais tecnologias usar, e não se o curso pode ser transferido.

Acreditávamos que as teorias de sistemas funcionariam bem como um curso *on-line*: não apenas poderíamos criar tarefas de discussão envolventes, mas havia um forte potencial para trabalho colaborativo, vídeo e outros. O conteúdo poderia ser oferecido por meio de tarefas de leitura e de pesquisa colaborativa projetadas para fazer os estudantes pensarem criticamente e aplicarem o que estavam lendo. Consequentemente, decidimos usar nosso tempo presencial para exercícios experimentais, como estudos de caso, simulações e apresentações de estudantes, e usar a sala de aula *on-line* para apresentar tarefas, preparar trabalho colaborativo e discutir materiais de leitura e outros relacionados com o curso.

Como eu defino a aprendizagem nessa área de conteúdo e que resultados de aprendizagem eu quero ver nesse curso?

A resposta a essa questão é uma importante reflexão sobre o processo geral e é um importante ponto de início no *design* do curso. Como eu saberei que atingi os resultados e os objetivos que estabeleci para os estudantes? Como é a aprendizagem para mim? Depois que essas perguntas tiverem sido abordadas, o instrutor pode, então, apoiar e projetar tarefas de tipos variados que ajudarão os alunos a alcançar o resultado desejado.

Em um ambiente de aprendizagem colaborativa, a aprendizagem e seus resultados vão muito além da simples aquisição de conhecimento. A criação compartilhada de significado e conhecimento passível de ocorrer na sala de aula *on-line* pode criar um nível de reflexão que resulta em aprendizagem colaborativa. Os estudantes começam a refletir sobre a seguinte questão: como estou crescendo e mudando como aluno e como pessoa por meio do meu envolvimento nesse curso? Se o curso foi projetado para incorporar experiências de vida na sala de aula, os estudantes podem começar a explorar o material que está sendo estudado, não apenas a partir de um ponto de vista acadêmico, mas também por meio do significado pessoal que eles extraem desse material. Como facilitadores do processo da sala de aula *on-line*, os docentes podem encorajar os estudantes a se envolver com esse nível de reflexão, criando tarefas e fazendo perguntas que os encorajem a aplicar o material em seu trabalho ou em situações de vida. A seguinte citação de um estudante sobre as teorias de sistemas ilustra um resultado de aprendizagem bem-sucedido, a geração de conhecimento transformativo:

Parece que, ao serem inspecionados, todos os sistemas influenciam os demais em algum ponto. O clima [sistema ecológico] ou o tráfego [sistema de transportes] poderiam impactar meu sistema de trabalho ou familiar; viver na região da Baía de São Francisco [comunidade] pode me influenciar a afetar politicamente o governo, etc. Isso não tem fim!

O depoimento ilustra a capacidade desse estudante, cujo nome é David, de começar a refletir sobre o que ele estava estudando e a aplicar isso em sua própria vida. David entrou no curso afirmando que ele tinha pouco ou nenhum entendimento sobre sistemas, nem tinha muito interesse em estudá-los. Entretanto, à medida que o curso avançou, ele ficou intrigado e empolgado com o número de sistemas que ele viu e com os quais interage diariamente. Aquele breve comentário começa a dar sinais do que ele aprendeu.

O que quero realizar por meio desse curso?

Começar pelo fim, determinando os resultados de aprendizagem apropriados para um curso, é a melhor forma de decidir o conteúdo a ser contemplado. O desenvolvimento de resultados de aprendizagem apropriados também começa a dar ao docente uma noção sobre quais passos podem ser necessários para levar um estudante do início ao fim do curso e para atingir o tipo de resultado de aprendizagem que os comentários de David indicam. Em vez de focar primeiro nas estratégias de aprendizagem, como aula expositiva ou aula expositiva e discussão, decidir sobre os resultados de aprendizagem, incluindo o que queremos que os estudantes saibam, sintam ou sejam capazes de fazer ao final do curso, ajuda-nos a determinar como podemos chegar lá.

No desenvolvimento dos resultados de aprendizagem para qualquer curso, independentemente de como ele seja oferecido, é importante assegurar que os resultados sejam mensuráveis e escritos utilizando-se verbos de ação. É difícil medir o entendimento; infelizmente, muitas vezes, vemos objetivos escritos com a palavra *entender*. Em vez disso, verbos como *articular, descrever, analisar* ou *demonstrar* podem servir como medidas do grau em que o estudante compreende um conceito. Ir além do entendimento e chegar até a aplicação do conceito levam os estudantes para além do entendimento básico. Dependendo do nível do curso, isso pode ser desejável.

Uma vez que constatamos que nossos estudantes do curso de teorias de sistemas tinham pouca ou nenhuma experiência prévia com o tópico, estabelecemos os resultados de aprendizagem mostrados na Exposição 5.1.

Exposição 5.1 Objetivos de aprendizagem do curso

1. Investigar as raízes históricas da teoria de sistemas, traçar o seu impacto sobre a área da saúde e descrever a ligação entre a teoria de sistemas e a área da saúde.
2. Avaliar a relação de pacientes e/ou clientes do sistema de saúde com esse sistema, aplicando a teoria na prática.
3. Identificar e definir as várias teorias de sistemas, utilizando termos de sistemas, e articular uma teoria favorita por meio da sua aplicação na prática profissional.
4. Analisar resultados de diversidade, valores, ética, justiça social e econômica, além de opressão a partir do ponto de vista dos sistemas e identificar o impacto dessas questões sobre o sistema de saúde.
5. Identificar populações em situação de risco a partir do ponto de vista dos sistemas.

Depois de termos estabelecido os objetivos, fomos capazes, então, de seguir em frente e determinar o material de leitura apropriado e as tarefas, de modo que os estudantes pudessem atingir esses objetivos. Nosso formato de curso foi predeterminado – um formato híbrido –, de forma que pudéssemos começar a decidir que materiais abordar nas sessões presenciais e quais abordar no ambiente *on-line*. Um fenômeno que surgiu a partir do ensino do K-12, e que pode ser considerado na oferta de cursos híbridos, é a sala de aula invertida. Atribuído a dois professores do Colorado, Jonathan Bergman e Aaron Sams, o método começou com a gravação de aulas expositivas com apresentações em PowerPoint e colocando-as *on-line*, de modo que os estudantes pudessem acessá-las a qualquer momento. Utilizando esse modelo, os docentes apresentaram aulas expositivas *on-line* e as apoiaram com discussão *on-line*; então, eles usaram tempo de sala de aula para ativar o envolvimento com o conteúdo, os outros estudantes e o docente (STRAYER, 2011).

Considerando que a modalidade de aulas expositivas não é algo que usamos nos nossos cursos presenciais, optamos por não ir nessa direção neste curso. À medida que desenvolvemos nossos objetivos de aprendizagem para o curso, procuramos por um texto que possuísse um *website* de acompanhamento (construído pela editora e que contivesse materiais e exercícios complementares), mas não encontramos nenhum que tratasse do tópico dos sistemas sociais. Consequentemente, decidimos nos basear profundamente em livros que escolhemos, atividades que encorajavam os estudantes a explorar o conteúdo de múltiplas formas e vídeos e outros materiais complementares para transmitir o conteúdo do curso. As discussões *on-line* semanais focariam nos tópicos apresentados nas leituras e no material adicional. A Exposição 5.2 ilustra as tarefas criadas para esse curso, a fim de abordar os objetivos de aprendizagem.

Exposição 5.2 Tarefas do curso

Há quatro tarefas por meio das quais o seu trabalho neste curso será avaliado.

1. Assiduidade e participação

Espera-se que você assista a todos os três encontros intensivos de fim de semana e participe da discussão *on-line* entre esses encontros, entrando no *site* do curso e publicando nas discussões pelo menos três vezes por semana, em três dias diferentes da semana. A assiduidade e a participação compõem 40% da nota.

2. Tarefa colaborativa de meio de semestre

Vocês serão designados a um grupo pequeno para a realização desta tarefa. Todos irão ler *There Are No Children Here*, de Alex Kotlowitz. Esse grupo pequeno irá preparar uma análise do livro a partir de uma perspectiva de sistemas. Você pode apresentar sua análise na forma de *wiki* ou *blog* criados de forma colaborativa, uma apresentação multimídia utilizando áudio e vídeo, uma apresentação de Prezi (Prezi é uma ferramenta *web* 2.0, que é uma alternativa ao PowerPoint, permitindo que o usuário crie uma "tela" em que a apresentação pode ser vista reposicionando-a, aproximando-a ou movimentando-a de modo predeterminado, em vez de apresentá-la de forma linear, como no PowerPoint), ou uma apresentação de PowerPoint. As perguntas a seguir devem orientar a sua análise:
- Quais sistemas foram retratados no livro e como foram retratados?
- Como as pessoas no livro interagiram com esses sistemas?
- Como os sistemas interagiram entre si, ou eles não interagiram?
- Quais foram os obstáculos enfrentados pelas pessoas no livro e os sistemas com os quais elas interagiram?
- Qual foi o resultado da interação delas com os sistemas em suas vidas?

Seu grupo pode se sentir à vontade para interagir no espaço de grupo criado para vocês no *site* do curso, no Skype, utilizando uma sala de bate-papo ou pessoalmente, caso isso seja possível. Se vocês interagirem fora do *site* do curso, uma pessoa deve ser designada para publicar um relatório dos resultados do encontro, juntamente com as informações sobre quem compareceu. Vocês apresentarão e discutirão sua análise em nosso segundo encontro intensivo. Esta tarefa vale 20% da nota.

3. Apresentação e resumo escrito

Você deve escolher um sistema com o qual está envolvido. Pode ser qualquer um, desde o seu sistema familiar, passando pela agência em que você trabalha, até um sistema maior, como o sistema de saúde ou o sistema de previdência social. Solicita-se que você prepare uma apresentação de 20 minutos para exibir esse sistema aos seus colegas. Seja criativo! Queremos ver mais do que uma aula expositiva. Ajude-nos a entender o sistema a partir de dentro, utilizando vídeos, gráficos ou uma atividade. Você também irá preparar um resumo escrito que acompanhará sua apresentação e mostrará que você utilizou pelo menos três referências além da leitura solicitada para o curso. Um resumo escrito é feito em formato de tópicos, contendo parágrafos que descrevem cada elemento. Isso o poupa de escrever um artigo completo, mas o força a ser mais descritivo sobre

continua

Exposição 5.2 Continuação

seu trabalho. O resumo não deve ser necessariamente sobre a sua apresentação, mas sobre o sistema que você pesquisou para a apresentação. Você também pode optar por usar um mapa mental em vez de um resumo, mas esse mapa mental também deve ser por escrito. Você fará esta apresentação no terceiro encontro intensivo, e ela valerá 20% da nota.

4. Prova final

Uma prova final, em formato de ensaio, para ser feita em casa, será distribuída no final do segundo encontro intensivo e deve ser entregue junto com sua apresentação no terceiro encontro. Ela vale 20% da nota.

Atribuição de notas

Rubricas de atribuição de notas para todas as tarefas estarão disponíveis no *site* do curso. Consulte-as a fim de orientar o seu trabalho, pois elas contêm os critérios de atribuição de notas a serem utilizados ao avaliar o seu trabalho. A escala de atribuição de notas do departamento será utilizada para este curso:

90–100	A
80–90	B
70–80	C
60–70	D
Abaixo de 60	F

Todas as tarefas precisam ser completadas a tempo. As notas para as tarefas entregues com atraso serão reduzidas em um ponto por dia para a primeira semana e serão rebaixadas para o conceito inferior se forem entregues na segunda semana. Não serão aceitas tarefas entregues após duas semanas. Se houver uma emergência que o impeça de entregar seu trabalho, você deve nos contatar por *e-mail* ou telefone imediatamente. Trabalhos incompletos não serão aceitos, exceto em caso de emergência.

Que diretrizes, regras, papéis e normas precisam ser estabelecidos para a conclusão do curso?

Não podemos deixar de salientar a importância do desenvolvimento de um bom conjunto de diretrizes, incluindo regras para a interação mútua e expectativas relacionadas à atribuição de notas. As diretrizes do curso formam a sua estrutura e criam um ambiente em que os estudantes podem aprender juntos. A exposição 5.3 oferece as diretrizes que desenvolvemos para o curso de teorias de sistemas.

As diretrizes para esse curso criaram uma estrutura satisfatória, de modo que os estudantes sabiam o que era esperado deles. No primeiro encontro presencial, que iniciou o curso, as diretrizes foram analisadas, e modificações foram feitas com base nas sugestões dos estudantes. Eles perceberam que precisavam da estrutura que lhes informava sobre quando a pergunta de discussão da semana seria publicada, juntamente com a data em que deveriam publicar as primeiras respostas às perguntas. Eles concordaram em receber as perguntas de discussão aos domingos, com as primeiras respostas publicadas na quarta-feira, permitindo-lhes ler e refletir por um ou dois dias antes de responderem. Geralmente, consideramos as datas para a discussão um item negociável, enquanto o modo como as notas são atribuídas é algo inegociável. É importante, até certo ponto, pedir a opinião dos estudantes em relação às diretrizes, a fim de aumentar seu nível de envolvimento e estabelecer um contrato para a aprendizagem entre os estudantes e o instrutor.

Exposição 5.3 Diretrizes do curso

Caros estudantes,

A seguir, apresentamos as diretrizes para ajudá-los a navegar nesse curso de forma bem-sucedida. Depois que vocês as tiverem lido, publiquem uma mensagem no fórum de discussão indicando que vocês as leram, entenderam e são capazes de cumpri-las. Caso vocês tenham perguntas, publiquem-nas junto com quaisquer questões ou preocupações que vocês possam ter em relação a elas. Tentaremos fazer ajustes da melhor maneira possível!

Trabalhar *on-line* é algo relativamente novo para a maioria de vocês; alguns fazem um curso *on-line* ou experienciam a educação *on-line* pela primeira vez. Estamos aqui para ajudá-los. Nossas informações de *e-mail* e telefone estão publicadas *on-line*. Por favor, não sofram com alguma coisa que podemos ajudá-los a enfrentar. Enviem um *e-mail* ou nos telefonem.

Semana de discussão

Nossas semanas de discussão começam na segunda-feira e terminam no domingo, à meia-noite. As tarefas devem ser entregues aos domingos, também até a meia-noite. Somos flexíveis em relação a isso e não recusaremos trabalhos enviados com um pouco de atraso. Se vocês acharem que enviarrão a tarefa com atraso significativo, enviem-nos um *e-mail* e poderemos discutir sobre isso. Vocês são adultos que estão cursando um programa para conclusão de curso, e nós iremos tratá-los como adultos e como colegas que estão aqui para aprender conosco. Entendemos inteiramente que os fatos da vida às vezes podem atrapalhar. Não hesitem em nos contatar caso isso aconteça!

Tarefas

Há uma ou duas perguntas para discussão publicadas todas as semanas. Vocês devem publicar sua primeira resposta às perguntas até a meia-noite de quarta-feira. As respostas aos seus colegas devem ser publicadas até sexta-feira, e a troca de mensagens pode continuar até domingo, à meia-noite.

As tarefas devem ser enviadas depositando-as na caixa virtual, localizada no lado esquerdo da página do curso. Prestem bastante atenção na tabela, publicada na área das tarefas, que resume todas as datas de entrega para as tarefas. Os detalhes para cada tarefa podem ser encontrados na súmula e também sob a aba no lado esquerdo da página do curso.

Vocês receberão nosso *feedback* sobre sua participação nas discussões semanalmente. As perguntas publicadas no fórum de discussão serão respondidas em até 24 horas; responderemos aos *e-mails* em até 48 horas e forneceremos notas e *feedback* em relação às tarefas em até 7 dias. No meio do semestre e, de novo, no fim do curso, pediremos para que vocês reflitam sobre a rubrica de avaliação e nos enviem um *e-mail* discutindo como vocês acham que estão indo no curso em relação à rubrica. Vocês podem ficar à vontade para anotar o seu progresso na própria rubrica, destacando ou sublinhado as áreas que vocês acham que lhes sejam pertinentes e, depois, adicionando comentários na coluna bem à direita da rubrica que foi fornecida para esse propósito. Vocês não precisam atribuir a si mesmos um conceito no meio do semestre, mas lhes pedimos para nos dizer qual a nota que vocês acham que mereceram ao fim do curso. Nós lhes responderemos e também ofereceremos comentários sobre as rubricas, dando-lhes *feedback* sobre o seu progresso.

---

continua

Exposição 5.3 Continuação

Perguntas

Se vocês têm alguma pergunta, publiquem-na no fórum de discussão, caso ela se relacione ao curso, ou nos enviem por *e-mail,* caso seja uma questão particular. Se vocês nos enviarem um *e-mail* e acharmos que a resposta à sua pergunta beneficiará a todos, nós lhes pediremos para postá-la no fórum de discussão, onde também publicaremos nossa resposta.

Utilizando o *site* do curso

Nós os encorajamos a percorrer todo o tutorial na página principal da universidade; vocês o encontrarão quando fizerem o *login.* Publiquem quaisquer perguntas que vocês tenham sobre o sistema no fórum de discussão. Se não pudermos respondê-las, nem tampouco os seus colegas, iremos direcioná-las ao suporte técnico.
Respirem fundo e preparem-se para a diversão! Estamos bastante ansiosos para trabalhar com todos vocês!

Rena e Keith

Como eu planejo oferecer esse material de curso?

Um docente que está oferecendo um curso pela primeira vez pode optar por ir mais devagar em relação ao desenvolvimento, oferecendo uma versão aprimorada por tecnologia de um curso. Ao fazer isso, uma abordagem invertida pode ser considerada, colocando material de aula expositiva *on-line* juntamente com instruções para a realização da tarefa e, provavelmente, um certo volume de discussão assíncrona. Assim, o docente pode conduzir sessões presenciais que sejam constituídas por atividades de aprendizagem ativa, possibilitando a aplicação da teoria estudada. Outras formas de começar a experimentar a aprendizagem *on-line* são: colocar informações relacionadas ao curso no *site* do curso e receber tarefas no *site* sem solicitar discussão *on-line,* ou usar um texto em formato eletrônico ou *website* de acompanhamento do texto.

Independentemente de o curso ser conduzido inteiramente *on-line* ou ser aprimorado por tecnologia, o docente precisa decidir como os estudantes irão adquirir conhecimento do conteúdo. Caso as aulas expositivas não sejam o modo escolhido para a divulgação de informações e conteúdos, como, então, os estudantes irão acessar o material que lhes proporcionará as mesmas informações? Eis algumas sugestões:

- Um livro-texto que contenha atividades e guias de estudo interativos.
- Tarefas que desenvolvam habilidades de pesquisa e capacitem os estudantes a encontrar artigos, *websites* e outros recursos relacionados ao conteúdo que está sendo estudado, podendo publicar seus achados em uma *wiki.*
- Tarefas colaborativas em grupos pequenos que capacitem os estudantes a aprender em conjunto e que aprofundem o conhecimento adquirido.
- *WebQuests* (também conhecidas como gincanas *on-line*), em que os estudantes busquem material de uma maneira estruturada em resposta às

perguntas ou instruções de orientação e publiquem esse material no *site* do curso.
- Tarefas que façam os estudantes tornarem-se especialistas em uma área do conteúdo que esteja sendo estudado; a seguir, deve-se pedir para que eles ensinem seus colegas (incluindo o docente) o que aprenderam (também chamado de abordagem de quebra-cabeça ao conteúdo).

A universidade predeterminou que nosso curso de teorias de sistemas seria oferecido por meio de uma combinação de sessões presenciais e *on-line*. Escolhemos não usar as sessões presenciais para ministrar aulas expositivas e, assim, tivemos de decidir como os estudantes com pouco ou nenhum conhecimento sobre sistemas poderiam adquiri-lo. Quando procuramos por um texto digital e não encontramos nada que se adequasse às nossas exigências, optamos por um texto-padrão que abordava o assunto a partir de uma perspectiva de sistemas humanos, pois nossos alunos eram estudantes da área da saúde e dos serviços sociais. Além disso, utilizamos a obra de Fritjof Capra, um autor bastante conhecido na área dos sistemas ecológicos, para lhes dar uma base teórica mais ampla, e utilizamos um livro de não ficção que descreve uma família que vive na pobreza e trava contato com numerosos sistemas sociais. Pedimos aos estudantes para que analisassem esse livro a partir da perspectiva dos sistemas. A maior parte da discussão sobre as leituras aconteceu *on-line*. Nas sessões presenciais, utilizamos vídeos, simulações e apresentações dos estudantes como exercícios de aprendizagem para ajudá-los a aplicar o que estavam aprendendo.

Quão confortável eu me sinto para liberar o controle em favor dos alunos?

O sucesso das tarefas colaborativas em um curso *on-line* reside na disposição do docente de dar poder aos estudantes na elaboração de um trabalho, fornecendo-lhes expectativas claras sobre a sua realização e saindo, assim, do caminho. Ademais, por causa da quantidade de trabalho necessária para os estudantes completarem tarefas colaborativas *on-line*, espaçar as tarefas de maneira criteriosa e utilizar uma combinação de tarefas intensivas e menos intensivas ajuda na realização bem-sucedida de cada uma delas e na aquisição significativa de conhecimento. Por exemplo, exigir um projeto de grupo semanal envolvendo pesquisa e compilação de resultados pode ser algo excessivo, mas dar duas ou três tarefas como essa durante um semestre é mais viável. Essas tarefas podem ser intercaladas com discussões sobre as leituras e outros materiais, fornecimento de *feedback* sobre as tarefas dos colegas, alternância de tarefas de facilitação e utilização de outros processos colaborativos que mantenham vivo o espírito da aprendizagem colaborativa.

Fizemos uma consultoria com uma docente que reclamava que seus estudantes eram incapazes de realizar tarefas colaborativas *on-line*. Ao visitarmos o *site* do curso dela, notamos duas coisas. Primeiro, ela estava se envolvendo na discussão dos pequenos grupos sobre as tarefas colaborativas; segundo, ela estava exigindo a realização de projetos intensivos em grupos pequenos todas as semanas. Os estudantes estavam reclamando que a carga de trabalho era muito pesada e que eles não estavam aprendendo muito com elas. Sugerimos que ela eliminasse algumas tarefas colaborativas, dando aos estudantes mais tempo para completar as tarefas restantes. Também sugerimos que ela se retirasse da negociação e da discussão em grupos pequenos dos grupos colaborativos, pois achávamos que o envolvimento dela estava complicando o processo. Os grupos pequenos devem ter a opção de pedir a interferência do instrutor, caso não estejam trabalhando bem em conjunto. Entretanto, o instrutor não deve se tornar uma parte integral do processo dos grupos.

Ao desenvolvermos nosso curso de teorias de sistemas, optamos por utilizar nosso tempo de instrução presencial para o trabalho colaborativo intensivo. Essas sessões foram intercaladas com as discussões *on-line* das leituras e dos outros tópicos relacionados aos sistemas. O cronograma é apresentado aos estudantes de uma maneira que possibilita a criação de uma espécie de lista de verificação: eles podem ver o que lhes é solicitado a cada semana e se certificam de que todas as tarefas foram abordadas. Uma parte do cronograma do curso é apresentada na Exposição 5.4.

Exposição 5.4 Cronograma e tarefas do curso

Semana	Tópico	Leituras	Tarefas
1	**Primeiro encontro intensivo** Analisar a súmula e as expectativas em relação ao curso Uma introdução aos sistemas: definições, tipos e teorias Vídeo: *Turning Point* Estudo de caso em grupos pequenos	Folhetos: Súmula e glossário de termos de sistemas Kotlowitz: leia o livro inteiro para se preparar para a tarefa do segundo encontro intensivo	Comparecer ao primeiro encontro intensivo e realizar o Estudo de caso 1 em grupos pequenos.
2	Sistemas vivos, pensamento de sistemas e teoria de sistemas mundiais como um *quadro de referência* conceitual	Capra: Partes 1 e 2 Alexander: Capítulos 1 e 2	Participar de discussão *on-line*
3	Auto-organização, complexidade e estruturas e problemas sociais	Capra: Parte 3 Alexander: Capítulo 3	Participar de discussão *on-line*
4	Microssistemas: a família	Capra: Parte 4 Alexander: Capítulo 4	Participar de discussão *on-line*
5	Mesossistemas e macrossistemas: grupos e organizações	Alexander: Capítulos 5 e 6	Participar de discussão *on-line*
6	**Segundo encontro intensivo** Um modelo de sistemas sociais Apresentações sobre Kotlowitz Vídeo: *Mindwalk* Estudo de caso em grupos pequenos Discussão da apresentação final	Folhetos: Modelo de sistemas	Comparecer ao segundo encontro intensivo, apresentar a tarefa colaborativa e realizar o Estudo de caso 2 em pequenos grupos Distribuição da prova final para fazer em casa

Como eu quero organizar o *site* do curso?

Muitas instituições adotam sistemas de gerenciamento de cursos e pedem para que os docentes os utilizem para simplificar e unificar o gerenciamento e minimizar os aborrecimentos tecnológicos para docentes, tecnólogos instrucionais, equipes de suporte técnico e estudantes. Os sistemas de gerenciamento de cursos atuais geralmente permitem que os docentes enviem uma súmula que foi criada com um processador de textos e criam áreas de discussão assíncrona para grupos de discussão pequenos e grandes, além de lugares onde os estudantes podem publicar tarefas. Eles também oferecem *e-mail* e livros de notas, em que os docentes podem registrar notas e os estudantes podem monitorar seu progresso no curso. Outras características podem incluir a possibilidade de bate-papo síncrono e para usar áudio e vídeo, um *whiteboard* em um aplicativo de sala de aula virtual e funções de *wiki* e *blog*.

A presença dessas ferramentas tecnológicas não deve, obviamente, ser considerada um convite aberto para que sejam usadas. Dependendo do nível de conhecimento técnico do docente e dos estudantes matriculados no curso, bem como dos objetivos de aprendizagem estipulados para o curso, o uso de áudio, vídeo e bate-papo pode não ser adequado. Muitas vezes, um *site* simples, que seja fácil de navegar, conduz a experiências mais bem-sucedidas. Isso não exclui o uso de outras ferramentas tecnológicas. Como sempre, o bom planejamento é fundamental.

A instituição na qual lecionamos possuía um sistema de gerenciamento disponível para o nosso curso e também nos concedeu liberdade considerável para desenvolver o curso no formato acrescido de tecnologia que descrevemos. Contudo, isso nem sempre ocorre. Muitos docentes contaram-nos já terem sido solicitados a usar uma tecnologia que não serviu aos seus resultados de aprendizagem e que, portanto, limitou sua capacidade de oferecer o curso da maneira que esperavam.

Temos a tendência de depender consideravelmente dos fóruns de discussão básicos como o meio principal de conduzir o curso. Consequentemente, estabelecemos um fórum de discussão organizado para apoiar o trabalho do estudante. A Figura 5.1 mostra o fórum de discussão que criamos para o curso.

Como irei avaliar o desempenho dos estudantes nesse curso?

Assim como em um curso presencial, as decisões sobre como o desempenho dos estudantes será avaliado são tomadas durantes as fases de planejamento. Quais são os meios mais eficazes de determinar como está o domínio dos estudantes sobre o conteúdo e se eles estão aplicando esse conhecimento de maneira adequada? Frequentemente, na sala de aula face a face, o instrutor usa testes, *quizzes* e artigos para avaliar a aquisição de conhecimento. Pode haver requisitos adicionais, como a assiduidade que se espera que os estudantes cumpram. Na sala de aula *on-line*, contudo, é preciso considerar com cuidado quão bem os meios tradicionais de avaliação irão funcionar. Os testes e os *quizzes* podem não ser a melhor medida de aquisição de conhecimento e de aplicação *on-line*.

Muitas instituições continuam a exigir que alguma forma de exame seja usada

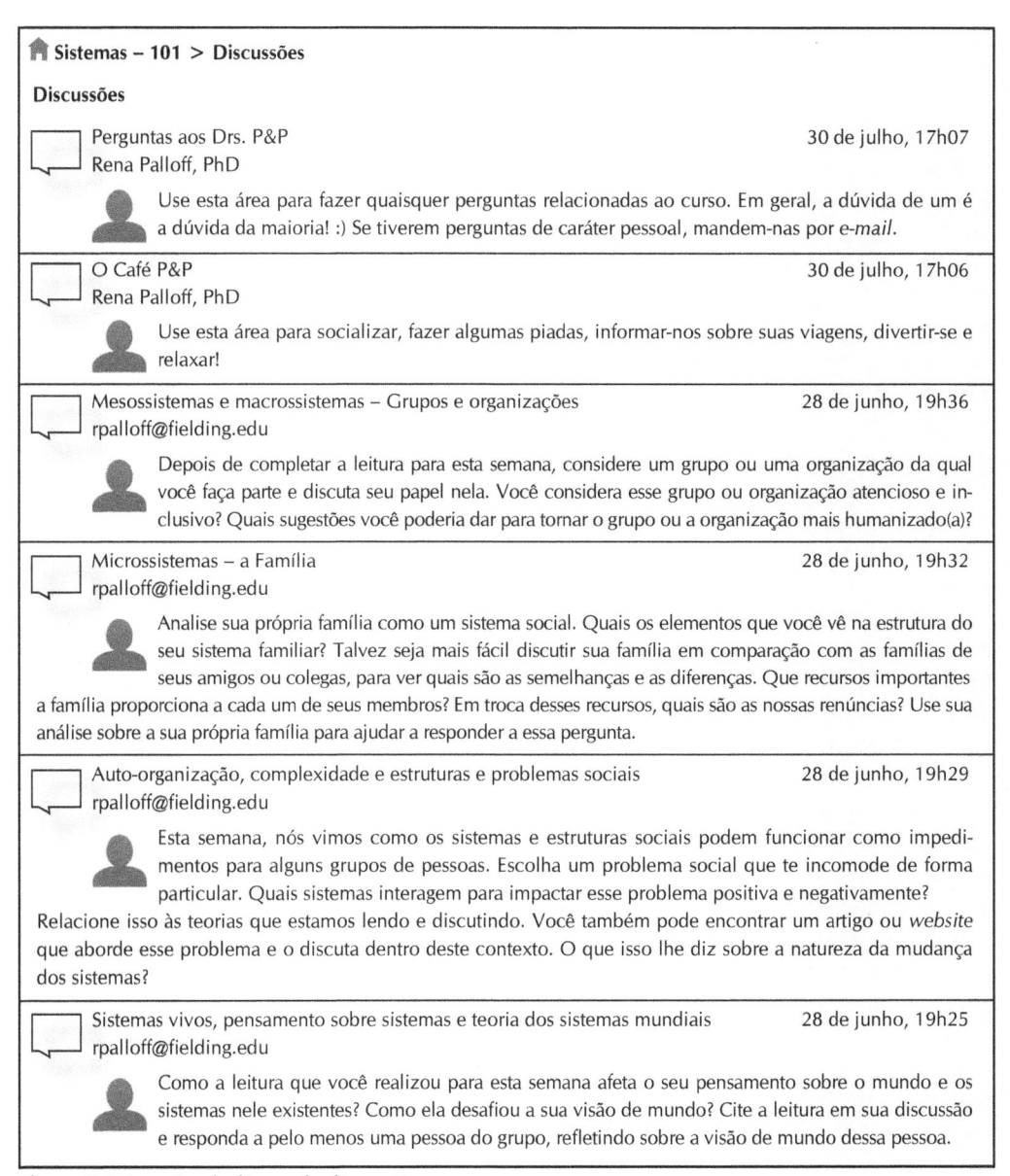

🏠 Sistemas – 101 > Discussões		
Discussões		
💬	Perguntas aos Drs. P&P Rena Palloff, PhD	30 de julho, 17h07
	👤 Use esta área para fazer quaisquer perguntas relacionadas ao curso. Em geral, a dúvida de um é a dúvida da maioria! :) Se tiverem perguntas de caráter pessoal, mandem-nas por *e-mail*.	
💬	O Café P&P Rena Palloff, PhD	30 de julho, 17h06
	👤 Use esta área para socializar, fazer algumas piadas, informar-nos sobre suas viagens, divertir-se e relaxar!	
💬	Mesossistemas e macrossistemas – Grupos e organizações rpalloff@fielding.edu	28 de junho, 19h36
	👤 Depois de completar a leitura para esta semana, considere um grupo ou uma organização da qual você faça parte e discuta seu papel nela. Você considera esse grupo ou organização atencioso e inclusivo? Quais sugestões você poderia dar para tornar o grupo ou a organização mais humanizado(a)?	
💬	Microssistemas – a Família rpalloff@fielding.edu	28 de junho, 19h32
	👤 Analise sua própria família como um sistema social. Quais os elementos que você vê na estrutura do seu sistema familiar? Talvez seja mais fácil discutir sua família em comparação com as famílias de seus amigos ou colegas, para ver quais são as semelhanças e as diferenças. Que recursos importantes a família proporciona a cada um de seus membros? Em troca desses recursos, quais são as nossas renúncias? Use sua análise sobre a sua própria família para ajudar a responder a essa pergunta.	
💬	Auto-organização, complexidade e estruturas e problemas sociais rpalloff@fielding.edu	28 de junho, 19h29
	👤 Esta semana, nós vimos como os sistemas e estruturas sociais podem funcionar como impedimentos para alguns grupos de pessoas. Escolha um problema social que te incomode de forma particular. Quais sistemas interagem para impactar esse problema positiva e negativamente? Relacione isso às teorias que estamos lendo e discutindo. Você também pode encontrar um artigo ou *website* que aborde esse problema e o discuta dentro deste contexto. O que isso lhe diz sobre a natureza da mudança dos sistemas?	
💬	Sistemas vivos, pensamento sobre sistemas e teoria dos sistemas mundiais rpalloff@fielding.edu	28 de junho, 19h25
	👤 Como a leitura que você realizou para esta semana afeta o seu pensamento sobre o mundo e os sistemas nele existentes? Como ela desafiou a sua visão de mundo? Cite a leitura em sua discussão e responda a pelo menos uma pessoa do grupo, refletindo sobre a visão de mundo dessa pessoa.	

Figura 5.1 Amostra de fórum de discussão.

para avaliar os estudantes. A maior parte dos sistemas de gerenciamento de cursos disponíveis para cursos *on-line* permite a administração segura de testes e *quizzes*, muitas vezes com um *link* para o livro de notas incorporado ao aplicativo. As respostas às perguntas do teste podem ser inseridas em um arquivo criptografado, que é, então, enviado *on-line* apenas para o docente. Assim como na sala de aula presencial, no entanto, a questão da fraude surge quando os testes e *quizzes* são usados. Visto que os estudantes de um curso *on-line* frequentemente estão trabalhando a distância, há preocupações adicionais. Como o docente saberá que as respostas recebidas foram realmente dadas pelo estudante cujo nome aparece no teste? Porém, estudos revelaram que não há mais fraude nos cursos *on-line* do que nos cursos presenciais (ROWE, 2004; VARVEL, 2005). No entanto, é importante lembrar que, como os estudantes estão trabalhando a distância, no conforto de sua casa ou de seu dormitório, é irreal esperar que eles não usarão livros e materiais para realizar a prova (MAJOR; TAYLOR, 2003). Consequentemente, aconselhamos que todas as provas e todos os *quizzes* sejam considerados testes com consulta e sejam assim construídos.

No entanto, há algumas maneiras de minimizar a possibilidade de fraude *on-line*. Por exemplo, um teste pode ser administrado em um local supervisionado, exigindo-se que o estudante apresente uma identificação; pode ser realizado no *campus;* ou pode haver monitoramento do aluno por meio do uso de uma *webcam*. Apesar de essas não serem soluções ideais e de não as recomendarmos devido à sua inconveniência e ao fato de que elas não eliminarão completamente a possibilidade de fraude, elas podem ajudar a reduzir essa possibilidade, caso esta seja uma preocupação.

O uso de um processo colaborativo na realização do curso, com uso mínimo de testes e *quizzes* e uso máximo de atividades de aplicação autênticas, permite ao docente adquirir confiança nas capacidades dos estudantes, lhe traz evidências contínuas do trabalho que eles são capazes de produzir e, o mais importante, dá aos estudantes o poder de se envolverem em seu próprio processo de aprendizagem.

Uma vantagem do ensino *on-line* é que, conforme o curso avança, os docentes aprendem a reconhecer o estilo de escrita único de cada estudante. No curso *on-line,* os estudantes não apenas enviam artigos, mas também publicam respostas escritas para as discussões *on-line.* Portanto, quaisquer variações nos textos escritos pelos estudantes tornam-se mais evidentes e podem ser abordadas pelo docente. Aplicativos de detecção de plágio ou o uso de um mecanismo de busca para procurar algumas sentenças na internet também podem ajudar o docente a avaliar se o estudante está fazendo seu próprio trabalho e se está parafraseando e citando de forma adequada.

Um curso *on-line* possui outra vantagem na avaliação de estudantes em relação à sala de aula face a face presencial. Em um curso *on-line*, os estudantes precisam participar de alguma maneira para completá-lo de forma bem-sucedida. Isso significa que o docente pode ver regularmente como os estudantes estão analisando e aplicando o material do curso, especialmente se eles estiverem sendo solicitados a responder perguntas que os encorajam a pensar de maneira crítica. Consequentemente, uma boa forma de avaliar o desempenho dos estudantes em um curso *on-line* é exigir que um número específico de publicações substanciais seja feito a cada semana. Uma publicação substancial responde à pergunta de uma maneira que sustente uma posição de forma clara, inicia um novo tópico ou acrescenta à discussão por meio da reflexão crítica sobre o assunto que está sendo discutido, ou muda a discussão para outra direção. Entrar no *site* do curso e dizer, simplesmente, "eu concordo" não é uma publicação substancial. Consequentemente, as diretrizes de avaliação para o desempenho dos estudantes em um curso *on-line* podem incluir a quantidade, o conteúdo e a qualidade das publicações. Assim, as preocupações em relação à fraude são eliminadas à medida que os estudantes se envolvem em um processo de aprendizagem colaborativa.

Os artigos escritos podem servir como outra forma de envolvimento com a aprendizagem colaborativa em um curso *on-line*. Uma expectativa pode ser a de que os artigos sejam publicados e que os estudantes comentem e respondam aos trabalhos uns dos outros. Em um curso sobre estudos da dependência de drogas que um de nós ministrou, exigia-se que os estudantes publicassem artigos curtos a cada semana em resposta a um estudo de caso. Uma parte da discussão da semana foi, então, dedicada à reflexão sobre as respostas, que frequentemente levavam a discussão para um nível mais profundo. Nas respostas a um dos estudos de caso a seguir, o intercâmbio entre os estudantes ilustra o que queremos dizer quando identificamos uma publicação como substancial e, também, como a reflexão sobre os trabalhos uns dos outros aprofunda o processo de aprendizagem.

> *Steve:* Eu concordo com você, exceto com a sua última frase. Também acho que é bom começar com a educação em nossa sessão. Mas eu sinto que, quanto mais alto for o nível de tratamento, mais energicamente a negação pode ser abordada. Ele pode desconsiderar o que tenho a dizer na sessão de terapia, mas, quando ele está na sala com outros alcoólatras ou em um centro de reabilitação, será mais difícil ele atribuir seus problemas apenas ao "estresse". Ele ouvirá a sua própria história enquanto os outros pacientes contam as suas e, esperamos, se identificará com elas. Com mais tratamento intensivo, ele pode ser confrontado ainda mais com a realidade da severidade de seus problemas. Também, o doutor em psicologia indica que eles podem ter a tendência de intelectualizar e provavelmente já sabe alguma coisa sobre o abuso de substâncias a partir desse nível mental. Ron realmente precisa entender isso.
>
> *Kathy:* Eu entendo a sua posição. Porém, depois de ler a discussão, eu acho que há uma boa possibilidade de que seu maior problema seja seu transtorno de estresse pós-traumático (TEPT), e que a dependência de álcool e maconha tenha sido sua maneira de lidar com isso. Acho que a família toda precisa ser inclusa no processo, de modo que se possa avaliar a possível dependência da sua esposa e como proporcionar apoio para os sintomas intensificados de TEPT, quando ele se desintoxicar. Também quero dizer que com algum entendimento sobre a situação da família, haverá alguma possibilidade de se fazer uma confrontação mais eficaz. Assim, haveria mais evidências sobre como o uso de álcool e maconha tem sido prejudicial e como a desintoxicação seria positiva para o tratamento mais eficaz do TEPT.
>
> *Steve:* Eu concordo com você que o TEPT também é um grande problema que ele provavelmente estava ocultando com o álcool e as drogas. E também concordo com você sobre o envolvimento da família. Porém, para mim, há evidências suficientes no estudo de caso de que o uso de álcool e drogas precisava ser tratado primeiro ou em conjunto com o TEPT. Obrigado.

A Exposição 5.2 definiu como decidimos avaliar nossos estudantes no curso de teorias de sistemas. Como o curso era híbrido, em vez de ser inteiramente oferecido *on-line*, usamos as sessões presenciais para iniciar, completar e discutir as tarefas. Em vez de levar os estudantes a publicar artigos *on-line*, determinamos que eles seriam entregues nas sessões presenciais e ali discutidos. Fomos solicitados a oferecer alguma forma de prova final para o curso. Consequentemente, decidimos dar uma prova em formato de ensaio para se fazer em casa que exigia a reflexão dos estudantes sobre o material estudado. A Exposição 5.5 mostra a prova que desenvolvemos. Determinamos que o exame corresponderia a apenas 20% da nota total, pois a discussão *on-line* contínua nos forneceria uma boa ideia de quão bem os estudantes estavam entendendo e aplicando as teorias de sistemas.

Exposição 5.5 Amostra de prova final para teorias de sistemas

> Por favor, responda de forma sintética, mas completa, as três perguntas a seguir. Suas respostas devem ter espaçamento duplo e estar em formato APA. Caso você use referências, cite-as e inclua uma lista delas ao fim de cada pergunta. Não há expectativas em relação ao número de páginas para as suas respostas, mas, por favor, não envie um artigo de 20 páginas! Você deve ser capaz de responder cada questão em 2 ou 3 páginas. Você deve entregar sua prova final, a ser feita em casa, no sábado do último encontro intensivo. Atenção: atrasos não serão tolerados. Por favor, sinta-se à vontade para nos contatar caso você tenha quaisquer perguntas, problemas ou preocupações. Boa sorte e lembre-se de se divertir com o curso!
> 1. Durante a primeira semana da discussão *on-line*, pedimos para que você descobrisse o sistema que mais influencia a sua vida. Revendo as leituras e as discussões para esse curso, fale sobre todos (ou tantos quantos você conseguir imaginar) os sistemas que você encontrar em um dia típico. Quais são eles? Como eles são? Como eles se relacionam, se é que eles se relacionam? (Lembre-se: há também sistemas virtuais!)
> 2. Pense em um sistema que o incomoda. Pode ser o sistema político, o sistema de saúde, o sistema educacional ou qualquer um que lhe venha à mente. Descreva-o e analise-o.
> O que tem nesse sistema que te perturba? Que mudanças precisariam ser feitas nesse sistema que o tornariam menos perturbador? Ao falar e escrever sobre o sistema, certifique-se de discutir os participantes, a composição, os limites, etc.
> 3. Responda brevemente o seguinte:
>   * O que eu sabia sobre sistemas quando entrei neste curso?
>   * O que eu aprendi?
>   * A minha aprendizagem me mudou de alguma forma? Se for o caso, como? Conforme você listar as mudanças, tente identificá-las com o sistema que poderia ter influenciado essa mudança.

Como irei abordar as exigências de assiduidade?

Controlar a assiduidade dos estudantes torna-se, de certa forma, ainda mais difícil no ambiente *on-line*. Porém, muitas instituições estão exigindo que os docentes controlem a assiduidade do mesmo jeito que o fazem na sala de aula presencial, a fim de atender às diretrizes estaduais, federais e de financiamento. Portanto, temos de estabelecer uma regra para nossas aulas *on-line*. Com o intuito de cumprir as exigências de assiduidade, os estudantes devem entrar no *site* do curso e publicar alguma contribuição para a discussão em uma quantidade de vezes que seja equivalente ao número de encontros do curso presencial. Por exemplo, uma turma de graduação que normalmente se encontraria três vezes por semana equivale a, pelo menos, três publicações por semana. Uma turma de pós-graduação que teria um encontro de duas horas por semana exigiria duas publicações por semana para a discussão *on-line*.

Em um curso híbrido, controlar a assiduidade torna-se uma tarefa mais fácil porque há sessões presenciais obrigatórias. Alguns cursos híbridos podem requerer uma ou mais sessões presenciais a cada semana, com trabalho adicional *on-line*. No entanto, ainda é uma boa prática tornar obrigatório um certo número de publicações semanais para o componente *on-line* do curso. Nosso curso híbrido exigiu três sessões de fim de semana e três publicações *on-line* por semana. Independentemente da configuração das sessões, a assiduidade em um curso híbrido normalmente é constituída de uma combinação de presença nos encontros necessários no *campus* com presença *on-line*.

O PROCESSO DO CURSO

Agora que passamos pelo processo de planejamento para criar um curso *on-line*, podemos começar a considerar o processo do curso propriamente dito. Como os cursos *on-line* realmente funcionam? Como é o processo? Depois que a súmula foi criada e publicada no *site*, como damos início ao curso? Boettcher e Conrad (2010) sugerem que os cursos *on-line* passem por quatro fases: começo, intermediária inicial, intermediária final e últimas semanas. Eles também descrevem as tarefas em cada fase para o aluno e o docente, o conteúdo em cada fase e o ambiente. Aqui, dividimos o processo em três fases: começo, depois que o curso começou e final.

Começo

A fase do começo envolve a garantia de que as ferramentas a serem usadas para o curso estão disponíveis e que os estudantes sabem como usá-las. Essa fase também envolve o começo da construção de comunidade por meio da publicação de apresentações, fotos e uso de dinâmicas de grupo para ajudar os estudantes a se conectarem entre si e com o conteúdo. Algumas instituições acadêmicas criaram suas próprias orientações *on-line*, que ajudam os estudantes a praticar com as ferramentas que usarão, mas eles também aprendem sobre a aprendizagem *on-line* propriamente dita. Quando um instrutor não tem um programa de orientação disponível para os estudantes, pode-se criar um no curso. A súmula deve conter dicas para a realização bem-sucedida do curso, junto com diretrizes para a realização e a interação respeitosa, também chamada de "netiqueta". Alguns docentes publicam uma seção com perguntas frequentes para fornecer uma orientação para os estudantes.

Depois que a orientação foi desenvolvida e disponibilizada, há dois passos importantes a tomar no início de um curso *on-line*. O primeiro é criar uma mensagem de boas-vindas que repita algumas informações básicas de orientação para os estudantes e que permaneça no *site* do curso. Essa mensagem também pode ser enviada por *e-mail* aos estudantes, criando alguma redundância e assegurando que a mensagem seja recebida de uma forma ou de outra. Uma parte de uma mensagem de boas-vindas é apresentada a seguir. Além das boas-vindas ao conteúdo, podem ser inclusas informações específicas sobre como começar e ter uma realização bem-sucedida do curso. Essa é a apresentação que um de nós (Rena) fez no começo do curso:

> Olá a todos! Estou empolgada por começar essa exploração de grupos e processos em grupo com todos vocês. Como muitos de vocês já devem saber, trabalhar com grupos *on-line* não é apenas meu interesse: é também a minha paixão, particularmente

com grupos que se reúnem *on-line* com o propósito de aprender em conjunto. Temos a oportunidade de agir aqui como nosso próprio "laboratório", se assim o quiserem: podemos aprender sobre grupos *on-line* formando o nosso próprio grupo. Minhas expectativas para este semestre são de que venhamos a aprender alguma coisa sobre como os grupos se formam, a desenvolver normas e a trabalhar *on-line* juntos. Mas o mais importante: espero que todos nós possamos aprender alguma coisa sobre como contribuímos para esse processo, tanto como membros desse grupo quanto como indivíduos. Também espero que sejamos capazes de aplicar esse novo conhecimento e desenvolvimento de habilidades no local de trabalho e, certamente, em seus outros cursos. O que estamos fazendo é algo inovador, que tem implicações enormes para as organizações distribuídas e conectadas em rede e na formação de equipes. Eu publicarei uma apresentação mais completa posteriormente. Só queria dar um alô e dizer que estou ansiosa para fazer essa jornada colaborativa com vocês: espero que todos vocês estejam dispostos a se juntar a mim e se divertir no processo!

Publicar apresentações é o segundo passo importante a se dar quando o curso começa. A maioria dos sistemas de gerenciamento de cursos permite que tanto os estudantes como o docente criem páginas pessoais simples, incluindo, muitas vezes, uma imagem que permanece no *site* do curso. Temos ouvido comentários de estudantes e docentes sobre como isso foi útil para eles. Essas páginas servem como uma forma inicial para conhecermos uns aos outros, e, como elas permanecem no *site*, os estudantes e os docentes as visitam com frequência para se lembrar da aparência dos estudantes ou do que eles disseram sobre si mesmos. Além de ser uma ótima ferramenta de construção de comunidade, ela ajuda a todos a entender por que alguém pode partir de um certo princípio ou tomar uma posição particular em suas publicações.

Não é algo incomum, para nós, dedicar a primeira semana de um curso *on-line* para conhecermos uns aos outros; na verdade, chamamos essa semana de Semana Zero. Evitamos nos envolver profundamente com o conteúdo e focamos mais na construção de uma comunidade de aprendizagem. Além de pedir aos estudantes para que publiquem suas apresentações, nossas primeiras perguntas para o curso geralmente têm como objetivo fazê-los expressar seus objetivos de aprendizagem para o curso ou fazê-los começar a discutir como o curso se relaciona às suas vidas fora da sala de aula. Por exemplo, nossa primeira pergunta sobre as teorias de sistemas foi esta:

> Dando prosseguimento às nossas discussões de aula sobre o fato de que todos vocês sabem mais sobre sistemas do que pensam, gostaríamos que pensassem sobre todos os sistemas com os quais vocês entram em contato todos os dias. Quais são eles e como vocês podem descrevê-los? Quais são seus elementos e as relações entre esses elementos? Como seus limites são constituídos? Pensem sobre a leitura que estão fazendo e a nossa discussão sobre o vídeo que assistimos juntos – *The Turning Point* – e, então, descrevam com detalhes o sistema que mais os influencia diariamente. Comentem e discutam as descrições uns dos outros.

A citação de David que apresentamos a seguir é um indicador de que essa série de perguntas conseguiu, de fato, auxiliar os estudantes a conhecer uns aos outros:

> Obrigado a todos por suas descrições de sistemas. É bom conhecê-los melhor e sa-

ber sobre as influências importantes sobre suas vidas: nós somos, afinal, um sistema que existirá durante nossas vidas. Somos colegas de aula que começarão novas profissões após concluirmos nossa educação. Espero que continuemos nossas conexões mútuas e com os docentes por meio da Secretaria de Assuntos de Egressos da Faculdade e de eventos patrocinados pela faculdade. Além disso, podemos recorrer uns aos outros como uma rede de conhecimento, auxílio profissional e amizade. É um belo pensamento.

Os itens adicionais a serem discutidos na primeira semana são os objetivos de aprendizagem e as diretrizes do curso. A discussão pode ser incorporada nas apresentações. Por exemplo, os estudantes podem ser solicitados a apresentar informações não somente sobre si próprios, mas também sobre o que eles esperam obter do curso. Eles também podem ser solicitados a comentar sobre as diretrizes do curso para determinar se elas irão ajudá-los a alcançar seus objetivos de aprendizagem. No entanto, essa não deve ser a única vez em que as diretrizes são discutidas. Se os estudantes constatarem que as diretrizes não atendem às suas necessidades de alguma forma, devem ficar à vontade para levantar isso como um tópico de discussão, e as diretrizes podem ser renegociadas nesse momento. Geralmente, não mudamos as diretrizes até ouvirmos todos os estudantes envolvidos com o curso para nos certificarmos de que todos irão se beneficiar com essa mudança. O exemplo a seguir mostra essas negociações:

> *Jane:* Agora que estamos apenas respondendo ao estudo de caso desta semana e que estamos mais ou menos na metade do semestre, achei que deveria esclarecer as expectativas acadêmicas (Eu não sou ninguém se não tenho certeza :-}). Cada um de nós usou estilos variados na publicação das respostas aos estudos de caso. Alguns seguiram o formato mais tradicional apresentado no guia, outros compartilharam os pensamentos que o estudo de caso lhes provocou, enquanto outros responderam às perguntas de discussão apresentadas no final do caso. Eu não observei nenhum *feedback* de desempenho por parte de vocês (seja positivo ou negativo), sobre a maneira como gostariam de ver essas publicações serem continuadas. Há algum estilo particular que vocês gostariam de ver? Há alguma maneira que consideram melhor ou mais adequada para abordarmos os casos pelo restante do semestre?
> *Rena:* Obrigada pela pergunta, Jane. Até agora, isso vem sendo uma espécie de "cada um por si", devido, em grande parte, às expectativas de discussão confusas, e eu peço desculpas por isso! Para o restante do semestre, eu gostaria que vocês utilizassem as diretrizes de estudo de caso que publiquei no início do semestre se elas funcionarem para vocês; para o caso desta semana, talvez elas não funcionem. Se não funcionarem, usem as diretrizes que lhes parecerem adequadas e se baseiem nas perguntas ao final do caso. Independentemente de utilizarem todas as diretrizes ou só uma parte delas, as perguntas devem ser abordadas de alguma forma em sua resposta. Eu compliquei ainda mais as coisas ou isso faz sentido??? Rena
> *Jane:* Simplesmente complicado!:-) Não, está ótimo. Parece que temos de usar as diretrizes primeiro, a não ser que outra abordagem faça mais sentido. Se alguma outra abordagem fizer mais sentido, você gostaria que não deixássemos de trabalhar para incluir todas as facetas aplicáveis das diretrizes de estudo de caso em nossa resposta. É mais ou menos isso?
> *Rena:* Você entendeu, Jane!!! :-)

Essa parte da discussão ilustra que o esclarecimento das diretrizes é um processo importante e contínuo em um curso *on-line*. Todos os estudantes precisam aceitar as diretrizes para que o curso progrida facilmente. Esses estudantes perceberam claramente que tinham o poder para levantar as questões que eram importantes para eles e para esclarecer as questões uns para os outros. Às vezes, revisitar as diretrizes é útil para garantir que os objetivos de aprendizagem sejam cumpridos.

Depois que o curso começou

Uma vez que as apresentações tenham sido feitas e o curso tenha começado, como o instrutor passa para o conteúdo do curso e estimula a participação? A chave para a boa participação e para a discussão dinâmica é fazer questões abertas e abrangentes que promovam pensamento crítico e respostas analíticas. Quando os estudantes começam a trabalhar com questões abrangentes, eles também aprendem a fazer perguntas uns aos outros da mesma maneira. O ritmo gerado pela discussão animada do tópico que está sendo estudado geralmente pode ser mantido para o restante do curso. Boettcher e Conrad (2010) observam que, na fase intermediária inicial do curso, os alunos começam a entrar em um ritmo de leitura, publicação e respostas. Após entrarem na fase intermediária final, eles devem estar bem envolvidos com os conceitos do curso e ser mais capazes de lidar com questões e problemas complexos.

Para facilitar isso, o docente precisa dominar boas técnicas de questionamento. Há uma diferença, por exemplo, entre dizer "dê três exemplos de sistemas em sua vida" e as perguntas que usamos para iniciar nosso curso de teorias de sistemas: "pense sobre todos os sistemas com os quais você entra em contato diariamente. Quais são eles e como você pode descrevê-los? Quais são seus elementos e as relações entre esses elementos? Como seus limites são constituídos?". A primeira pergunta encoraja os estudantes a simplesmente gerar uma lista de sistemas com pouca ou nenhuma reflexão sobre o que isso significa. A segunda série de perguntas encoraja os estudantes a refletir mais criticamente sobre os sistemas que eles encontram diariamente e a descrevê-los e analisá-los usando materiais que estão lendo para o curso. A segunda abordagem não apenas expande o processo de pensamento do grupo, mas também começa a envolver os estudantes do curso no pensamento sobre os sistemas, um objetivo de aprendizagem do curso. As respostas às questões também geram uma gama mais ampla de possibilidades de *feedback* entre os estudantes. É muito difícil comentar ou dar *feedback* em relação a uma lista, ainda mais ao se discutir conceitos mais complexos.

Muitas vezes, constatamos que, quando os docentes se preocupam com a falta de participação em um curso *on-line*, um dos problemas se origina da maneira como eles fazem as perguntas. Quando os docentes aprendem a reestruturar suas perguntas para que sejam mais abrangentes e incluam exemplos das vidas dos estudantes, a participação aumenta de forma significativa, e o curso se torna mais relevante como resultado. Para fazer o processo avançar, os estudantes devem ser encorajados a trazer a vida real para dentro da sala de aula tanto quanto possível. Fazer perguntas que relacionem o material do curso às suas vidas ou pedir para que eles se envolvam em pesquisas sobre a vida real – por exemplo: "você descreveria a sua organização de trabalho como um sistema auto-organizado? Por quê?" ou "Gostaríamos que você fosse a um supermercado próximo à sua casa. A partir da perspectiva dos sistemas, o que você vê nesse supermercado?" – ajuda os estudantes a dar sentido ao material em um nível pessoal.

Conforme o curso avança, é importante continuar a prestar atenção ao desenvolvimento da comunidade de aprendizagem. Permitir o compartilhamento de eventos pessoais importantes ajuda os estudantes e o docente a se unir no plano pessoal, cria confiança entre eles e serve para aprimorar o processo colaborativo. Por exemplo, conforme o curso de teorias de sistemas foi avançando, um dos membros se reencontrou com seu filho, a quem não via há muitos anos. Ele compartilhou essa informação com o grupo. A seguir, apresentamos um pouco da discussão a cerca daquele evento:

> *Keith:* Só quero informar a todos sobre o grande fim de semana que tive, apesar de os Raiders terem perdido o jogo. Meus dois filhos chegaram e com ótima saúde. Passamos o fim de semana nos conhecendo melhor e nos divertindo. Fomos matéria de capa do *Fremont Argus* na segunda-feira e eles contaram a história muito bem. É realmente assustador o quanto somos todos parecidos, apesar de não nos reunirmos há 26 anos. Abraços.
> *Polly:* Keith, isso é totalmente demais! Parabéns!!! Tenho certeza de que foi um fim de semana que você não esquecerá tão cedo.:)
> *Sara:* Minhas mais sinceras felicitações a vocês!!! É ótimo saber que tudo ocorreu bem.
> Cuide-se, seu pai coruja!
> *Gracie:* Que legal! Vou ver se consigo uma cópia do jornal de segunda-feira para poder ler a história.

Os comentários são breves, mas positivos. Os *emoticons* – símbolos usados para expressar emoções *on-line* – ajudam a transmitir um sentimento de afeição e de felicidade que os estudantes sentiram em relação a esse evento. Apesar de não estar relacionado ao material acadêmico estudado, esse evento ajudou o grupo a se unir em uma comunidade de aprendizagem. Eles compartilharam algo importante em um nível profundamente pessoal, que serviu para auxiliá-los a trabalhar de forma mais próxima no processo de aprendizagem.

Final

Conforme um curso se aproxima de seu término, é importante dar tempo para a reflexão sobre o que foi aprendido e se os objetivos de aprendizagem foram alcançados. Se houver um encontro presencial final, como tivemos em nosso curso de teorias de sistemas, uma parte desse tempo pode ser dedicada à discussão desse tópico. Se não houver, é importante dedicar tempo para o encerramento *on-line*.

Frequentemente, usamos a última semana do curso para a discussão *on-line* dos objetivos de aprendizagem e uma avaliação feita pelos estudantes sobre como eles experimentaram o curso. Também publicamos *feedback* para todo o grupo sobre nossos pensamentos a respeito do curso. Pedimos aos estudantes para que nos enviem um *e-mail* avaliando o seu desempenho com a rubrica do curso e, depois, enviem mensagens de *e-mail* aos outros estudantes para lhes dar *feedback* sobre seu trabalho e sua contribuição ao curso. Como nos encontramos de forma presencial com o grupo de teorias de sistemas ao final do curso, utilizamos um pouco desse tempo para uma avaliação da experiência. Eis um exemplo de encerramento em outro curso *on-line* de mestrado:

Rena: Olá a todos e bem-vindos ao final de nosso tempo juntos neste semestre! Enquanto vocês pensam sobre o que aprenderam e adquiriram com este curso, eu gostaria de agradecê-los por sua participação entusiasmada. Todos vocês foram cuidadosos em suas respostas e fizeram um ótimo trabalho ao responder aos seus colegas. O diálogo foi bastante animado e interessante!

Leo, obrigada por ser sempre o primeiro a pensar de forma criativa, com respostas aos casos muito bem escritas. Eu aprecio sua capacidade de pensar em metáforas e sua capacidade de utilizá-las de forma adequada.

Mike, obrigada por seu senso de humor, por sua capacidade de responder aos seus colegas e sua maravilhosa capacidade de pensar criticamente e de analisar o material. Eu adorei trabalhar com você por mais um semestre!

Jane, foi um prazer conhecê-la neste semestre! Eu aprecio suas habilidades de pensamento crítico, sua afetuosidade, sua disposição para participar dos diálogos e desenvolver os pontos necessários! Seus artigos sempre foram bem escritos e provocadores – eu esperava ansiosamente para lê-los!

Liz, gostei muito de trabalhar contigo em outro contexto! Foi ótimo ver sua confiança aumentar neste semestre e ver sua disposição para oferecer outro ponto de vista que poderia não concordar com os demais. Parabéns! Não perca essa coragem!

Lynn, mais uma vez, foi um prazer trabalhar com você! Eu adoro o seu senso de humor! Você o combina com sua capacidade de pensar de maneira aprofundada e crítica e de responder de forma criativa e fundamentada ao material que discutimos.

Também quero expressar a vocês minha apreciação por todos terem persistido e renegociado o *design* do curso quando esse pareceu não funcionar. É sempre difícil para um docente assumir o curso de outra pessoa e tentar entender sua lógica de *design* e material. Agradeço a todos vocês por terem me ajudado a fazer isso!

Mike: Olá a todos. Obrigado pela avalia-ção de todos nós, Rena. Também temos os mesmos pensamentos positivos a seu respeito! A seguir, escrevo meus pensamentos finais sobre nossa experiência de aprendizagem. Obrigado mais uma vez a todos por seu compartilhamento, cuidado e *insights*! O nome do curso era Liderança Virtual, e nós realmente conseguimos vencer o desafio, não é mesmo? Acredito que o que aprendemos seguiu uma progressão natural dentro da matéria, de modo que isso abriu novas perspectivas para todos nós. No esforço para aprender como liderar em um ambiente virtual, primeiro tivemos de entender as idiossincrasias do ambiente. Revendo algumas de nossas publicações, parece que todos nós, em um ou outro momento, nos referimos a uma autorrevelação que abriu nossos olhos tanto para as similaridades como para as diferenças encontradas entre nossos ambientes de trabalho normal ou nossos ambientes virtuais... Eu aprecio a ideia de aprender a ser mais flexível e adaptável por meio da compreensão de nossos pontos fortes e da consciência de nossas fraquezas. Eu acredito que todos nós estamos bastante otimistas a respeito das relações e do nível das amizades que podem ser criadas e estimuladas dentro do ambiente virtual. Penso em nossas organizações e em como precisamos de toda a ajuda que conseguirmos para desenvolver um ambiente de trabalho mais amigável e feliz. Talvez este meio ofereça um aspecto que possa propagar a ideia de conexões e interações sociais melhoradas e aprimoradas... Muito mais do que a liderança, porém, há o aspecto de que todos nós "somos" uma parte desse ambiente e do reconhecimento de nosso "fazer" conforme participamos desse ambiente. Quero agradecer à Rena e ao grupo por mais uma grande experiência de aprendizagem!

A avaliação que Mike fez de sua experiência de aprendizagem demonstra não apenas que os objetivos de aprendizagem para este curso forma cumpridos, mas que a aprendizagem transformativa também ocorreu para ele. Outros no grupo compartilharam observações e reflexões similares, indicando que o curso foi uma experiência de aprendizagem bem-sucedida para eles e que perceberam a criação de uma comunidade de aprendizagem eficaz.

As reflexões finais compartilhadas por esse grupo de estudantes é o que esperamos ver sempre. Elas são a indicação de que o planejamento e a realização do curso foram eficazes, não apenas no encaminhamento dos estudantes em direção aos objetivos de aprendizagem, mas também em direção ao que consideramos como aprendizagem real. Elas também ilustram o que Boettcher e Conrad (2010) oferecem como destaques dessa fase: que os alunos estão indo mais fundo nos conceitos e nos recursos, apoiando-se mutuamente e refletindo sobre seus resultados pessoais no curso, identificando-os.

O final de um curso é também o momento de divulgar as notas dos estudantes, embora seja preferível que os estudantes tenham uma noção de como eles se saíram ao longo de todo o curso, por meio do fornecimento contínuo de *feedback* por parte do docente. A divulgação das notas pode ocorrer usando-se o livro de notas no sistema de gerenciamento de cursos, ou o progresso e as notas podem ser divulgados por *e-mail*. Recomendamos que ambos sejam usados, de modo que o *feedback* possa ser comunicado juntamente com a nota. Uma das práticas que usamos rotineiramente é levar os estudantes a fazer uma autoavaliação usando a rubrica para tarefas ou discussões e acrescentar seus próprios comentários a essa rubrica. Então, nós a analisamos e acrescentamos nossos próprios comentários aos deles. Um exemplo dessa prática é ilustrado pela Exposição 5.6. Independentemente de como a comunicação das notas ocorra, ela deve ser privada entre o docente e o estudante. As notas não devem ser publicadas no *site* do curso para que todos vejam.

Neste capítulo, analisamos e descrevemos, utilizando de exemplos, maneiras de se transferir um curso presencial já existente para o ambiente *on-line*. Cada vez mais, contudo, as instituições estão contratando docentes para desenvolver cursos que outros docente lecionarão, ou comprando cursos já desenvolvidos para o mesmo propósito. No próximo capítulo, examinaremos isso com mais detalhes e sugeriremos maneiras pelas quais os docentes que são encarregados de ministrar cursos que não foram desenvolvidos por eles poderem fazê-lo de maneira eficaz. Também discutiremos matrículas contínuas e abertas em cursos *on-line* e como criar comunidade e monitorar o progresso nessas circunstâncias.

Exposição 5.6 Amostra de rubrica

Critérios	Sem desempenho (0)	Básico (1)	Proficiente (2)	Distinto (3)	Comentários
Inclui e aplica os conceitos relevantes do curso, as teorias ou os materiais corretamente, com a citação de fontes quando é adequada.	Não explica os conceitos relevantes do curso, as teorias ou os materiais. Não fornece citações de fontes quando é adequado.	Resume os conceitos relevantes do curso, as teorias ou os materiais. Fornece citações adequadas às vezes.	Aplica e analisa os conceitos relevantes do curso, as teorias ou os materiais corretamente. Geralmente, fornece citações quando é adequado fazê-las.	Avalia e sintetiza os conceitos do curso, as teorias ou os materiais corretamente, usando exemplos de evidências de apoio. Consistentemente fornece citações quando é adequado fazê-las.	
Responde a pelo menos dois colegas a tempo, relacionando a discussão a conceitos relevantes do curso e fornecendo *feedback* substancial.	Não responde aos colegas.	Responde aos colegas sem relacionar a discussão aos conceitos relevantes do curso. Fornece *feedback*, mas este não é substancial. A resposta não é tempestiva. Responde a dois outros alunos.	Responde aos colegas, relacionando a discussão aos conceitos relevantes do curso. *Feedback* é substancial na maior parte das vezes. A maioria das respostas é publicada no prazo. Responde a mais do que dois outros alunos.	Responde aos colegas, relacionando a discussão aos conceitos relevantes do curso e amplia consistentemente o diálogo por meio do fornecimento de *feedback* substancial. As respostas são consistentemente publicadas no prazo. Consistentemente, responde a mais do que dois outros alunos.	
Aplica experiências profissionais, pessoais ou outras experiências reais relevantes.	Não contribui com experiências profissionais, pessoais ou outras experiências reais.	Contribui com algumas experiências profissionais, pessoais ou outras experiências reais que podem ou não se relacionar ao conteúdo do curso.	Aplica experiências profissionais, pessoais ou outras experiências reais relevantes.	Aplica experiências profissionais, pessoais ou outras experiências reais relevantes e amplia o diálogo respondendo aos exemplos dos colegas.	
Apoia o desenvolvimento de uma comunidade de aprendizagem por meio de interação colaborativa.	Não demonstra coleguismo e não colabora com os colegas.	Geralmente, apoia o desenvolvimento de uma comunidade de aprendizagem por meio da colaboração e da comunicação profissional.	Consistentemente apoia o desenvolvimento de uma comunidade de aprendizagem por meio da colaboração e do coleguismo.	Demonstra apoio consistente aos demais, trabalha para incluir todos os membros do grupo, é capaz de responder profissionalmente aos membros do grupo e demonstra capacidade consistente de fazer os demais participarem colaborativamente.	

Dicas para transformar um curso para realização *on-line* de forma bem-sucedida

- Desenvolver um perfil que seja o mais abrangente possível dos estudantes que irão se matricular no curso.
- Começar com o fim em mente; para tanto, os objetivos de aprendizagem devem ser desenvolvidos primeiro.
- Determinar o melhor encaixe entre o curso e o grau em que a tecnologia e a realização *on-line* serão utilizadas.
- Desenvolver um bom conjunto de diretrizes iniciais para criar um ambiente em que todos os participantes possam interagir.
- Incluir tarefas de aprendizagem colaborativa, oferecer possibilidades de os estudantes interagirem em um nível pessoal e fornecer outros meios de eles desenvolverem uma comunidade de aprendizagem.
- Dar aos alunos o máximo possível de controle sobre o processo de aprendizagem. Ser criativo no desenvolvimento de meios pelos quais o conteúdo possa ser oferecido sem o uso de aulas expositivas.
- Fornecer expectativas claras para o desempenho no curso, incluindo como as tarefas serão avaliadas, o grau em que a participação será avaliada, como a assiduidade será tratada e como a avaliação geral do desempenho do estudante será conduzida.
- Usar rubricas para comunicar claramente os objetivos de aprendizagem e os critérios para a atribuição de notas para cada atividade de aprendizagem no curso e incorporá-las às avaliações dos estudantes.

6
Lecionando cursos desenvolvidos por outras pessoas

Cada vez mais, docentes estão sendo solicitados a ministrar um curso que não desenvolveram ou prepararam na aprendizagem a distância *on-line*. Há várias razões para essa tendência, mas a principal é a de que as instituições estão descobrindo que criar um curso *on-line* eficiente requer mais do que apenas transferir matérias de sala de aula para ambientes *on-line*. Criar cursos *on-line* de alta qualidade que promovam a conquista de resultados de aprendizagem consome tempo e dinheiro. Além disso, as grandes instituições sabem que desenvolver cursos individualmente para cada ocasião não é um modelo sustentável conforme o número de matrículas aumenta. Algumas instituições estão oferecendo capacitação e incentivos para que docentes desenvolvam cursos. De qualquer forma, uma vez que o curso esteja desenvolvido, o docente que o elaborou pode não ser o mesmo que o ministrará.

Os docentes estão lecionando cursos elaborados por outros por várias razões:

- Um docente pode ser solicitado a desenvolver um curso para uso *on-line*, mas, em seguida, deixar a instituição. Um outro docente docente pode ser solicitado, nesse caso, a assumir o curso e a lecioná-lo da forma como foi elaborado.
- As instituições estão contratando docentes como especialistas em certos conteúdos especificamente para elaborar – mas não lecionar – cursos *on-line*. Talvez a intenção seja criar uma aparência e um tom uniformes para todos os cursos oferecidos pela instituição ou poupar dinheiro com custosos períodos de desenvolvimento de curso.
- As instituições estão comprando ou licenciando cursos de outras organizações, cuja atividade é desenvolver cursos para uso *on-line*.
- Os docentes estão optando pela utilização de livros-texto digitais, que fornecem material textual, exercícios, *quizzes*, livro de notas e a possibilidade de manter discussões em um *website* que pertence ao editor.
- Algumas instituições estão contratando organizações especializadas, algo que se denomina "soluções totais": os docentes enviam materiais a uma empresa para serem convertidos em um curso *on-line*. O curso é, então, instalado no servidor da empresa, e outros docentes da instituição acadêmica também podem utilizá-lo.

- Pode ser que exista a necessidade de oferecer múltiplas seções do mesmo curso. A fim de criar uma consistência entre cursos e trabalhar na direção dos mesmos resultados de aprendizagem, os mesmos materiais e o mesmo *design* de curso precisam ser utilizados.

Independentemente de como o curso é criado, muitos docentes agora se veem solicitados a lecioná-lo aos estudantes e, de fato, muitas das maiores instituições *on-line* estão contratando docentes apenas para fazer isso. As questões que emergem para esses professores incluem como construir uma comunidade durante o processo, como acrescentar material que eles julgam ser importante e como trabalhar com material que eles julgam ser desnecessário.

Um desenvolvimento adicional tem sido o uso de matrículas contínuas e abertas em algumas instituições. Nesse modelo, um curso permanece em andamento durante um período de tempo, geralmente em torno de seis ou mais semanas. De qualquer forma, as matrículas ocorrem mensalmente. Consequentemente, um estudante pode já ter frequentado um curso por 30 dias quando mais estudantes são agregados. Esse modelo cria desafios adicionais para a criação de uma comunidade e a oferta eficiente de material.

Neste capítulo, exploramos essas questões e fazemos sugestões concretas sobre como os docentes podem trabalhar com o material e personalizá-lo, bem como de que forma podem criar uma comunidade e incentivar a colaboração. Além disso, consideramos formas de avaliar bons materiais de curso e pacotes instrucionais. Idealmente, em tais situações, os docentes devem estar aptos a:
- Usar ou destacar o material que eles sentem ser o mais importante.
- Omitir ou desprivilegiar o material que eles sintam ser desnecessário.
- Incluir atividades colaborativas.
- Promover a interatividade e a construção de comunidade.

FOCO NO CONTEÚDO

Muitas vezes, quando uma aula *on-line* é desenvolvida por um docente que não dará o curso, o foco está no conteúdo mais do que no processo pedagógico. Nós temos apontando que o ensino *on-line* requer outra forma de pedagogia, uma que seja mais focada na facilitação de um processo colaborativo do que na oferta de conteúdo. Assim, a simples contratação de um especialista em certo conteúdo para desenvolver um curso não visará aos aspectos envolvidos no ensino *on-line*. Colocar um especialista em certo conteúdo ao lado de um *designer* instrucional, que entende os processos de ensino *on-line* e pode auxiliar no processo de desenvolvimento do curso, levantando questões que são centrais para um bom *design*, pode ajudar a mitigar o problema. Um *designer* instrucional pode afastar um especialista em uma matéria do seu foco no conteúdo ao fazer perguntas sobre como alcançar resultados de aprendizagem para o curso. Em outras palavras, que exercícios, leituras, estudos de caso e outras coisas poderiam ser úteis aos estudantes, garantindo-lhes compreensão do material estudado? Um especialista em certo conteúdo que pode ser instruído em formas de empregar o material *on-line* é mais propenso a desenvolver um curso que possa ser transferido a outro docente.

Visto que muitos docentes não recebem treinamento em ensino *on-line*, eles podem não criar um curso *on-line* com essa forma de pedagogia em mente. Além do mais, o docente receptor frequentemente não privado é familiar ao processo de pensamento e à lógica da pessoa que desenvolveu o curso. Mais ainda, o docente receptor pode não saber como oferecer um curso usando métodos apropriados ao ensino *on-line*. Porque o docente receptor também pode não ter habilidades de facilitação *on-line*, a importância de uma boa capacitação mais uma vez se apresenta.

Um de nossos ex-supervisores observou, certa vez, que um bom docente pode ensinar quase qualquer coisa se tiver uma boa preparação. Assim, um docente receptor que é experimentado em ministrar um curso *on-line* pode fazer as coisas funcionarem.

Um curso pode ser maravilhosamente construído, mas se o professor não ensina usando técnicas apropriadas à sala de aula *on-line*, a experiência do curso não será boa para ele, nem tampouco para os estudantes. Aos instrutores podem ser dados todos os recursos de que precisam para lecionar o curso, mas um resultado de sucesso vem de sua abordagem pedagógica.

Um de nós foi solicitado a dar um curso sobre competência cultural desenvolvido por um especialista no assunto com o auxílio de um *designer* instrucional. O curso conteve uma atividade de debate que abarcou três semanas de um período de 12 semanas de curso. Em vez de desenvolver a atividade do modo como ela foi concebida no fórum de discussão, a equipe de desenvolvimento sugeriu que os estudantes fossem colocados aos pares e que postassem suas respostas para o debate na caixa de tarefas e, então, "publicassem" a tarefa para que toda a turma a visse. Eles deveriam refutar o argumento de seu par da mesma forma na semana seguinte. Na terceira semana, eles deveriam escolher o argumento de outro membro da turma e refutá-lo. A abordagem levou ao caos, com os estudantes confusos não apenas pelo processo de postagem e publicação, mas por todo o processo de debate. Consequentemente, no meio do processo, a tarefa foi movida do fórum de discussão, em que os pares tinham a sua própria linha de discussão para utilizá-la com uma área adicional para a terceira fase do debate. Uma sugestão foi feita para que se reescrevesse completamente a atividade para os semestres seguintes, e assim aconteceu, pois, o que conceitualmente parecia uma boa ideia, na prática do ensino *on-line* acabou não funcionando.

CAPACIDADE DE AJUSTAR O CURSO

A reação inicial de um professor que está sendo solicitado a dar um curso que não foi preparado por ele é se perguntar "o quanto eu posso personalizar isso?". Consequentemente, a questão mais crucial na utilização de um curso criado por outro docente é a capacidade de adaptá-lo. A questão central na personalização de um curso *on-line* é saber o que está em jogo para a sua facilitação bem-sucedida e quais elementos devem ser considerados quando se está revisando ou adaptando o curso. O ajuste pode tomar a forma de adição de fóruns de discussão com o propósito de constituir uma comunidade. O professor receptor pode decidir que algum material incluído no desenvolvimento do curso não é mais necessário ou que algumas das questões discutidas não abordam adequadamente os conceitos. Ele pode, ainda, escolher adicionar mais atividades colaborativas ou mudar as tarefas sugeridas pelo curso.

Conversamos recentemente com um docente que leciona ciências e cuja instituição adquiriu um curso de ciências *on-line* que ele foi solicitado a ministrar. Sua primeira reação ao tomar conhecimento do curso foi questionar o fato de ele não prever atividades de laboratório. Assim, o primeiro ajuste que ele fez foi acrescentar experiências de laboratório, pedindo aos estudantes que conduzissem simples projetos laboratoriais em casa e que relatassem os resultados, combinassem de visitar laboratórios de ciência na universidade local para realizar alguns de seus trabalhos ou que fossem ao *campus* para completar as tarefas laboratoriais. O trabalho de laboratório que ele determinou era simples o suficiente para que os estudantes pudessem realizá-lo por si próprios, mas isso adicionou um elemento prático à aula, que auxiliou na conquista dos resultados de aprendizagem.

Inicialmente, a necessidade de ajuste pode não ser aparente ao professor receptor. Portanto, a capacidade de fazer ajustes enquanto o curso avança é também crucial para uma realização bem-sucedida. Em seguida, uma consideração importante é a flexibilidade do sistema de gerenciamento de cursos. Ele permite a inserção de tópicos originalmente não incluídos no curso? Podem os tópicos ser facilmente excluídos? O fórum de discussão pode ser modificado de qualquer forma? Os docentes que estão lecionando o curso devem também ter conhecimento suficiente do sistema, de modo a estar aptos a fazer essas mudanças ou ter uma equipe de apoio disponível que possa ajudá-los nisso. Esse tipo de flexibilidade, acompanhada pelo entendimento do sistema de gerenciamento de cursos, permite aos docentes adaptar o curso para qualquer forma que pensem ser adequada e torna mais viável a utilização do curso de outro professor.

EXEMPLOS DE PERSONALIZAÇÃO

Um de nós foi solicitado a lecionar um curso criado por outro docente quando este docente deixou a instituição duas semanas antes do começo do semestre. Os estudantes já estavam matriculados, tinham recebido cópias do programa de estudos e tinham comprado os livros. Contudo, o *site* do curso ainda não tinha sido estabelecido, o que significava que teríamos um espaço substancial para a personalização do material a ser disponibilizado. A possibilidade de adicionar material de leitura na forma de artigos de jornal e capítulos de livros também existia. Contudo, os chefes de departamento pediram que tudo o mais permanecesse o mesmo, se fosse possível, incluindo os tópicos a ser discutidos.

Em um primeiro momento, a tarefa pareceu relativamente fácil, porque a forma de realização do curso poderia ser alterada para se enquadrar no estilo de ensino do professor. Entretanto, depois de analisar as leituras indicadas, as tarefas do curso e os tópicos para discussão, o docente julgou que o curso era de alguma forma confuso e que não contemplava vários tópicos que ele teria incluído se o tivesse criado. O desafio então veio a ser como incluir leituras relevantes e tópicos sem confundir os estudantes no processo.

O *design* do curso, da forma como foi originalmente configurado, também provou ser confuso para os estudantes. Eles foram solicitados a trabalhar de forma colaborativa com um estudo de caso todas as semanas e a responder um conjunto de questões para discussão. Era oneroso ter dois tipos de tarefas colaborativas semanalmente, e os estudantes continuavam a questionar sobre qual conjunto de questões eles deveriam focar (se naquelas incluídas no estudo de caso ou se nas questões separadas de discussão baseadas em leituras), porque as questões focavam assuntos relacionados e pareciam estar estreitamente vinculadas. Por volta da terceira semana de curso, os estudantes pediram que sua estrutura fosse reconsiderada. Esse pedido dos estudantes, na realidade, surgiu como um alívio para o docente. Então, tornou-se necessário renegociar a maneira como os estudantes estavam procedendo, e a decisão final foi que eles prepariam e responderiam apenas os estudos de caso que eles mesmos desenvolvessem, cada um deles apresentando um caso por vez. Quando o ajuste foi feito, o curso transcorreu sem problemas.

Muito embora um curso criado por outra pessoa ofereça desafios, se ele é construído com a personalização em mente, e a capacitação é fornecida ao instrutor, o desafio é reduzido, e o docente pode focar em oferecer um curso mais coerente com sua forma de ensino.

QUANDO A PERSONALIZAÇÃO NÃO É POSSÍVEL

O que acontece, no entanto, quando um docente está impossibilitado de personalizar um curso em um nível significativo? Muitas vezes, uma instituição pedirá a um docente para dar o curso como ele é, ao menos da primeira vez em que ele for oferecido. A solicitação levanta algumas questões importantes: isso é uma violação da liberdade acadêmica docente? Quão frequentemente um chefe de departamento pede a um docente que leciona na modalidade presencial para dar uma aula exatamente do mesmo jeito que alguém a lecionou? Muitos docentes veem como censurável uma diretiva para que não se façam quaisquer mudanças no curso. Contudo, essa solicitação é feita frequentemente quando docentes são requisitados a lecionar *on-line*. De fato, uniformidade no *design* do curso e em sua realização é um elemento que os credenciadores buscam quando avaliam um novo programa *on-line*. Há uma lógica por trás disso: os estudantes sentem-se mais confortáveis e podem se mover mais facilmente de um curso a outro em um programa *on-line* quando os cursos proporcionam uma mesma aparência e um mesmo tom. Além disso, eles têm uma ideia melhor do que esperar em termos de carga de trabalho semanal e de conclusão de tarefas. A esperança, por certo, é a de que os docentes serão solicitados a ensinar cursos com *design* elaborado que precisam de pouca modificação. Quando este não é o caso, faculdades e universidades, muitas vezes, fornecem um meio pelo qual os docentes podem fazer solicitações para implementar pequenas alterações no curso enquanto ele estiver sendo disponibilizado e mesmo em ofertas futuras do curso.

Na verdade, alguns docentes que adentram o ensino *on-line* pela primeira vez podem se sentir aliviados em receber um curso já desenvolvido. Mesmo quando é dada a eles a permissão para personalizar, alguns deles oferecem o curso sem quaisquer revisões, ao menos da primeira vez. À medida que seu nível de conforto com o ensino *on-line* aumenta, eles tornam-se mais propensos a procurar modificações para os cursos que lecionam.

Quando a personalização de um curso não é possível, o docente pode, ainda, estar apto a ampliar o uso de fóruns de discussão ou a fazer um bom uso de multimídias ou das aplicações da *web* 2.0 para suplementar o material do curso. Ambos podem ajudar a apontar, para os estudantes, materiais que não foram inicialmente incluídos ou sugerir que eles deem pouca atenção ao material que o docente sente ser irrelevante. Um bom uso de recursos externos deve ajudar a diminuir a confusão enquanto mobiliza os estudantes para uma direção que esteja mais de acordo com a orientação do docente. Uma universidade na qual um de nós leciona encoraja tal prática semanalmente. Os docentes são encorajados a procurar material além daquele incluído no curso, tais como vídeos no YouTube, *websites* e artigos adicionais, e apresentá-los aos estudantes semanalmente, junto com sua própria interpretação do material semanal, que pode ser dada em forma de texto, áudio ou vídeo. Os estudantes, muitas vezes, expressam seu apreço por essa prática porque eles podem ver e ouvir a competência do docente, e os docentes apreciam a capacidade de demonstrar sua competência em certos conteúdos dessa forma.

Por meio da discussão do curso e de questões de sondagem, o docente deve ser capaz de instruir os estudantes a procurar recursos adicionais e a partilhar o que eles encontram com seus colegas. O professor pode escolher dar um trabalho de pesquisa ao grupo inteiro, pedindo a cada membro que focalize em uma área particular ou em certo tópico do curso, relatando aos outros em seguida. Uma outra técnica é dividir os tópicos incluídos no curso e pedir a pequenos grupos de estudantes que busquem recursos sobre um tópico e que, então, informem o que encontraram. Tarefas como essa ajudam estudantes a desenvolver suas habilidades de pesquisa, a melhorar sua capacidade de encontrar material de referência adicional e a construir uma colaboração no interior de um curso em que esta não estava presente anteriormente. Os docentes que fazem uso criativo de recursos de tecnologia têm a possibilidade de ministrar um curso de forma bem-sucedida, apesar da aparente dificuldade inicial de personalização.

CONSTRUINDO UMA COMUNIDADE NO PROCESSO

Um fator mais crítico no ensino de um curso criado por outro docente é encontrar formas de construir uma comunidade durante o processo de realização do curso. Visto que muitos cursos desenvolvidos por outro docente ou outra entidade são focados sobre o conteúdo mais do que sobre o processo, o desenvolvimento de uma comunidade de aprendizagem é muitas vezes negligenciado. Ainda assim, isso é um componente-chave na conquista efetiva de resultados de aprendizagem. Como, então, pode um docente criar uma comunidade de aprendizagem para um curso que carece disso?

Independentemente do conteúdo e do programa do curso, o docente pode continuar a usar a primeira semana para enfocar a construção de uma comunidade. Ele pode encorajar os estudantes a começar uma comunicação mútua em nível pessoal; por exemplo, levar os estudantes a publicar apresentações no início do curso pode ajudá-los a se conectar com outros membros. Temos como prática responder a cada apresentação de estudante e encontrar algo para comentar. Por exemplo, podemos dizer algo como "eu vejo que você tem um cão que você ama. Eu também tenho uma cadela e ela governa totalmente a nossa família!". O docente também pode pedir a todos os estudantes para que se engajem em dinâmicas de grupo, mesmo que essas atividades não estejam incluídas no *design* original do curso. Frequentemente, criamos um espaço social no curso em que estudantes podem partilhar informações importantes e brincadeiras, apoiando uns aos outros durante o andamento. Esse fórum vem a ser o lugar perfeito para conduzir uma dinâmica de grupo inicial ou para aplicar dinâmicas que ajudem os estudantes a se conectar de maneira contínua e a aliviar a tensão que pode aparecer durante o andamento do curso.

Uma docente entrou em contato conosco, certa vez, porque ela tinha sido solicitada a lecionar *on-line* pela primeira vez usando um *website* no qual outro docente havia disponibilizado o conteúdo do curso. Ela não tinha capacidade para criar um fórum de discussão associado ao curso ou personalizá-lo de qualquer forma. Ela decidiu, depois de falar conosco, não apenas usar o Twitter para criar discussões, mas também para criar subgrupos de estudantes, com o propósito de trabalhar de forma colaborativa com material de estudo de caso. Embora tenha achado essa abordagem complicada e um pouco primitiva, ela estava apta a criar uma abordagem mais colaborativa para o curso e recebeu um *feedback* dos estudantes de que o resultado foi bem-sucedido. Com base na sua primeira experiência, ela desde então solicitou permissão a sua instituição para fazer mudanças significativas na forma como o curso é construído, usando um sistema de gerenciamento de cursos diferente, de modo que a colaboração e a discussão pudessem ser incluídas.

AVALIANDO UM CURSO DESENVOLVIDO POR OUTRA PESSOA

Uma iniciativa importante recente foi a tentativa de criar uma lista de padrões de qualidade para comparar cursos *on-line*. Com essa finalidade, há alguns anos o Institute for Higher Education Policy (Instituto para a Política de Ensino Superior) publicou uma lista de 24 padrões para garantia de qualidade na educação *on-line* (MERISOTIS, 2000). Em seguida, em 2003, a University of Maryland Online iniciou o que é conhecido como Projeto Qualidade Importa, elaborado para criar padrões de qualidade para cursos *on-line* que poderiam ser replicados por meio de outras instituições.

Padrões de qualidade tornam-se particularmente importantes ao se decidir pela adoção de um curso desenvolvido por outra entidade, e também quando um curso é desenvolvido por um especialista em certo assunto em uma instituição acadêmica e será ministrado por um determinado número de docentes. Contudo, sozinhos os padrões não significam nada; eles devem ser concebidos no interior de um bom processo de planejamento para um programa global institucional *on-line*. Os padrões relacionados ao desenvolvimento de cursos, ensino e aprendizagem *on-line* perfazem um senso comum e refletem as práticas que temos promovido. Esses padrões, publicados por Merisotis (2000, p. 2-3), são reiterados pelo Programa Qualidade Importa:

- Os resultados de aprendizagem, e não a disponibilidade da tecnologia existente, determinam a tecnologia a ser utilizada para a oferta do conteúdo do curso.
- Os materiais instrucionais são revistos periodicamente para assegurar que eles satisfaçam padrões do programa (institucional).
- Os cursos são elaborados para requerer dos estudantes que eles próprios dediquem-se à análise, à síntese e à avaliação como parte dos seus requisitos para o curso e o programa.
- A interação do estudante com o docente e com os outros estudantes é uma característica essencial e é facilitada por meio de uma variedade de formas, incluindo discussões, atividades ou *e-mail*.

- O *feedback* dado às questões e às tarefas do aluno é construtivo e fornecido em tempo hábil.
- Os estudantes são instruídos nos métodos próprios de uma pesquisa eficaz, incluindo a avaliação da validade dos recursos.
- Os estudantes são providos com informação suplementar do curso, que esboça seus objetivos, seus conceitos e suas ideias, e os objetivos de aprendizagem para cada curso são resumidos em uma declaração clara e franca.
- A eficácia educacional do programa e o processo de ensino-aprendizagem são verificados por meio de um processo de avaliação que utiliza vários métodos e aplica padrões específicos.
- Os objetivos de aprendizagem pretendidos são revistos regularmente para assegurar clareza, utilidade e adequação.

É importante notar que todos os padrões de qualidade relacionados ao desenvolvimento do curso e a sua realização têm pouco a ver com o conteúdo. Em vez disso, as marcas de referência focalizam a construção do curso de uma forma que facilite uma boa oferta – em outras palavras, no processo de ensino e aprendizagem *on-line*. Consequentemente, enquanto instituições e docentes avaliam um curso, eles deveriam estar preocupados principalmente com quão bem o processo do curso ajudará os estudantes a atingir seus objetivos de aprendizagem. Embora tanto o conteúdo quanto o processo possam ser personalizados, se a estrutura básica do curso permite um processo de realização interativo voltado ao aluno, ela fornecerá uma fundamentação sólida sobre a qual personalizar o conteúdo. Oferecemos alguns critérios adicionais que utilizamos quando avaliamos a eficácia de cursos *on-line*, que incluem conteúdo, processo e facilitação (PALLOFF; PRATT, 2007, p. 154-155):

- O curso adequa-se ao currículo.
- O curso é focado no aluno.
- O curso é acessível.
- Conteúdo relevante está incluído.
- Atividades colaborativas, incluindo estudos de caso, trabalhos em pequenos grupos, atividades de quebra-cabeça, simulações e facilitação rotativa estão incluídos para estimular o pensamento crítico.
- O curso é interativo.
- Todos os elementos do curso estão em alinhamento e são coesos.
- Os estilos de aprendizagem e cultura são abordados por meio do uso de atividades variadas e de abordagens no que se refere ao tópico.
- Instruções claras sobre as expectativas do curso e sobre a realização de tarefas estão incluídas (PALLOFF; PRATT, 2007, p. 154-155).
- Uma carga de trabalho razoável equilibra leitura, publicação, realização de tarefas, uso de *e-mail* e similares.
- A tecnologia em uso serve a objetivos de aprendizagem.
- As páginas do curso são elaboradas com uma tela de texto e gráficos, exigindo uma rolagem limitada.
- O uso de áudio, vídeo e mídias síncronas é apropriado.
- O uso de introduções, perfis e biografias é incluído.
- Dinâmicas de grupo são incluídas no começo do curso (PALLOFF; PRATT, 2007, p. 154-155).
- Atividades baseadas em experiências e exercícios estão incluídas.
- Um espaço social é dado no curso ou tecnologias de redes de contato social estão incluídas.

- Diretrizes de comunicação claras, contendo *netiqueta*, estão incluídas.
- Expectativas claras sobre os requerimentos para publicações, linhas do tempo e tarefas são comunicados no curso.
- Perguntas abertas são usadas para estimular a discussão e encorajar a reflexão (PALLOFF; PRATT, 2007, p. 154-155).
- Atividades de avaliação alinhadas com os objetivos de aprendizagem e os conteúdos do curso são utilizadas.

QUESTÕES DE PROPRIEDADE INTELECTUAL

Quando escrevíamos a primeira edição deste livro, os docentes e as suas instituições estavam brigando por questões relacionadas à propriedade intelectual em cursos *on-line*. As questões de propriedade intelectual, ou o debate a respeito de quem possui direitos sobre cursos *on-line*, continua a receber atenção à medida que a aprendizagem *on-line* cresce. Isso é particularmente verdade quando as instituições solicitam a docentes que desenvolvam e ensinem um curso *on-line* pela primeira vez e então modificam a responsabilidade do ensino para outro membro do corpo docente, ou quando as instituições adotam cursos desenvolvidos por outras entidades que elas então modificam, a não ser que acordos claros tenham sido feitos no que se refere aos direitos de propriedade sobre o curso.

As questões de propriedade intelectual não pertencem inteiramente ao reino dos administradores e seus advogados. Os docentes também precisam estar atentos ao direito de propriedade intelectual e a como eles criam cursos para serem oferecidos *on-line*. Entre os importantes assuntos a ser tratados, estão estes:

- Há um acordo entre docente e administrador que enuncia a quem pertence o curso com base no servidor da universidade?
- Se um docente desenvolve um curso que será lecionado por outro membro da instituição, há uma estipulação de *royalties* ou o docente desenvolvedor deve ser compensado de forma adequada por sua "prestação de serviço"?
- Os docentes têm propriedade sobre os cursos que desenvolvem e podem utilizá-los de outras formas, tais como ensinando em outras instituições, colocando-os em seus próprios *websites* ou vendendo-os para entidades privadas parapara serem disponibilizados ou oferecidos em outro lugar?
- Se a instituição tem um acordo com um desenvolvedor de curso e um membro da instituição é solicitado a enviar material para ser colocado no *site* dessa empresa, o docente continua tendo propriedade sobre o material?
- Se o docente deixar a instituição, o curso que ele desenvolveu vai junto ou permanece no servidor da instituição, tornando-se propriedade dessa entidade?

Ainda não há respostas prontas e diretas para tais perguntas, que não são de forma alguma aplicáveis às aulas presenciais. A American Association of University Professors emitiu um comunicado concernente à educação a distância e à propriedade intelectual na edição da *Academe,* de Maio-Junho de 1999. A Associação observou que a educação *on-line* "[...] invariavelmente apresenta problemas administrativos, técnicos e legais que normalmente não são encontrados no ambiente tradicional de sala de aula" (AMERICAN ASSOCIATION OF UNI-

VERSITY PROFESSORS, 1999, p. 41), o que resulta em difíceis questões no tocante à propriedade de materiais elaborados para a educação a distância. Muito embora tenha sido escrito há vários anos, esse comunicado permanece verdadeiro ainda hoje.

Um estudo de 2005 (BARON et al., 2005) observou mudanças significativas em políticas e práticas relativas à propriedade intelectual aplicadas a cursos *on-line*. Todas as universidades estudadas por esses autores tinham uma política de direitos de propriedade intelectual publicada que incluía os direitos dos docentes aos seus trabalhos. Eles observaram que, embora 93% dessas políticas destacassem que os professores deveriam ter controle sobre trabalhos acadêmicos tradicionais, 71% dessas universidades listaram dispensas a essas políticas de forma específica. Muitas alegaram que essas dispensas incluíam trabalhos acadêmicos que foram criados por meio do uso substancial de recursos da universidade. Nessas circunstâncias, Baron et al. repararam que as universidades, em geral, oferecem *royalties* aos docentes pelo uso de seus trabalhos. Eles observaram, também, que uma relevante maioria das universidades alegou tratar-se de "prestação de serviços", sendo o corpo docente incumbido de produzir os materiais ou contratado especificamente para produzi-los ou, ainda, comissionado para desempenhar esse trabalho. Além dessas áreas potencialmente contenciosas, o estudo revelou algumas outras áreas em que a preocupação é crescente. Ainda que metade das universidades tenha dado controle de súmulas, testes e notas ao corpo docente, apenas 31% dessas instituições também incluíram materiais publicados no *site* do curso como parte da oferta do curso. Muitas vezes, docentes personalizam um curso acrescentando seu próprio material a ele e, com esse tipo de política acadêmica, esse material passará a pertencer à universidade. Outra preocupação é que 57% das universidades alegam, em suas políticas, que trabalham tendo por base o âmbito do emprego ou de acordo com a lei de direitos autorais para prestação de serviços. Sob esse tipo de política, qualquer coisa que o docente escreve ou cria pode ser potencialmente reclamada pela universidade como sua propriedade.

O ponto, então, é que os docentes precisam estar atentos e devem fazer as perguntas apresentadas aqui enquanto eles seguem adiante no desenvolvimento do curso, em vez de se moverem cegamente em território desconhecido. É perigoso presumir que questões de propriedade intelectual não se aplicarão ao trabalho que eles estão criando ou modificando. Consequentemente, os docentes e suas instituições precisam entrar em um acordo sobre como os cursos e os materiais adicionais serão utilizados e, o mais importante, quem tem a propriedade sobre eles.

CURSOS COM ADMISSÃO CONTÍNUA E ABERTA

Os cursos com admissão contínua e aberta são relativamente novos em aprendizagem *on-line* e podem colocar alguns desafios interessantes aos docentes e aos estudantes da mesma forma.

Geralmente, cursos de admissão contínua e aberta são cursos pré-escritos que permitem aos estudantes o ingresso a qualquer momento, frequentemente no início ou no meio do mês. Isso significa que alguns estudantes podem estar finalizando suas atividades no curso enquanto outros, no mesmo curso, estão apenas começando. Em tais situações, temos sido questionados sobre como estabelecer uma comunidade de aprendizagem ou facilitar tarefas colaborativas. Nós dois temos ministrado cursos de admissão contínua e aberta e oferecemos as seguintes sugestões com base em nossas experiências:

- Inclua uma área para apresentações ou biografias para permitir aos estudantes mais novos que entrem no curso e se apresentem, bem como para que possam conhecer os outros rapidamente.
- Elabore algum tipo de dinâmica de grupo para ajudar na integração desses novos membros. Essas dinâmicas podem ser parte do conteúdo do curso, de modo a manter o seu fluxo.
- Use os estudantes que estão mais adiantados no curso como parceiros ou mentores dos estudantes que estão apenas no início.
- Deixe as discussões de estudantes anteriores disponíveis por um determinado período de tempo. Isso dá aos estudantes mais novos uma perspectiva sobre como outros viram o material do curso. Curiosamente, temos observado os estudantes bastante animados em relação às publicações dos estudantes que os precederam; algumas vezes, eles, inclusive, se aproximam para ampliar a discussão além dos parâmetros do curso.
- Use grupos menores para trabalho colaborativo e prazos mais curtos para as tarefas, de modo a assegurar que todos os estudantes que estejam matriculados no curso ao mesmo tempo possam iniciar e completar o trabalho juntos.

Independentemente dos desafios de integrar novos membros e facilitar o desenvolvimento da comunidade e o uso de trabalho colaborativo, o gerenciamento do tempo, tanto para os estudantes quanto para o docente, pode ser um problema. Nessa situação, os instrutores docentes podem ver a si próprios como máquinas perpétuas de avaliação enquanto se esforçam para dar conta de todas as tarefas que vêm dos estudantes ativos no curso e dos membros mais novos. Também é possível que os docentes não tenham pausas muito frequentes, o que pode levá-los ao esgotamento. Se houver a opção de pular um mês no início do curso, recomendamos que os docentes tirem vantagem disso periodicamente. Ter algumas semanas sem estudantes indo e vindo em um curso é importante para ajudar os docentes a se revigorar e a se preparar para futuras ofertas do curso.

CONSIDERAÇÕES FINAIS SOBRE O ENSINO DE UM CURSO DESENVOLVIDO POR OUTRA PESSOA

Nossa discussão a respeito do uso de cursos desenvolvidos por outra entidade ou docente, junto com a discussão em torno dos cursos de admissão contínua e aberta, não pretende sugerir que essas práticas sejam inibidas, particularmente em função de terem se tornado muito difundidas, mas sim que um bom planejamento é necessário quando se está indo nessa direção. Dada a quantidade de tempo para treinamento, desenvolvimento e apoio que é necessária para criar um novo curso, o uso de cursos anteriormente desenvolvidos pode se provar algo rentável. Construir um curso *on-line* é semelhante a escrever um livro-texto e desenvolver materiais de aprendizagem associados: é um processo que toma uma quantidade enorme de tempo e de energia.

Quando cursos desenvolvidos previamente têm um *design* bem elaborado e são focados mais no processo de trabalho sobre o material do que no conteúdo, eles podem ser um modo de alta qualidade para se direcionar ao ensino *on-line*. Como com qualquer outro curso *on-line*, entretanto, o foco deve permanecer no docente e na capacitação do estudante, para que eles consigam mover-se com sucesso ao longo do curso e solucionar problemas quando surgirem. A compra de cursos não isenta a instituição de sua obrigação de fornecer uma forte infraestrutura para seu programa *on-line*.

• • •

Com esses pensamentos em mente, nós agora voltamos nossa atenção aos alunos, que devem ser o foco de todos os esforços *on-line*. No próximo capítulo, exploraremos o papel dos alunos no processo de aprendizagem *on-line*, bem como o que os alunos precisam para se tornar estudantes *on-line* bem-sucedidos.

Dicas para lecionar de forma bem-sucedida um curso desenvolvido por outra pessoa

- Avalie o material do curso para determinar sua relevância para os estudantes e fazer as modificações necessárias. Acrescente material por meio de leituras, pesquisas na internet, tarefas de laboratório, trabalhos de campo, aplicações de *web* 2.0, tecnologias de redes sociais ou quaisquer outros meios criativos usados de forma a personalizar o curso, se assim desejar.
- Se o curso original incluir pouca ou nenhuma interatividade entre os estudantes, acrescente meios pelos quais essa interatividade possa ser alcançada, por exemplo, fóruns de discussão, tarefas colaborativas, tecnologias de redes sociais, como Twitter ou Facebook, e outras formas dessas tecnologias.
- Facilite a construção de uma comunidade entre os estudantes por meio do encorajamento de interações pessoais, tais como o compartilhamento de apresentações e a criação de um espaço social, seja no *site* do curso ou com o uso da *web* 2.0 ou das redes sociais.
- Prepare-se no ensino *on-line* e peça ajuda quando for necessário. Não se coloque na posição de ter de resolver tudo sozinho.
- Quando estiver desenvolvendo um curso que provavelmente será lecionado por outro instrutor docente, pergunte sobre a propriedade intelectual e o uso contínuo do curso.
- Informe-se acerca de quem detém a propriedade sobre qualquer material suplementar que você acrescenta a um curso *on-line*.

7
Trabalhando com o aluno virtual

Para alcançar bons resultados no ambiente *on-line*, os alunos precisam ser ativos, criativos e envolvidos no processo de aprendizagem. Nipper (1989) descreveu os alunos *on-line* bem-sucedidos como "alunos barulhentos", ou alunos que estão visivelmente engajados uns com os outros e com a geração de conhecimento. Essa descrição do aluno *on-line* bem-sucedido persiste ainda hoje. Dabbagh (2007) observou que o perfil dos alunos *on-line* mudou de mais velhos, empregados, vinculados a um local, orientados às metas e intrinsecamente motivados para uma população mais diversa, que é mais jovem e orientada à tecnologia. Aslanian e Clinefelter (2012), em seu levantamento envolvendo 1.500 adultos que estavam matriculados ou que planejavam matricular-se em programas *on-line*, constataram que o estudante médio que está buscando educação superior *on-line* é branco, tem 30 anos de idade, é do sexo feminino e está trabalhando em tempo integral em um emprego que paga altos salários. Esse levantamento, entretanto, não considera os estudantes de graduação que estão fazendo disciplinas *on-line* como parte de seu programa presencial. Aslanian e Clinefelter estimam, com base em seus achados, que aproximadamente 40% dos estudantes *on-line* têm menos de 30 anos e 20% têm menos de 25.

Nossa experiência, em sintonia com os perfis demográficos da aprendizagem *on-line*, nos diz que todos os perfis já apresentados são verdadeiros: alunos *on-line* que vão de estudantes mais jovens que cresceram com tecnologia até adultos mais velhos que estão retornando à universidade e buscam a conveniência da aprendizagem *on-line*. A Illinois Online Network (2014b) fornece a seguinte lista de características do estudante *on-line* bem-sucedido:

- Aberto a compartilhar experiências de vida, de trabalho e educacionais como parte do processo de aprendizagem.
- Capaz de se comunicar por escrito.
- Automotivado e autodisciplinado.
- Com disposição para falar, caso apareçam problemas.
- Com disposição para dedicar entre quatro e 15 horas por semana e por curso.
- Capaz de atender os requisitos mínimos para o programa.
- Ciente do pensamento crítico e da tomada de decisões como parte do processo de aprendizagem.
- Com acesso ilimitado ao computador e à internet.

- Capaz de pensar bem antes de responder.
- Com a percepção de que a aprendizagem de alta qualidade pode acontecer sem que se precise frequentar uma sala de aula tradicional.

Uma dúvida comum é se os estudantes *on-line* simplesmente "nascem" com essas características ou elas podem e devem ser desenvolvidas e encorajadas por meio da participação em um curso *on-line*. Alguns estudantes que não são alunos barulhentos na sala de aula presencial florescem no ambiente *on-line*, porque encontram tempo suficiente para refletir e responder, sem ter de competir com estudantes mais extrovertidos (PRATT, 1996). No entanto, não se pode supor que os estudantes irão se envolver uns com os outros no processo de aprendizagem ou possuir todas as características da lista da Illinois Online Network; essas capacidades precisam ser ensinadas. Preparar os estudantes para entrar em cursos de aprendizagem a distância é o foco deste capítulo.

SE CONSTRUIRMOS, ELES VIRÃO

Enquanto as instituições acadêmicas entram com tudo na aprendizagem a distância *on-line*, pelo menos duas suposições importantes estão sendo feitas: que os professores saberão como lecionar no ambiente *on-line* e que os estudantes saberão, instintivamente, como gerenciar o processo de aprendizagem. Nossa experiência no ensino de cursos *on-line* e na realização de consultoria com docentes, desenvolvedores de docentes e administradores de todos os Estados Unidos e em todo o resto do mundo nos diz que isso pode não ser verdadeiro: os docentes precisam de capacitação e de auxílio ao fazer a transição para o *on-line*, e os estudantes também precisam ser ensinados a aprender nesse novo ambiente. Para se aprender por meio do uso da tecnologia, é necessário mais do que dominar um aplicativo ou se sentir confortável com o *hardware* utilizado. Os estudantes em cursos de aprendizagem *on-line* precisam ter consciência de que esse formato afeta significativamente o próprio processo de aprendizagem. Mais do que isso, eles precisam entender que, na maior parte dos casos, o processo de aprendizagem *on-line* ocorre por meio da formação de uma comunidade de aprendizagem e é reflexivo por natureza.

Os estudantes podem começar um curso *on-line* esperando ser educados por um especialista em conteúdo, exatamente como em uma sala de aula tradicional. Quando descobrem que a aprendizagem mais profunda em um curso *on-line* acontece por meio da interação com outros estudantes, eles podem ficar confusos e, às vezes, sentir-se "enganados" pelo processo. Nossa cultura tem levado os estudantes a acreditar que a educação acontece por meio do contato com o "grande sábio", como é descrito o acadêmico tradicional. No ambiente *on-line*, no entanto, o docente age como um facilitador ou como um guia acessível, permitindo que os estudantes aprendam colaborativamente uns com os outros. Para muitos estudantes, isso é uma mudança significativa para a qual eles precisam estar devidamente preparados. Além disso, embora os estudantes mais novos tenham crescido utilizando a tecnologia, eles não necessariamente possuem experiência para utilizá-la para fins de aprendizagem acadêmica. Fazer a transição dos jogos *on-line* ou da interação em redes sociais para a sala de aula é um processo que precisa de atenção. Eles precisam aprender o que significa ser um estudante *on-line* e como a aprendizagem *on-line* difere de suas experiências anteriores no uso de tecnologia.

À medida que consideramos o processo de aprendizagem colaborativa que ocorre *on-line*, surgem algumas perguntas. Como as características dos alunos *on-line* bem-sucedidos podem ser desenvolvidas? Qual é o papel dos alunos? Como os docentes facilitam cursos *on-line* para maximizar o potencial dos alunos? E como os docentes podem ensinar seus estudantes a usar o ambiente *on-line* de modo a gerar bons resultados para a aprendizagem? Exploramos cada uma dessas questões em um esforço para fornecer ideias e sugestões aos docentes, ajudando-os a trabalhar de maneira eficaz com os estudantes virtuais.

O ALUNO BEM-SUCEDIDO NA SALA DE AULA *ON-LINE*

Alguns estudantes passam para a sala de aula *on-line* de forma fácil e bem-sucedida. Outros enfrentam dificuldades. Alguns estudantes acreditam que a sala de aula *on-line* apoia mais estreitamente seu estilo de aprendizagem do que a sala de aula presencial, particularmente se eles precisam de tempo para pensar e refletir antes de responder às perguntas e às ideias. Alguns podem descobrir que se expressam melhor pela escrita do que verbalmente; alguns têm facilidade com o uso de ferramentas multimídia ou aplicativos *web* 2.0 e descobrem que elas apoiam seu processo de aprendizagem e os ajudam a demonstrar o que aprenderam. O comentário a seguir, feito por uma estudante, aborda essa questão:

> Eu [...] sou introvertida [e] sou muito mais "eloquente" por meio da palavra escrita do que pela fala. Em parte, penso que isso tem a ver com minha natureza mais reflexiva. A comunicação escrita me proporciona oportunidade para refletir, reunir meus pensamentos e responder antes que o tópico tenha mudado, como muitas vezes acontece nas comunicações presenciais. – Jane

Boa parte da pesquisa feita sobre os estudantes bem-sucedidos em programas de educação a distância sugere que os estudantes mais velhos que são atraídos por essa forma de educação compartilham certas características: eles estão buscando voluntariamente por mais educação, são motivados, têm altas expectativas e são autodisciplinados. Esses estudantes tendem a ser mais velhos do que o estudante médio e têm uma atitude mais séria em relação aos seus cursos, à educação e à aprendizagem. Aslanian e Clinefelter (2012) observam que a principal motivação para esses alunos se matricularem em cursos e programas *on-line* é o avanço na carreira. Eles são o que a maioria consideraria como estudantes não tradicionais. Constatamos, contudo, que essa descrição não deve excluir os estudantes tradicionais de graduação, particularmente porque poucos graduandos de hoje em dia podem ser verdadeiramente considerados tradicionais. As estimativas são de que apenas um quarto da população dos estudantes de graduação é constituída por jovens de 18 a 20 anos de idade que estão estudando em tempo integral e vivendo no *campus*. Os estudantes atuais são, em sua maioria, mais velhos, trabalham e precisam de cronogramas flexíveis. Eles não estão buscando, necessariamente, por oportunidades educacionais e sociais baseadas no *campus*. Consequentemente, eles trazem consigo um conjunto diferente de recursos e expectativas ao processo de aprendizagem. Ademais, muitos estudantes tradicionais de graduação estão procurando a flexibilidade da aprendizagem *on-line,* de modo que possam se envolver também em outras atividades, como trabalho, esportes ou atividades sociais, a qualquer momento.

Os estudantes *on-line* bem-sucedidos tendem a gostar da aprendizagem pela aprendizagem. Eles ficam entusiasmados com a liberdade de que desfrutam para explorar um tópico com os colegas. Esses estudantes demonstram boas habilidades de raciocínio, capacidade para trabalhar e realizar pesquisas com independência e capacidade para trabalhar com uma quantidade mínima de estrutura.

No passado, a aprendizagem *on-line* era vista como mais bem-sucedida na educação de adultos e na educação continuada. Entretanto, mais universidades estão usando esse método de ensino com todos os grupos de estudantes, independentemente da idade ou do nível de experiência educacional, e também estamos vendo uma aceitação e um desenvolvimento crescentes no setor K-12. Dabbagh (2007, p. 219) observa que

> O conceito do aluno independente, vinculado ao lugar, adulto, automotivado, com iniciativa, disciplinado e orientado às metas, que caracterizou amplamente o clássico aluno da educação a distância, agora está sendo desafiado com atividades de aprendizagem *on-line* socialmente mediadas, que tiram a ênfase da aprendizagem independente e enfatizam a interação e a colaboração social.

Nossa própria experiência com estudantes de graduação mais jovens tem nos mostrado que os estudantes desse grupo etário, que têm bom desempenho *on-line,* estão procurando por flexibilidade em suas agendas atarefadas, são mais independentes do que os estudantes de graduação médios e podem se sentir perdidos em grandes classes presenciais. A sala de aula *on-line* permite que eles se expressem de uma maneira que não é permitida na sala de aula tradicional.

Em nossa experiência, a aprendizagem *on-line* pode atrair, de forma bem-sucedida, os estudantes que não seriam considerados alunos barulhentos na sala de aula tradicional. Isso pode proporcionar uma experiência educacional que ajuda a motivar os estudantes que parecem desmotivados em outro ambiente, pois eles são mais quietos que seus colegas e menos inclinados a entrar em uma discussão na sala de aula. Também estamos descobrindo, contudo, que as habilidades de interação aprendidas no ambiente *on-line* podem ser transferidas para o ambiente presencial. Em outras palavras, uma vez que os estudantes são reconhecidos por suas contribuições ao curso, suas habilidades de pensamento e sua capacidade de interação, eles ganham autoconfiança e tendem a usar essas habilidades em outros ambientes. Liz, uma estudante que recentemente matriculou-se em um de nossos cursos, fez esta observação:

> Constatei, por meio do ambiente de aprendizagem, que mudei bastante em nível pessoal e continuo a desenvolver um outro lado meu. A confiança continua a se desenvolver dentro de mim mais explicitamente. Também porque sou introvertida, eu tendo a ser mais direta com minha equipe e meus colegas. Mesmo assim, ao me comunicar *on-line,* eu não preciso me preocupar e acabo abrandando o meu tom no trabalho. Fico menos impulsiva e tendo a pensar mais antes de falar.

A sala de aula *on-line* é capaz de proporcionar uma alternativa que pode ser bastante útil para alguns estudantes. Contudo, os estudantes não devem ser forçados a entrar na sala de aula *on-line,* porque ela não é eficaz para todos. Compreender os diferentes estilos de aprendizagem pode ajudar a ilustrar por que esse é o caso.

ABORDANDO ESTILOS DIFERENTES DE APRENDIZAGEM

Litzinger e Osif (1993) definem *estilos de aprendizagem* como as formas como as crianças e os adultos pensam e aprendem. Eles dividem os processos de raciocínio e aprendizagem na cognição, isto é, as maneiras pelas quais as pessoas adquirem conhecimento; e na conceptualização, ou seja, as maneiras pelas quais as pessoas processam informações; e a motivação, que inclui estilos de tomada de decisão, valores e preferências emocionais.

Diversos autores tentaram categorizar os vários estilos de aprendizagem que as pessoas possuem com base nos processos básicos. Provavelmente, o mais conhecido é Kolb (1984), que identificou quatro estilos de aprendizagem predominantes:
- Convergentes, que gostam de chegar a conclusões rapidamente, encontrando soluções concretas para os problemas e tomando decisões.
- Divergentes, que têm uma consciência do significado e dos valores e que gostam de fazer *brainstorming* e de imaginar soluções alternativas.
- Assimiladores, que gostam de absorver grandes quantidades de informação e construir modelos teóricos baseados nessa informação.
- Acomodadores, que são mais orientados à ação, assumem riscos e ensinam a si mesmos por meio de tentativa e erro.

Embora pareça, a partir de nossa descrição até aqui, que os acomodadores sejam mais adaptados ao ambiente de sala de aula *on-line*, a realidade é que todos os estilos de aprendizagem podem funcionar bem nesse ambiente. Kolb (1984) descreveu um ciclo de aprendizagem que começa com a própria experiência da pessoa, seguida pela observação e pela reflexão sobre essa experiência, levando à formação de conceitos abstratos e generalizações, que levam ao desenvolvimento de hipóteses a serem testadas no futuro, o que, por sua vez, conduz a novas experiências. Todo mundo desenvolve um estilo de aprendizagem que tem alguns pontos fortes e fracos. Por exemplo, uma pessoa pode iniciar novas experiências sem refletir sobre as lições que serão aprendidas a partir dessas experiências. Visto que todos os estudantes passam por esse ciclo durante o processo de aprendizagem e adotam partes dele em maior ou menor grau, todos os estilos de aprendizagem podem ser acomodados *on-line* adequadamente. Criar experiências de aprendizagem que permitam que os estudantes experimentem todas as etapas do ciclo de aprendizagem capacita-os para se desenvolver mais completamente em áreas em que possam ter deficiências e, assim, desenvolver um novo estilo de aprendizagem. A geração de conhecimento por meio da interação com os colegas, além do desenvolvimento de uma abordagem mais reflexiva à aprendizagem, já que esta é influenciada pelo uso de tecnologia, facilita esse processo. O resultado do processo é um estilo mais reflexivo, indicando que a natureza transformativa da aprendizagem *on-line* tomou conta. Assim, nós nos referimos a esse novo estilo de aprendizagem como *transformativo reflexivo.*

Para complicar ainda mais o entendimento dos estilos de aprendizagem, tem-se teorizado que as pessoas tendem a aprender, predominantemente, por meio de um de seus sentidos: eles são auditivos, visuais ou táteis (BARSCH, 1980). Os alunos auditivos tendem a reter mais o que ouvem, os alunos visuais tendem a reter mais o que veem ou leem e os alunos táteis tendem a reter mais quando usam o seu tato – ao fazerem anotações, por exemplo. Muitos artigos publicados parecem indicar que, para acomodar vários estilos de aprendizagem na sala de aula *on-line*, várias formas de tecnologia devem ser usadas, ou o mesmo conceito precisa ser ensinado de várias maneiras. Contudo, um curso *on-line* que usa tipos diferentes de tarefas e abordagens à aprendizagem pode alcançar os mesmos objetivos sem utilizar tecnologias mais complexas ou múltiplas versões da mesma atividade. Por exemplo, além de pedir aos estudantes para que leiam e se envolvam na discussão *on-line*, os docentes que usam simulações, estudos de caso, pesquisas na internet e experiências de grupo colaborativas ajudam a ampliar a experiência e acomodam vários estilos de aprendizagem. Visto que é difícil para os professores saber os estilos de aprendizagem de seus estudantes antes de o curso começar, criar um curso que é variado em suas abordagens pode ajudar a motivar todos os estudantes e a mantê-los envolvidos.

RECONHECENDO E TRABALHANDO COM AQUELES QUE NÃO OBTIVERAM SUCESSO

Devemos acreditar que todos os estudantes terão sucesso em cursos *on-line*? Embora um estudante que não seja bem--sucedido na sala de aula presencial possa se sair bem na modalidade *on-line*, é irrealista esperar que todos terão sucesso, assim como nem todos os docentes serão capazes de adaptar seu estilo de ensino para que ele seja eficaz no ambiente *on-line*. Como um instrutor determina quando um estudante não está indo bem na sala de aula *on-line*? Essa pergunta é mais difícil de ser respondida quando o docente não pode ver as indicações não verbais normalmente apontadas pelo estudante que está confuso. Entretanto, os estudantes *on-line* fornecem evidências para indicar que podem estar com problemas. Eis alguns sinais para se observar:

- *Mudanças no nível de participação.* Um estudante que participava bastante, mas que, subitamente, desaparece da discussão *on-line* por uma semana ou duas, pode estar tendo dificuldades com o curso ou com o material disponibilizado. É importante que o professor entre em contato com o aluno que se afasta por mais de uma semana para encontrar a causa disso e buscar soluções.
- *Dificuldade ao dar os primeiros passos.* Alguns estudantes simplesmente têm dificuldades para dar os primeiros passos *on-line*. O docente pode receber *e-mails* ou ligações telefônicas do estudante sobre dificuldades técnicas ou outras. O estudante pode continuar a expressar confusão com os procedimentos do curso e suas diretrizes, apesar da explicação do professor.
- *Queimar.* Quando os estudantes estão frustrados ou confusos, eles podem expressar essas emoções de maneira inadequada, fazendo ataques no *site* do curso. O docente precisa responder rapidamente a uma manifestação de raiva *on-line*, assim como o faria em uma sala de aula presencial. Retornaremos ao tópico de como lidar com comportamento inoportuno no próximo Capítulo.

- *Dominação da discussão de maneira inapropriada.* Alguns estudantes tentam dominar a discussão, orientando-a para preocupações pessoais que pouco têm a ver com o material do curso. De novo, como na sala de aula presencial, o docente deve tentar trabalhar com o estudante individualmente para redirecionar esse comportamento.

Quando os estudantes não vão bem no ambiente *on-line*, conforme evidenciado por qualquer um desses comportamentos, eles devem receber a opção de voltar para a sala de aula presencial, ou medidas proativas lhes devem ser oferecidas, como tutoria ou suporte técnico, para ajudá-los a entender melhor o que precisam fazer como alunos *on-line* ou para auxiliá-los com o curso. O desempenho deles não deve ser considerado um fracasso, mas simplesmente uma inadequação ou, talvez, uma indicação de um estilo ou de uma preferência de aprendizagem diferente. Nem todos os estudantes têm um bom desempenho *on-line* e podem precisar de estrutura e contato presencial com um docente e outros estudantes para obterem sucesso. Mais uma vez, essa abordagem dos problemas com a participação difere significativamente da maneira tradicional pelas quais essas questões podem ser resolvidas. No ambiente acadêmico tradicional, um estudante pode ser solicitado a abandonar um curso ou se transferir para uma outra seção. A flexibilidade para mover esse estudante para um ambiente de aprendizagem completamente diferente não existia até o advento da instrução *on-line*. Consequentemente, o ambiente *on-line* proporciona aos docentes novos meios para avaliar e trabalhar com as capacidades dos estudantes, suas preferências de aprendizagem e seu desempenho.

O PAPEL DO ALUNO NO PROCESSO DE APRENDIZAGEM *ON-LINE*

Uma das características da sala de aula *on-line*, e que a diferencia da aprendizagem presencial, é a necessidade de os estudantes assumirem a responsabilidade por seu processo de aprendizagem. Ao fazer isso, eles desempenham vários papéis e assumem várias funções. Todos os papéis – geração de conhecimento, colaboração e gerenciamento do processo – são bastante interligados e interdependentes.

Geração de conhecimento

Na sala de aula *on-line*, o professor atua como um guia gentil na orientação no processo educacional. Consequentemente, o aluno tem a responsabilidade de usar essa orientação de forma significativa. Garrison, Anderson e Archer (2001) observam que os estudantes em uma comunidade de aprendizagem *on-line* podem assumir, e de fato assumem, parte da função de ensino. Esses alunos são responsáveis por ir além de um resumo de leitura ou de informações contidas na matéria que está sendo estudada, a fim de analisar o material de modo crítico e apresentá-lo aos seus colegas e ao professor, de maneira que demonstrem habilidades de pensamento crítico, analíticas e de pesquisa. Assim, os alunos na sala de aula *on-line* estão desenvolvendo juntos pensamento original e percebendo o resultado de aprendizagem preferido: a construção de seu próprio conhecimento e significado. Os estudantes podem expressar seus pensamentos de forma hesitante no começo do curso, como ilustra a publicação a seguir de uma estudante, e devem se tornar mais assertivos conforme o curso avança:

> Essa tarefa me deixou perplexa e espero que vocês possam me ajudar. Eu não gostei das

leituras de Negroponte e não estou sendo capaz de ligar essas leituras a esta tarefa. Então, comecei as leituras da autora Jackie Kostner e achei os textos dela bem mais agradáveis e fáceis de associar a esta tarefa. Estou um tanto confusa porque não sei muito bem qual é a esfera da mídia virtual. Eu imagino a mídia virtual como uma forma de comunicação eletrônica por meio de computadores. Será que tenho uma percepção limitada?

Liz estava expressando, hesitantemente, uma opinião que era diferente das de seus colegas. A resposta que ela recebeu deles foi calorosa e favorável, o que a encorajou a se tornar mais confiante em suas opiniões à medida que o semestre avançou.

A publicação a seguir, que apareceu no final de outro curso, mostra o nível de assertividade que os estudantes podem alcançar. Embora possa ser difícil para alguns lerem, a publicação ilustra o nível de conforto experimentado por um estudante em uma comunidade de aprendizagem. Ele sabia, devido à interação com seus colegas, que sua publicação seria recebida com o mesmo espírito com o qual ela foi criada. Steve não publicou este material para tentar irritar seus colegas. Em vez disso, ele demonstrou uma disposição para questionar crenças há muito arraigadas e ir além do material de curso disponibilizado para analisar as informações e apresentar um ponto de vista contrário. Esta publicação não é incomum em um curso *on-line*, porque o anonimato relativo do meio de comunicação permite que os estudantes tenham liberdade para expressar aquilo que talvez não expressariam em um ambiente presencial:

> O *slogan* da NOW (National Organization for Women) para o câncer de mama é "se o câncer de mama afetasse principalmente os homens, a ênfase em pesquisas que pudessem conduzir a uma possível cura teria assumido um maior senso de urgência". Os CDC (Centers for Disease Control) relatam que houve 210.203 novos casos de câncer de mama em 2007/2008; no mesmo ano, houve 233.307 novos casos de câncer de próstata. Em 2007/2008, 40.589 mulheres e 390 homens morreram de câncer de mama. No mesmo período, 29.093 homens e 0 mulheres morreram de câncer de próstata. A American Cancer Society estimou um gasto de 872 milhões de dólares em pesquisas relacionadas ao câncer de mama e de 399 milhões em pesquisas do câncer de próstata. [Eu sinto] que o *slogan* da NOW difama os homens, acusando-os de não se importarem com as mulheres, quando, na realidade, as mulheres recebem a vasta maioria dos benefícios em nossa sociedade, especialmente em áreas importantes, como tratamento emocional e psicológico. Deem uma olhada em [nossa universidade], quem são as minorias? Qual é o grupo menos representado na psicoterapia? Se pensou nos homens, você acertou! Pense nisso!!!

Alguns alunos desempenham facilmente o papel de gerador de conhecimento, compartilhando muitos recursos com seus colegas conforme o semestre avança, juntamente com reflexão crítica sobre seus trabalhos. Um de nós teve uma aluna que desempenhou esse papel, comentando cada esboço de trabalho final publicado por seus colegas e sugerindo leituras ou recursos adicionais para cada um deles. Seus colegas ficaram extremamente gratos por suas opiniões, pedindo-as novamente ao longo do semestre.

Colaboração

Os estudantes no ambiente de aprendizagem *on-line* não devem se sentir sozinhos e isolados, mas, em vez disso, devem perceber que são parte de uma comunidade de aprendizagem que está trabalhando em conjunto para alcançar os resultados de aprendizagem e gerar conhecimento. O fracasso de muitos programas de aprendizagem *on-line* origina-se da incapacidade ou da indisposição do docente para facilitar um processo de aprendizagem colaborativa. Se o material do curso for simplesmente colocado em um *website* ou em um sistema de gerenciamento de cursos para os estudantes o acessarem com poucos meios de interação com o docente ou com os outros estudantes, o contato com professores e colegas provavelmente não ocorre-rá de maneira espontânea, e é improvável que o curso leve a melhores resultados de aprendizagem. Rovai e Barnum (2003), assim como outros pesquisadores, observaram que a interação do docente com os alunos, juntamente com o desenvolvimento de atividades de curso altamente interativas, ajuda os alunos a atingir não apenas os objetivos de aprendizagem, mas também aumenta sua percepção de terem aprendido.

No ambiente *on-line*, deve-se esperar que os estudantes trabalhem juntos para gerar níveis mais profundos de entendimento e de avaliação crítica do material em estudo. Também deve-se esperar que eles compartilhem os recursos que estão descobrindo com os outros membros do grupo. Por exemplo, um docente pode considerar a criação de um espaço no *site* do curso para hospedar o material que os estudantes estão descobrindo. Fornecer tarefas que encorajem os estudantes a buscar recursos adicionais é uma boa forma de aumentar a sua capacidade de pesquisa e o seu conhecimento sobre como usar a internet como a vasta fonte de informações que ela é. Alguma discussão ou informação sobre técnicas e habilidades de busca e pesquisa podem ser incluídas no *site* do curso para auxiliar os estudantes no processo.

Uma alegria que tivemos ao trabalhar com os docentes à medida que eles exploram o ensino *on-line* é a sua descoberta de que a sala de aula *on-line* pode ser o ambiente perfeito para encorajar a aprendizagem. A inclusão de tarefas colaborativas em um curso *on-line* ajuda a construir uma comunidade de aprendizagem e capacita a realização da meta de geração de conhecimento, além de níveis mais profundos de significado. O erro que alguns docentes cometem é incluir tarefas colaborativas demais no curso, como resultado de seu entusiasmo em relação à colaboração. Os estudantes acham que o trabalho colaborativo consome muito tempo, já que eles se esforçam para "se encontrar" de forma criativa e para negociar os papéis e as tarefas necessárias para completar esse tipo de tarefa. Consequentemente, um docente deve conceder um intervalo entre as tarefas colaborativas. Se um semestre tem 15 semanas de aulas, então um máximo de três tarefas colaborativas é suficiente. Em um trimestre de 11 semanas, pode ser que haja tempo para uma ou duas delas. E, em cursos intensivos mais curtos, de seis a oito semanas, pode haver tempo para apenas uma atividade colaborativa.

Os estudantes devem ser encorajados a usar meios criativos para se comunicar uns com os outros enquanto realizam uma tarefa colaborativa. Eles podem usar discussão síncrona, por meio do Skype ou de bate-papo, para trabalhar juntos em uma tarefa ou realizar uma sessão de perguntas e respostas com o professor. Eles podem ser encorajados a fazer uso intensivo de *e-mail*, realizar uma sessão de *whiteboard* ou ter uma área designada para o grupo no *site* do curso para suas discussões assíncronas. Os professores devem abdicar do controle sobre o processo de aprendizagem durante o período em que uma tarefa colaborativa estiver acontecendo, e não sentir que devem participar de todas as discussões. Os estudantes devem receber o poder de realizar o trabalho e relatar os resultados ao docente e ao resto da sua turma.

Além disso, os estudantes devem ser orientados e encorajados a dar *feedback* significativo uns aos outros sobre seus trabalhos. Quando a tarefa colaborativa tiver sido completada, eles devem ser encorajados a avaliar o desempenho de seus colegas de equipe e de si próprios. As avaliações devem ser compartilhadas de forma privada com o docente, de modo que os estudantes sintam-se mais confortáveis para completá-las. Geralmente, pedimos aos estudantes que nos enviem um *e-mail*, opinando sobre o seu próprio desempenho na tarefa e sobre a nota que eles sentem que merecem e fazendo uma avaliação do trabalho de cada membro da equipe e sugerindo a nota que eles dariam se fossem o docente. Levamos esse *feedback* bastante a sério, embora conservemos o poder de veto, caso suspeitemos que um membro do grupo esteja sendo tratado de forma injusta.

Outra possível maneira de alcançar a colaboração é solicitar aos estudantes que publiquem todas as tarefas escritas no *site* do curso e forneçam *feedback* mútuo sobre esse trabalho. O *feedback*, contudo, precisa ir além do "tapinha nas costas" pelo bom trabalho realizado; ele deve comentar substancialmente as ideias apresentadas e perguntar sobre quaisquer lacunas, omissões ou inconsistências. Fornecer *feedback* ajuda os estudantes a desenvolver as habilidades de pensamento crítico necessárias para se envolver de modo eficaz em seu papel de geração de conhecimento.

Uma das vantagens de se trabalhar pela internet é que os grupos de estudantes que trabalham juntos em um curso não precisam estar isolados. Eles podem participar de diálogos entre comunidades de aprendizagem. Com isso, queremos dizer que os docentes que estão lecionando cursos similares na mesma universidade ou em universidades diferentes podem encorajar e, até mesmo, facilitar a discussão entre os participantes desses cursos. Os docentes podem considerar o ensino em equipe por meio dessa abordagem. Conforme os estudantes adquirem confiança e desembaraço com sua capacidade de estudo *on-line*, seu interesse pode ser estimulado para fazer trabalho colaborativo extra. Os estudantes podem se conectar, usando a internet, com especialistas em sua área de estudo, com outras universidades e comunidades de aprendizagem ou com grupos de discussão que se formaram em torno do interesse na área sendo estudada. À medida que fazem isso, sua capacidade de usar essas habilidades enquanto trabalham em outras áreas do curso também aumenta.

Gerenciamento do processo

Os docentes nos perguntam com frequência sobre como é o papel do gerente de processo. É o papel do estudante que afasta de maneira mais significativa essa forma de aprendizagem da sala de aula presencial, e é também a parte mais difícil de ser aceita para muitos docentes. Espera-se que os estudantes, como alunos ativos, contribuam a partir de estrutura e diretrizes mínimas. Também esperamos que eles interajam entre si e assumam a responsabilidade pela direção de sua aprendizagem, assim como a formação da comunidade de aprendizagem *on-line*. Com o crescente uso de tecnologias colaborativas da *web* 2.0, essa tarefa está se tornando mais facilitada. Contudo, para que isso aconteça, o docente deve dar poder aos estudantes e, então, sair do caminho para que eles façam seus trabalhos – de modo semelhante ao de um gerente de negócios que dá poder aos seus funcionários. Todos os estudantes têm capacidade de se tornar gerentes do processo em um curso *on-line*. A realidade é que apenas um ou dois deles irá assumir esse papel. Depois que isso acontecer, os outros estudantes no grupo provavelmente irão ajudar os líderes a gerenciar o processo de aprendizagem. Fica evidente que a função de gerenciamento do processo surgiu quando um ou dois estudantes começam a responder as perguntas que seriam dirigidas ao docente e respondidas por ele.

Para lidar com o desenvolvimento do papel de gerenciamento do processo, o professor precisa deixar para trás as fronteiras de poder tradicionais que existem entre o docente e o estudante. A sala de aula *on-line* tem sido descrita como o grande equalizador – eliminando, essencialmente, as fronteiras que existem entre culturas, gêneros e idades – e também eliminando as diferenças de poder entre docentes e estudantes. Dabbagh e Bannan-Ritland (2005) observaram que os estudantes *on-line* de hoje representam uma ampla variedade de origens culturais e educacionais e que a globalização da educação tem permitido que os estudantes de todas as partes do mundo se envolvam nas atividades de aprendizagem em conjunto. Para alcançar esse estado, entretanto, os docentes devem ser capazes de abdicar de seu poder sobre o processo educacional e deixar que os alunos assumam seu papel de gerenciamento do processo. Obviamente, os docentes têm uma vantagem extra no processo, porque eles atribuem notas para o curso. Contudo, na área do gerenciamento do processo, os professores podem e devem desempenhar um papel equivalente. A publicação a seguir, feita por uma estudante, ilustra o seu entendimento do papel do gerenciamento do processo:

> Os líderes virtuais têm menos autoridade gerencial do que os líderes presenciais. Anteriormente, escrevi sobre a falta de controle enfrentada pelos líderes virtuais e como é melhor aceitar a perda do controle do que tentar lutar contra ela. Acho que os papéis nas equipes virtuais também são definidos de maneira mais flexível. A autoridade pode ser distribuída mais facilmente em uma equipe virtual. Acho que essa flexibilidade é resultado da dinâmica mais solta. Quando um líder está em uma reunião presencial, os subordinados esperam que esse líder assuma um papel autoritário em todo o processo. Em uma reunião virtual, essas expectativas são mais fracas, porque a perda do controle físico por parte do líder é um fato inequívoco. O poder do líder virtual, por assim dizer, vem da sua capacidade de manter a equipe conectada, porque isso é essencial para o sucesso da equipe. O foco nas conexões é muito mais relacionado à facilitação do que ao aspecto gerencial, acredito. Pelo menos no sentido convencional.
> Penso que esse é o motivo pelo qual os professores agem mais como facilitadores no ambiente *on-line* do que no ambiente de aprendizagem presencial. Em um ambiente presencial, os estudantes primeiramente se dirigem ao professor, e não aos seus colegas. E é difícil romper isso, por causa da localização física do professor como chefe da aula, etc. Os seminários fazem isso até certo ponto, mas o professor ainda é obviamente a autoridade. – Liane

Ao abdicarmos de nosso poder tradicional como professores, Com frequência constatamos que aprendemos tanto com os nossos estudantes em um curso *on-line* quanto eles aprendem conosco. Em um *workshop* que apresentamos recentemente, um docente declarou: "sou um especialista em minha área. O que eu poderia aprender com um estudante de graduação?". Nossa resposta foi que esperávamos que ele não estivesse falando sério. Quando os docentes participam de comunidades de aprendizagem, eles devem estar abertos à possibilidade de a aprendizagem surgir de fontes múltiplas e ser um processo para toda a vida.

Flexibilidade, abertura e disposição para abdicar do controle são características que, quando compartilhadas por docentes e estudantes, fazem a experiência de aprendizagem *on-line* ser bem-sucedida. Se todos pudermos manter uma atitude de "estamos nessa juntos", com docentes desempenhando um papel equânime na comunidade de aprendizagem que foi criada, há maior possibilidade de se criar níveis mais profundos de significado e conhecimento. Os professores, então, devem estar dispostos e ser capazes de dar poder aos estudantes para que esses assumam os papéis necessários, a fim de facilitar o sucesso educacional na sala de aula *on-line*. É provável que os papéis surjam naturalmente em um curso *on-line*. Contudo, alguns docentes, na tentativa de facilitar esse processo, podem optar por atribuí-los: cada semana pode haver um novo gerente de processo no grupo ou alguém pode ser designado para supervisionar o trabalho colaborativo em que o grupo está envolvido. Quando uma tarefa colaborativa em grupos pequenos faz parte do curso, com frequência sugerimos papéis para ajudar o grupo pequeno a realizar sua tarefa.

MAXIMIZANDO O POTENCIAL DO ESTUDANTE VIRTUAL

Mesmo quando os estudantes recebem poder para assumir os papéis necessários, eles podem não assumir suas responsabilidades, a não ser que sejam estimulados e encorajados. Além disso, alguns alunos no grupo podem assumir mais responsabilidades do que outros. Isso muitas vezes leva à frustração por parte dos alunos com a atividade colaborativa e à resistência por parte dos professores para considerá-las parte dos resultados. Os docentes devem tomar providências para atrair os estudantes que não estão inteiramente envolvidos com o curso e com os outros estudantes. Assim como um docente pode passar tempo extra com um estudante que não está respondendo bem na sala de aula presencial, ele precisa dedicar tempo adicional para motivar os alunos a se juntar ao processo de aprendizagem *on-line*. Oferecemos algumas sugestões aos docentes para maximizar o potencial de todos os alunos matriculados em um curso *on-line*. Embora essas sugestões possam parecer demoradas para os docentes, o tempo que eles gastam nelas pode ser bem empregado se isso resultar na participação ativa e no cumprimento dos objetivos de aprendizagem por parte de todos os estudantes matriculados no curso *on-line*.

Use as melhores práticas da sala de aula presencial para promover a participação *on-line*

Os docentes precisam avaliar os segredos da profissão, que lhes foram úteis para motivar estudantes na sala de aula presencial, para encontrar aqueles que também podem funcionar *on-line*. Perguntar "o que eu faria nessa situação se estivesse na sala de aula presencial?" é a melhor maneira de se fazer isso. Se, por exemplo, uma docente tem tradicionalmente estabelecido uma sessão de tutoria particular para um estudante em dificuldade, ela deve fazer o mesmo com um estudante *on-line*. A sessão pode ocorrer por meio de uma discussão *on-line* síncrona, uma teleconferência com o estudante, uma troca de *e-mails* intensiva ou uma sessão presencial, caso a distância permita. Nada deve ser deixado para o acaso simplesmente porque a docente não vê seus estudantes de forma imediata. Consequentemente, ao lecionar um curso *on-line*, os docentes precisam permanecer envolvidos de modo ativo, diagnosticar problemas quando eles ocorrem e buscar soluções para manter o curso em andamento e os estudantes motivados.

Se um estudante ausentar-se por uma semana, contate-o para entender a razão

Assim como na sala de aula presencial, a assiduidade e a presença devem contribuir para a nota em um curso *on-line*. Em uma turma presencial, a ausência de um estudante pode passar despercebida. Mas na sala de aula *on-line*, a ausência de um estudante é bastante perceptível e também possui um efeito prejudicial sobre os outros membros do grupo. Em vez de supor que a ausência de um estudante é resultado de uma falta de motivação, os docentes precisam investigar a razão para a ausência e tentar trazer o estudante de volta para a sala de aula *on-line* o mais rápido possível. Às vezes, uma breve mensagem de *e-mail* ou um telefonema podem fazer toda a diferença para os estudantes que podem estar enfrentando dificuldades com a tecnologia usada, com o material sendo estudado ou outros problemas e preocupações cotidianos, permitindo que eles ingressem novamente no processo de aprendizagem sem prejuízos significativos.

Se os estudantes têm dificuldades técnicas, ofereça suporte ou conecte-os ao suporte técnico

Os docentes precisam ter conhecimento suficiente sobre a tecnologia utilizada em um curso *on-line*, para serem capazes de responder perguntas básicas dos estudantes. É comum os estudantes apresentarem algumas dificuldades durante as primeiras semanas de um curso, uma vez que estão se acostumando com a tecnologia e sua relação com a aprendizagem.

Um docente para quem estávamos prestando consultoria enviou-nos um *e-mail* solicitando nossa ajuda porque ele não conseguiu gerar um grau satisfatório de discussão em seu curso *on-line*. Ele pediu para que nos "infiltrássemos" em sua sala de aula, para ver se poderíamos ajudá-lo a diagnosticar o problema. Ao visitarmos a sua aula, ficou imediatamente aparente que parte do problema era a tecnologia.

O docente estava usando um bom sistema de gerenciamento de cursos, mas havia construído seu curso e estava fazendo perguntas de uma maneira que os estudantes eram forçados a avançar e a recuar continuamente, a fim de ler e responder ao que estava sendo publicado. Alguns constataram que simplesmente ler o que ali estava custava a eles mais de uma hora antes que pudessem pensar a respeito ou publicar suas próprias respostas. O instrutor, nessa situação, respondeu de dois modos. Primeiro, ele modificou a forma como estava fazendo perguntas, para evitar que os estudantes tivessem de olhar em vários locais para entender o que precisavam responder; segundo, ele ficou mais familiarizado com o sistema, de modo que ele pôde instruir seus estudantes sobre as melhores maneiras de usá-lo e de otimizar seu tempo *on-line*.

Se o conflito prejudica a participação, interceda junto aos estudantes envolvidos

Discordâncias e diferenças de opinião não devem interferir na boa participação. Contudo, nada impede mais a boa participação em um curso *on-line* do que um conflito não resolvido. Assim como na sala de aula presencial, se um estudante se expressa de forma grosseira, os demais podem temer se tornar objeto da atenção negativa daquele estudante e irão parar de participar ativamente. Na sala de aula *on-line*, o medo de ser atacado provavelmente resultará em uma redução na participação e no interesse pela própria aula. A experiência que descrevemos no Capítulo 2 é um bom exemplo. Alguns estudantes "queimaram" o docente no início do processo de aprendizagem, ele foi incapaz de resolver a questão de maneira satisfatória. Consequentemente, os estudantes ficaram relutantes em interagir uns com os outros por medo de serem repreendidos e se sentiram desmotivados para participar. O resultado foi a insatisfação geral com a experiência de aprendizagem como um todo.

De novo, essa é uma situação na qual as melhores práticas devem prevalecer. Os docentes devem determinar como se sentem mais confortáveis para lidar com o conflito em sala de aula e com estudantes que estão agindo de forma indelicada. Assim como na sala de aula presencial, se a instituição oferecer assistência para a resolução de conflitos, o docente deve fazer uso desse serviço. Se tudo mais falhar, o estudante ou os estudantes envolvidos devem ser convidados a se retirar do curso, de modo que o processo de aprendizagem possa continuar para os demais. Quando isso acontecer, entretanto, é aconselhável ter uma discussão com os estudantes restantes, de maneira que eles entendam os esforços que foram feitos para melhorar a situação e por que a decisão foi tomada. Muitas vezes, uma audioconferência ou videoconferência ajudará os estudantes restantes a entender o que aconteceu e lhes permitirá expressar suas preocupações e sentimentos sobre isso.

Se falhas na segurança fizerem com que os estudantes deixem de participar, informe-os rapidamente para reestabelecer o senso de privacidade

Constatamos que, conforme os estudantes formam sua comunidade de aprendizagem *on-line*, eles criam para si mesmos um falso senso de privacidade. Como o curso está protegido por senha, eles acreditam que outras pessoas não conseguirão acessar suas discussões. Embora isso seja verdade na maior parte dos casos, há vezes em que outros estudantes conseguem invadir um curso ou que se descobre que outros estão espreitando, isto é, observando o que está acontecendo nas discussões *on-line* sem que sua presença seja descoberta. Isso ocorre porque alguém pode ter compartilhado a senha com um colega que não está matriculado no curso, permitindo que a pessoa não autorizada acesse as discussões. Isso pode prejudicar a participação dos estudantes em uma discussão *on-line*, particularmente se eles compartilharam materiais polêmicos ou de natureza pessoal. Consequentemente, todas as tentativas para manter a discussão devem ser feitas. Se uma pessoa não autorizada obtiver acesso ao *site* do curso, os estudantes devem ser notificados e novas senhas devem ser distribuídas. O docente também deve alertar a instituição imediatamente.

Os estudantes devem ser informados se haverá observadores na sala de aula e que natureza a sua presença poderá ter. Em um curso que lecionamos recentemente, a discussão se voltou para a instituição em que os estudantes estavam matriculados. Uma estudante publicou uma mensagem perguntando quem tinha acesso ao fórum de discussão, pois isso afetaria significativamente a natureza de sua participação. Quando lhe garantiram que ninguém na instituição tinha acesso à discussão, ela expressou seu alívio e sentiu que poderia manifestar livremente suas opiniões sem medo da repercussão. Se não tivesse recebido essa garantia, ou se alguém da instituição de ensino estivesse observando as aulas do curso, ela teria se sentido traída. A confiança é um elemento essencial na construção de uma comunidade de aprendizagem forte. Não deve haver surpresas no que se refere à privacidade.

Entrar na sala de aula *on-line* três ou mais vezes por semana (diariamente, se for possível!) para manter a discussão ativa

Entrar no *site* do curso com frequência possibilita que o docente fique atualizado com a discussão, bem como lhe permite lidar com quaisquer problemas e mudar a direção da discussão, caso seja necessário. Não se podem ter dúvidas quanto à importância de um nível apropriado de participação por parte do instrutor. Ao proporcionar um bom modelo de conduta, o docente demonstra o que significa a expressão "participação aceitável". Ademais, constatamos que os estudantes demonstram ansiedade caso o docente não esteja claramente presente.

Independentemente de esse modelo de educação ser centrado no estudante, os estudantes ainda buscam orientação e aprovação do docente à medida que avançam no curso. Se a orientação não estiver disponível, eles começam a ficar preocupados com o fato de que podem estar indo na direção errada. Informamos nossos estudantes no início de um curso de que pretendemos acessar o *site* diariamente. Talvez não publiquemos comentários diariamente, mas queremos que nossos alunos saibam que estamos lá. Um de nós foi contatado por um chefe de departamento após as cinco primeiras semanas de um curso de 10 semanas de duração, com um pedido para salvar esse curso, pois o professor havia entrado na primeira semana e nunca mais havia retornado. Não foram atribuídas notas para nenhuma tarefa e nenhum *feedback* foi dado aos estudantes. Foi realizado, então, um intensivo de três ou quatro dias para garantir aos estudantes de que havia um novo docente presente, que atribuiria notas a todas as tarefas e lhes forneceria *feedback*, assim como facilitaria o restante do curso. Os alunos, que estavam reclamando implacavelmente para a universidade, não só ficaram aliviados, como também se sentiram apoiados pela instituição e pelo departamento. A boa participação do professor não é apenas uma boa prática de ensino: ela também gera boa vontade em relação à instituição.

Muitas vezes, o docente pode entrar e descobrir que não há necessidade de participar de modo efetivo da discussão em andamento. Entretanto, fazer ao menos uns dois comentários por semana assegura aos estudantes de que tudo está bem e de que eles estão no caminho certo. Os comentários devem ser feitos de modo regular e consistente.

Aprender a fazer perguntas amplas que estimulem o pensamento para promover a participação

Saber como fazer perguntas boas e amplas é uma arte que pode ser desenvolvida com a prática. Há uma diferença entre uma pergunta como "nomeie e descreva três teorias de sistemas sociais que sejam aplicáveis ao desenvolvimento da comunidade" e "com qual teoria de desenvolvimento de comunidade você se identificou mais? Por quê? Como você aplicaria essa teoria à nossa comunidade?". A resposta ao primeiro tipo de pergunta simplesmente produz uma lista e exige pouca capacidade de pensamento crítico por parte dos estudantes. A segunda série de perguntas exige que os estudantes avaliem as teorias sobre as quais eles estão lendo e as apliquem no contexto em que se encontram. Ela também tem o potencial de estimular a discussão entre os estudantes à medida que eles concordam ou discordam das escolhas de seus colegas. Conforme demonstramos no Capítulo 5, os docentes que constatarem que uma discussão não está dando certo devem reavaliar a pergunta que foi feita ao iniciar a discussão e refiná-la ou fazer outra pergunta que possa servir para estimular mais discussão.

Inserir humor em suas publicações para ajudar os estudantes a se sentir bem-vindos e seguros

Embora muitos acreditem que a comunicação por texto na sala de aula *on-line* crie uma mídia fria em que poucas emoções são demonstradas, uma crescente quantidade de material indica a existência da capacidade de se comunicar emoções *on-line* (MENGES, 1996; PALLOFF; PRATT, 1999, 2007; PRATT, 1996). Além disso, os adultos tendem a aprender melhor em situações nas quais conseguem relacionar o que estão aprendendo com as coisas que acontecem em suas vidas (BROOKFIELD, 1995; KNOWLES, 1992).

Portanto, os docentes não precisam sentir que o ensino *on-line* é necessariamente sisudo. É importante criar um *site* de curso caloroso e convidativo, em que os estudantes possam se sentir confortáveis para se expressar e para relacionar o material do curso às suas vidas cotidianas. Assim como na sala de aula presencial, o humor pode adicionar afetuosidade à experiência *on-line*. Quando os estudantes sentem-se confortáveis para expressar quem eles são sem medo que isso possa não ser relevante ao curso, a probabilidade de se desenvolver uma comunidade de aprendizagem forte é maior.

Os docentes não podem ter medo de compartilhar suas experiências ao desenvolver uma comunidade de aprendizagem. Quando os estudantes são capazes de ver o docente como um ser humano real, sua disposição para explorar e introduzir novas ideias aumenta.

Publicar uma resposta de boas-vindas às apresentações dos estudantes a fim de ajudá-los a entrar no curso de forma mais bem-sucedida

Acreditamos fortemente que a maneira mais eficaz de iniciar qualquer curso é pedir que os estudantes publiquem uma apresentação juntamente com seus objetivos de aprendizagem para o curso, bem como quaisquer experiências que possam ter tido com a matéria. Também é importante, contudo, reconhecer a publicação das apresentações. Na verdade, esse é o único momento durante um curso *on-line* em que responderemos a todas as publicações dos estudantes em uma discussão.

O docente pode e deve ser o primeiro a dar as boas-vindas aos estudantes quando eles entram no curso, fornecendo mais uma vez um modelo a ser seguido pelos estudantes. Isso pode revelar novas formas pelas quais os estudantes podem se conectar entre si, considerando interesses comuns, e pode ser o primeiro passo na criação de uma comunidade de aprendizagem. Além de dar as boas-vindas aos estudantes individualmente, a maioria dos sistemas de gerenciamento de cursos permite que o docente crie e publique mensagens introdutórias. Isso pode acontecer na forma de uma breve mensagem de vídeo ou de áudio publicada no curso, ou um *link* para o *website* do instrutor, onde o material introdutório possa ser armazenado. De novo, isso convida os estudantes a participar do curso, apresentando pequenas quantidades de informação sobre ele e possibilitando que se sintam bem-vindos. O docente também deve publicar sua apresentação e currículo, como forma de apresentar a si mesmo como pessoa real, dando, assim, o primeiro passo para criar uma atmosfera afetuosa e convidativa.

ENSINANDO ESTUDANTES A APRENDER NO AMBIENTE *ON-LINE*

Na maioria dos casos, os estudantes não estão cientes das demandas que lhes serão feitas ao optarem por aprender *on-line*. Eles podem entrar em um ambiente de aprendizagem não tradicional com expectativas tradicionais, isto é, que o docente irá "ensinar" e eles irão "aprender" com o material fornecido. Eles não entendem por que o docente é menos visível no processo de aprendizagem, que o docente pode não dar aulas expositivas no sentido tradicional e que o papel deste é ser um facilitador em vez de um professor tradicional. Eles não entendem que o processo de aprendizagem *on-line* é menos estruturado do que uma sala de aula presencial e exige significativamente mais deles para que seja bem-sucedido. Todos esses conceitos devem ser transmitidos aos estudantes antes de eles embarcarem em um curso *on-line*. Muitas vezes, surgem dificuldades quando os professores e os estudantes têm expectativas diferentes e quando não se procuram esclarecer as coisas desde o princípio.

A transição para a aprendizagem *on-line* traz à tona algumas questões novas para os administradores à medida que tentam aplacar as preocupações e, até mesmo, as reclamações dos estudantes. Os estudantes entram em um curso *on-line* com a expectativa de que o curso esteja mais sintonizado com suas necessidades de aprendizagem. Isso pode significar que o curso seja mais conveniente para eles, por causa da distância ou por causa das demandas laborais e familiares. Ou pode significar que eles não gostam de turmas grandes e preferem uma maior interação entre estudantes e docentes, que a sala de aula *on-line* pode fornecer.

Muitas instituições já estão criando cursos *on-line* para ensinar os estudantes sobre aprendizagem *on-line* e obrigando-os a completar a apresentação *on-line* antes de embarcar em suas primeiras aulas. Outras estão incorporando orientações presenciais obrigatórias em programas e cursos *on-line*, embora isso acrescente um grau de inconveniência que a participação na aprendizagem *on-line* busca eliminar. Independentemente da abordagem usada, a ideia é a mesma: não podemos supor que os estudantes irão entender automaticamente a nova abordagem ao ensino e à aprendizagem que a sala de aula *on-line* exemplifica. Para perceber o potencial educacional que a sala de aula *on-line* possui e assegurar que os alunos recebam a melhor chance de exercer seu poder, devemos prestar atenção em como ensinamos nossos professores a ensinar e como ensinamos nossos alunos a aprender quando o ensino e a aprendizagem são virtuais.

Como com a capacitação de docentes *on-line*, a capacitação de estudantes *on-line* lhes permite experimentar esse tipo de aprendizagem antes de fazerem um curso. Mas, independentemente dos meios pelos quais a capacitação é conduzida, os tópicos a seguir devem ser inclusos em uma orientação de estudantes para a aprendizagem *on-line*:

- Os princípios básicos para se entrar no *site* do curso, acessar e navegar, publicar durante as discussões e entregar as tarefas.
- O que é ne*cess*ário para se tornar um aluno *on-line* bem-sucedido, incluindo tempo exigido e gerenciamento de tempo.
- As diferenças entre os cursos *on-line* e presenciais, incluindo o papel do docente e os papéis dos estudantes, assim como as expectativas em relação a como os estudantes serão avaliados.
- Como se dá a interação entre o docente e o estudante e entre os estudantes.
- Como dar *feedback*.
- O que são consideradas interação e comunicação apropriadas, incluindo as regras de *netiqueta* e meios apropriados para lidar com conflitos e reclamações.
- Como conseguir ajuda quando for necessário.

Fornecer um curso de orientação *on-line* pode não resolver todos os problemas dos estudantes conforme realizam a transição para a sala de aula nesse ambiente. Mas, certamente, pode lhes proporcionar um bom começo e um entendimento mais claro do tipo de experiência educacional que eles estão prestes a vivenciar.

RESPEITANDO A PROPRIEDADE INTELECTUAL DOS ESTUDANTES

No Capítulo anterior, discutimos as questões de propriedade intelectual relacionadas aos docentes. Quanto aos estudantes, não apenas é importante educá-los sobre propriedade intelectual, uso legítimo, direitos autorais e plágio, tal como discutimos no Capítulo 4, como também é importante praticar o que pregamos, respeitando os direitos de propriedade intelectual dos estudantes.

Os docentes estão pesquisando e escrevendo cada vez mais sobre a sala de aula *on-line* ou usando suas experiências no ensino *on-line* como parte de sua própria pesquisa. Nosso próprio trabalho é um exemplo, já que incorporamos e incluímos fragmentos de publicações feitas por estudantes para ilustrar os pontos que estamos abordando. Pedimos explicitamente aos estudantes sua permissão para que possamos incluir seus trabalhos em nossos textos; eliminamos quaisquer informações que possam ligar nosso trabalho a eles, atribuindo-lhes nomes fictícios. Constatamos que nossos alunos são bastante generosos ao nos permitir usar seus trabalhos como parte do nosso. Outros docentes não têm tido tanta sorte para obter o consentimento de estudantes para que participem de suas pesquisas de alguma forma. A fim de lidar melhor com essa questão, algumas instituições estão pedindo para que os estudantes autorizem, já em sua admissão em um curso ou programa *on-line*, o arquivamento dos cursos com suas respectivas contribuições, além de autorizar que essas contribuições possam ser usadas em pesquisas após o término do curso. O tipo de pesquisa que pode vir a ser conduzida é descrita, e os estudantes podem se recusar a participar. Apesar de considerarmos isso como uma boa prática, pode ser que não proteja inteiramente a instituição ou os seus estudantes. Prestamos uma consultoria recentemente em uma instituição que formou muitos estudantes que mais tarde entraram no mundo da política. Visto que as publicações em um curso *on-line* arquivado podem ser acessadas mais tarde e voltar para assombrar esses ex-alunos que estão agora publicamente expostos, a instituição optou por fazer pouco uso dos fóruns de discussão e não arquivar seus cursos. Obviamente, a privacidade e a confidencialidade dos estudantes precisam ser protegidas; pedir o consentimento expresso para arquivar seus materiais ou participar de pesquisas do docente ou da instituição serve para proteger seus direitos.

• • •

Neste capítulo, nós analisamos o que consideramos ser boas práticas na condução de ensino *on-line* focado no aluno. Considerando a natureza colaborativa desse trabalho, agora nos voltamos para a dinâmica dos grupos *on-line* e sugerimos maneiras para trabalhar com eles de modo eficaz.

Dicas para trabalhar de forma bem-sucedida com o estudante virtual

- Não pressuponha que os estudantes saberão automaticamente como aprender *on-line*. Dê as boas-vindas quando eles iniciarem nessa nova experiência de aprendizagem e crie um ambiente afetuoso e atencioso, no qual eles possam aprender.
- Proporcione alguma forma de orientação aos alunos à medida que eles embarcam em uma experiência de aprendizagem *on-line*. Se a instituição não oferece um curso de orientação para os estudantes, um docente pode incluir algumas dicas e diretrizes para o sucesso no *site* do curso.
- Construa um curso que seja variado e aborde diferentes estilos de aprendizagem. Isso não significa a utilização de formas complexas de tecnologia; pelo contrário, isso significa a execução de *designs* de tarefas e de abordagens que exijam tanto a ação quanto a reflexão.
- Encoraje e conceda poder aos estudantes para que eles se responsabilizem pelo processo de aprendizagem. Forneça a eles tarefas que lhes permitam explorar, pesquisar e trabalhar colaborativamente.
- Preste atenção nas mudanças nos níveis de participação dos estudantes e aborde-os imediatamente.
- Marque presença e responda às necessidades e às preocupações dos alunos. O professor deve empregar um nível equilibrado de participação, de modo que os estudantes saibam que ele está presente.

8
Dinâmica da sala de aula *on-line*

Como trabalhamos com docentes em ensino *on-line*, somos frequentemente perguntados sobre o porquê de alguns grupos em salas de aula *on-line* florescerem e outros não. Apesar das melhores tentativas dos instrutores no que se refere ao desenvolvimento de comunidade, os estudantes parecem jamais atingir um ritmo adequado uns com os outros ou com o docente. O mesmo deve ser dito, claro, sobre as aulas presenciais. A resposta repousa na dinâmica da sala de aula e, mais especificamente, na dinâmica de grupos. Com um conhecimento cada vez maior da dinâmica de grupos *on-line*, os professores podem ajustar suas estratégias mais facilmente para lidar com problemas como estudantes difíceis ou pouca participação. Felizmente, essa tem se tornado uma área de crescente preocupação e estudo (BECKER, 2003; BELL; KOZLOWSKI, 2002; CHOON-LING; BERNARD; KWOK-KEE, 2002; HOLTON, 2001; POTTER; BALTHAZARD, 2002).

Evidentemente, uma sala de aula, presencial ou *on-line*, não deveria ser vista como um fórum para terapia de grupo. No entanto, a necessidade de desenvolver uma equipe forte, focada no aprendizado colaborativo e na realização de tarefas de forma conjunta, traz a necessidade de compreender o desenvolvimento da equipe ou grupo. O conhecimento de dinâmica de grupos por parte de um docente talvez não seja importante quando ele ensina uma matéria como contabilidade em sala de aula presencial, a menos que o trabalho de pequenos grupos colaborativos esteja sendo usado como técnica de aprendizagem. No ambiente *on-line*, contudo, onde muito do trabalho é colaborativo, a observação e o conhecimento da dinâmica de grupos se tornam mais cruciais, mesmo em cursos de contabilidade e ciências. O estudo de Becker (2003) sobre trabalho de grupo em um curso *on-line* concluiu que o entendimento da dinâmica de grupos por parte do docente não é apenas importante, mas também essencial. Esse entendimento permite ao grupo se desenvolver sem intervenções desnecessárias ou potencialmente prejudiciais por parte do docente.

Neste capítulo, enfocamos a natureza dos grupos *on-line*, examinando teorias de formação e desenvolvimento de grupos e como elas se aplicam quando o grupo é virtual. Consideramos questões de formação, estágios e o processo de desenvolvimento de grupos, assim como questões de liderança. Ao fazê-lo, rememoramos a importância de trabalhar com conflitos quando eles aparecem. Além disso, exploramos o porquê de alguns grupos em salas de aula virtuais funcionarem e outros não. Nós também discutimos estratégias para trabalharmos com estudantes difíceis em um ambiente *on-line*.

DINÂMICA DE GRUPOS E DINÂMICA DA SALA DE AULA *ON-LINE*

Até recentemente, a literatura sobre desenvolvimento de grupos focalizou a teoria do estágio. A mais aceita entre as teorias do estágio é a proposta por Tuckman e Jensen (1977). A teoria do estágio sugere que os grupos percorrem cinco estágios distintos em uma forma relativamente linear: formação, sublevação, normatização, execução e suspensão. Temos visto todos os nossos grupos *on-line* percorrerem os estágios que Tuckman e Jensen descrevem, embora não exatamente naquela ordem. No estágio de formação, frequentemente, grupos em sala de aula *on-line* discutem as diretrizes para a aula, especialmente se o docente os encoraja a fazê-lo. Isso pode ou não levar ao estágio de sublevação, também conhecido como estágio de conflito. Acreditamos que conflitos surgem em pontos variáveis do desenvolvimento do grupo e não é incomum que ocorra quase que imediatamente. Um de nós teve uma experiência com um grupo *on-line* que entrou em um conflito acalorado na segunda semana de aula porque dois membros sentiram que as expectativas para a conclusão do curso não estavam claras. Em outros cursos, os conflitos ocorreram mais tarde no desenvolvimento do grupo, uma vez que os membros estavam se sentindo mais confortáveis uns com os outros. Todos os nossos grupos executaram atividades em um grau maior ou menor ao longo do curso. O estágio de suspensão no desenvolvimento de um grupo *on-line* também não é distinto. Percebemos que algumas aulas terminam sem nenhum cumprimento formal de despedida e, especialmente se os membros do grupo vão interagir uns com os outros em outras classes, sejam presenciais ou *on-line*, a interação do grupo continua, em essência, "reformando-se" para se adequar a outras circunstâncias.

Nossa experiência, então, está mais alinhada com um trabalho focado na integração da teoria de sistemas para o desenvolvimento de grupo, que começou a questionar a natureza linear do modelo de Tuckman e Jensen. McClure (2004) propõe um modelo de sete estágios para o desenvolvimento de grupo: pré-formação, unidade, desunião, conflito-confronto, desarmonia, harmonia e execução. Ele organiza esses estágios em um modelo de declínio em direção ao conflito e então uma ascensão a partir do conflito com pré-formação, unidade e desunião como estágios descendentes; conflito-confronto como ápice do desenvolvimento do grupo; e desarmonia, harmonia e execução como estágios de ascensão.

> Em pequenos grupos os indivíduos se juntam, criam um propósito e forjam uma identidade coletiva. Inicialmente nesse processo, a individualidade é limitada a formas de identidade de grupo. O declínio representa o processo de forjamento coletivo. O vértice descreve o estágio crucial do conflito. Esse é o momento decisivo nos grupos no qual a responsabilidade é transferida do líder para os membros. Uma vez que um forte vínculo é estabelecido, responsabilidades são assumidas e uma identidade de grupo emerge, a individualidade pode ser reivindicada, afirmada e expressada. A ascensão significa aquele processo de reivindicação. (MCCLURE, 2004, p. 39).

McClure vê o desenvolvimento do grupo como caótico e auto-organizado. Portanto, o movimento entre estágios não é linear. A fim de se ir de um estágio para o outro, ele propõe que o grupo entre em uma fase caótica que resulte em um acordo – em termos verbais e não verbais – feito pela maioria para se ir para a próxima fase de desenvolvimento. Ele não aborda a fase de encerramento do grupo, porque ele acredita que a maioria dos grupos raramente negociam todos os estágios de ascensão de forma bem-sucedida. Em vez disso, ele propõe que os grupos movem-se em idas e vindas, entre harmonia e desarmonia, raramente alcançando um verdadeiro estágio de execução.

McClure também propõe que os grupos experimentam seis questões instigantes enquanto eles avançam pelas fases de desenvolvimento: segurança, associação, dependência, independência, intimidade e tomada de risco. Como com os estágios, eles podem não experimentar as questões de forma ordenada. A Figura 8.1 ilustra a relação de estágios e questões.

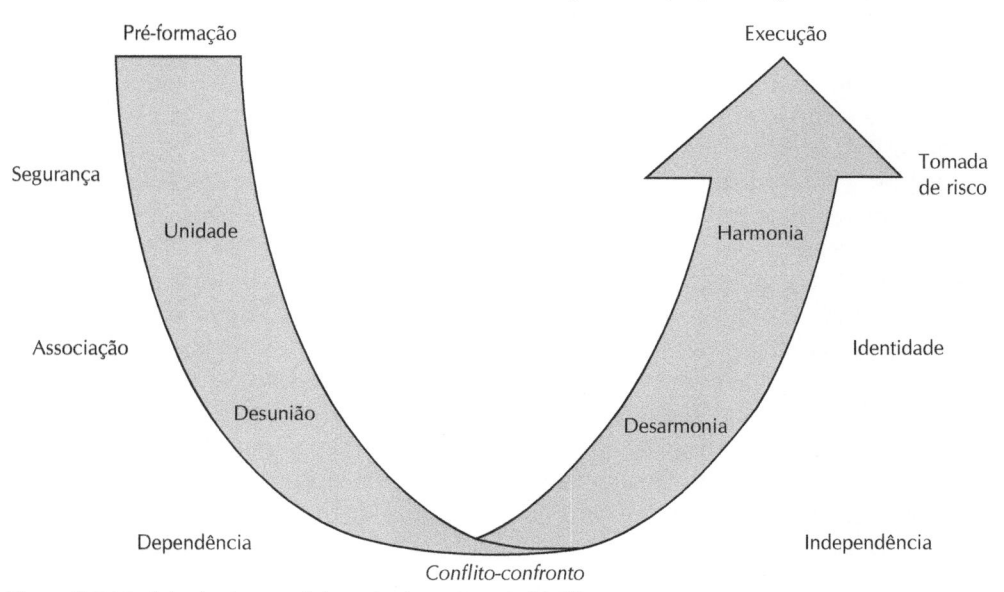

Figura 8.1 Modelo de desenvolvimento de grupos de McClure.
Fonte: Adaptada de McClure (2004).

Certamente, temos visto todas as questões instigantes emergirem em grupos de sala de aula *on-line* e acreditamos que elas influenciam no desenvolvimento de uma boa comunidade de aprendizagem. Elas emergem das seguintes maneiras:
- Para se sentir confortáveis em participar de aulas *on-line*, os estudantes precisam se sentir seguros. A responsabilidade dos docentes é criar um ambiente seguro, fornecendo diretrizes e expectativas que criem uma estrutura para o curso e encorajando os estudantes a se expressar da forma como acharem apropriado no interior da estrutura. Além disso, o fato de que a maioria dos cursos *on-line* é protegida por senhas oferece uma sensação de privacidade que ajuda os estudantes a se sentir seguros

- com suas publicações, já que elas não serão lidas por ninguém fora da turma.
- A associação é a chave para o desenvolvimento de uma comunidade de aprendizagem. Os estudantes precisam sentir que fazem parte de algo maior do que eles mesmos, como um grupo que está comprometido em trabalhar junto para atingir um resultado.
- A dependência mútua é um importante subproduto da associação. Para sustentar a comunidade de aprendizagem, os estudantes precisam sentir que podem depender dos outros para manter a sua parte do acordo, por assim dizer. Eles precisam saber que podem contar com seus colegas para lhes fornecer um *feedback* em tempo hábil, contribuir com discussões *on-line* e fazer o trabalho que se espera deles.
- A dependência mútua não deve ser algo oneroso. Os alunos em um grupo *on-line* precisam sentir que podem manter sentimentos e pensamentos independentes. Os professores devem estar atentos ao pensamento homogêneo de grupo – quando os estudantes parecem se sentir pressionados a expressar as mesmas opiniões dos colegas – e intervir se isso ocorrer, movendo a discussão de volta para o lugar que valoriza o pensamento independente.
- Muitos docentes têm comentado sobre o nível de intimidade que grupos em salas de aula *on-line* podem atingir e de fato atingem. O relativo anonimato envolvido no trabalho *on-line* parece deixar os estudantes livres para expressar pensamentos que eles provavelmente não expressariam face a face. Consequentemente, não é incomum ver membros de grupos *on-line* compartilhando detalhes das suas vidas pessoais. Além disso, os estudantes em cursos *on-line* tendem a formar laços estreitos uns com os outros que frequentemente se estendem para além da sala de aula. Uma forma de a proximidade ser expressa é quando alunos que estão geograficamente dispersos se visitam para encontros sociais. Também não é incomum ver conversas sobre encontros ocorrendo na área social do local do curso.
- Por causa do senso de proximidade que os membros nutrem uns em relação aos outros, eles acabam facilmente assumindo riscos e expressando ideias que podem ser controvertidas ou um tanto politicamente incorretas, porque eles têm uma percepção de que não serão rejeitados pelo grupo. A publicação de Steve sobre a pesquisa do câncer de mama, apresentada no Capítulo anterior, é um exemplo de publicação que pode ser vista por um docente quando estudantes estão comprometidos com um comportamento de tomada de risco. O comportamento de tomada de risco também deve tomar a forma de uma confrontação com um membro que não está participando ou que "queimou" outro membro do grupo. Tendemos a ver um comportamento de assumir riscos crescer à medida que as aulas progridem.
- Uma das desvantagens do senso de relativo anonimato é que os estudantes podem se sentir livres para dizer coisas que deixam outros chateados, com pouca consciência de que isso ocorre. Esse comportamento pode, evidentemente, levar à "queimada" e ao conflito, de forma que ele precisa ser cuidadosamente monitorado pelo docente e detido antes que fuja ao controle.

Em função do modelo de McClure ter sido desenvolvido no trabalho com grupos presenciais, isso levanta algumas questões. Como um modelo como o dele se aplica a grupos *on-line*? Os parágrafos precedentes descrevem como as seis questões instigantes de McClure podem emergir. Contudo, será que todos os grupos com que trabalhamos em aulas *on-line* experimentam as seis questões instigantes? Quando e como essas questões ocorrem? Como podem ser tratadas e enfrentadas? A Figura 8.2 ilustra como essas questões podem ser enfrentadas ou como surgem em um curso *on-line*. Para explorar essas questões e ganhar maior entendimento do modelo de McClure, olhamos em seguida para o desenvolvimento de um grupo *on-line*.

Tarefas de segurança:
Atividades da "Semana Zero"
Introduções de postagem
Estabelecer diretrizes
Negociar carta de princípios de grupo
Começar discussões de curso
Criar um ambiente seguro e protegido

Tarefas de associação:
Estabelecer uma comunidade de aprendizagem, começando discussões colaborativas, realizando sessões de sala de aula virtual, teleconferências, e assim por diante

Tarefas de dependência:
Assegurar que todos estejam participando
Envolver o grupo na colaboração

Tarefas de tomada de risco:
Enfrentar divergências
Confrontar a não participação

Tarefas de intimidade:
Encorajar o uso de espaço social para dividir as vidas pessoais
Continuar a colaboração produtiva

Tarefas de independência:
Encorajar o pensamento independente e a discordância
Intervir se o pensamento homogêneo de grupo ocorrer

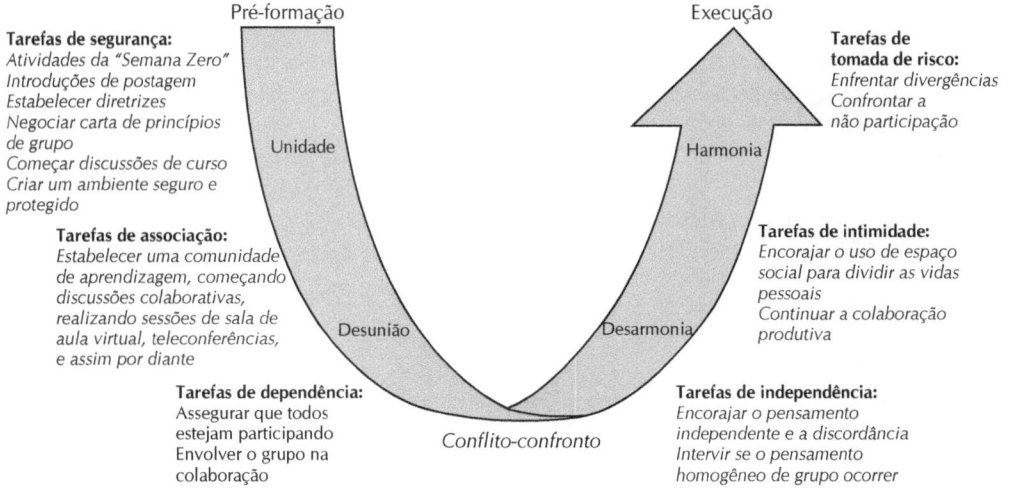

Pré-formação → Unidade → Desunião → Conflito-confronto → Desarmonia → Harmonia → Execução

Figura 8.2 Modelo aplicado aos cursos *on-line* de McClure.
Fonte: Adaptada de McClure (2004).

APLICANDO O QUE NÓS ENTENDEMOS SOBRE GRUPOS PARA AULAS *ON-LINE*

Esta seção descreve um grupo de estudantes em uma aula *on-line*. Vemos seu desenvolvimento como um grupo usando os estágios propostos no modelo de McClure e fornecemos exemplos para ilustrar seu movimento ao longo de cada estágio.

Pré-formação

Muitos dos estudantes que estão entrando nessa aula nunca se encontraram previamente, e o docente jamais encontrou qualquer um dos estudantes face a face antes do início do curso, que foi completamente realizado *on-line*. Todos os estudantes haviam tido no mínimo uma aula *on-line* previamente. O curso *A procura pela alma e espírito no local de trabalho* era uma disciplina eletiva. Os estudantes foram atraídos para o curso em função de seu interesse pelo assunto abordado. Coincidentemente, o docente estava trabalhando com dois dos estudantes simultaneamente em outro curso. O curso começou com a publicação de apresentações e de objetivos de aprendizagem, juntamente com as diretrizes para a comunicação. Tudo isso foi feito para atender à necessidade de segurança, assim como para facilitar as conexões entre os estudantes. O docente respondeu a cada apresentação, dando boas-vindas aos estudantes. Seguindo a orientação do docente, os estudantes começaram a responder uns aos outros, conectando-se com os elementos das apresentações publicadas. Aqui estão alguns exemplos dos tipos de conexão que começaram a ocorrer no início do curso e que ilustram as formas nas quais o estágio de pré-formação ocorre:

> Olá, Sofia,
> Agradeço por sua apresentação. Parece que você está envolvida em alguns projetos muito criativos e inovadores. Eu estou interessada em ler seu artigo a respeito dos aspectos comuns a todas as religiões. O poder dos escritos religiosos, penso eu, vem de fato das histórias, exemplos e metáforas. Avise-me quando e onde ele estará disponível. É interessante como cada membro desse grupo expressou uma saborosa curiosidade a respeito do espírito e da alma. Isso deve resultar em um grande diálogo. E espero que isso ajude você na sua busca ao longo da estrada da vida. Obrigada por sua apresentação...
> Cuide-se, Karen.

> Olá, Sofia,
> Estou feliz que você tenha retornado para a apresentação! Nós temos ao menos três coisas em comum: o Meio-Oeste (Kansas, no meu caso), um interesse em San Diego (você está aí, e eu gostaria de estar) e uma suspeita saudável de ambientes de trabalho que tentam seduzir as pessoas a comprar a ilusão de que tudo de que elas precisam como indivíduos pode vir da experiência do trabalho. Espero poder conversar mais vezes com você! – Laurie

Unidade

Como parte da elaboração do curso, os estudantes foram solicitados a assumir a responsabilidade de facilitar uma semana de discussão do curso, com base em seus interesses, seja no tópico para a semana, seja em alguma das leituras solicitadas. O grupo conseguiu completar essa tarefa com poucas dificuldades.

Em seguida às negociações, uma discussão animada e ativa acerca do material do curso começou. A seguir, estão alguns trechos da discussão desde a primeira semana de aula, ilustrando os esforços do grupo de se juntar para alcançar seus objetivos de aprendizagem e para se associar mutuamente. O diálogo é propício e profissional, expressando ligeira discordância, mas evitando quaisquer áreas de controvérsia. A evasão do conflito ou controvérsia é típica de um grupo na fase de unidade do desenvolvimento.

> Obrigada, Peter, por iniciar. Eu concordo com o que você nos trouxe para consideração. Eu gostei especialmente quando você disse: "Eu penso que uma forma de as organizações ajudarem seus empregados a trazer suas almas e espíritos para o local de trabalho seria começar a examinar o que é suficiente e relaxar algumas das pressões incessantes que parecem permear os locais de trabalho hoje". Eu penso que este é um grande salto, no entanto... Você está certo quando diz: "Seria uma estratégia mais razoável para os empregados, você e eu, começarem a fazer esse questionamento em suas próprias vidas. Uma vez que tenhamos o suficiente, nós somos livres para escolher se nós trabalharemos aquelas horas extras ou não. Isso realmente liberta você do seu trabalho; isso proporciona o espaço necessário para restaurar o equilíbrio em sua vida – o espaço necessário para cultivar seu corpo, mente e espírito" – Sharon

> Peter:
> Eu penso que você colocou uma importante questão: "por que todo mundo se sente compelido a trabalhar tão duro em sua

profissão?". Talvez esse seja o tipo de cultura que as organizações têm alimentado e encorajado? Por um período de tempo isso se torna uma expectativa explícita ou implícita. As pessoas entram nessa linha de pensamento e passam a considerar longas horas de trabalho um comportamento normal. Felizmente, há pessoas que são mais reflexivas e conscientes da necessidade de equilíbrio e harmonia; pessoal e profissionalmente. As pessoas estão, de fato, procurando por algo mais significativo. Sinto que as pessoas têm mais perguntas a respeito desses assuntos do que respostas. Eu não estou certa de que as respostas sejam tão simples como tirar mais férias ou ter mais tempo de folga. Obrigada por sua apresentação. – Karen

Desunião

Esse grupo mostrou grande interesse nos tópicos discutidos e mostrou-se ativamente engajado nas conversas semanais, excedendo em muito as publicações de duas vezes por semana requeridas. Uma participante tinha a tendência de apresentar opiniões divergentes do resto, mas se sentiu confortável quando as expressou, sendo que, pela segunda ou terceira semana de curso, ela não tinha nenhuma dificuldade em entrar em desacordo com os outros membros. O comportamento de assumir riscos e de discordar do instrutor e dos outros, com nenhuma repercussão aparente, criou uma atmosfera de segurança que permitiu ao grupo entrar na primeira das fases de conflito: desunião.

As contribuições de Sofia nunca deixaram de ser reconhecidas. Nessa fase do desenvolvimento do grupo, toda vez que ela postava uma mensagem, tais como a que se segue, um membro do grupo apoiava a sua vontade de falar sem contradizer as suas opiniões. Isso também ilustra a questão da dependência: para se sentir confortáveis ao entrar em desunião com opiniões divergentes, os estudantes precisavam sentir alguma dependência dos outros. A dependência tomou a forma da expectativa por um *feedback* e por publicações críticas. Sem isso, o grupo não estaria apto a avançar em sua exploração do conteúdo:

Sofia:
Sharon... Eu adoro essa interação e esses desafios aos meus pensamentos. Eu comentei cada uma das observações de vocês:
"Quantas vezes ouvimos alguém dizer 'eu tenho o melhor emprego do mundo porque eu faço aquilo de que mais gosto' e nós pensamos 'nossa, essas pessoas são realmente sortudas?'." Eu nunca digo isso. Eu nunca ficaria (nunca diga nunca, no entanto) em um trabalho que eu não amasse completamente. A vida é preciosa para mim, cada momento conta. Não há absolutamente nenhuma razão para fazer algo que seja menos que aquilo que amo. Mas, sim, várias outras pessoas realmente se sentem desse jeito. Eu creio que esse seja um efeito decorrente do fato de eles não seguirem a sua verdade ou, o que é mais frequente, de não saberem qual é a sua verdade. ("verdade" é usada por mim muitas vezes no mesmo sentido de espírito – como aqui.) E se "o que eles são" não é algo de que eles costumam se alimentar, vestir e ou com que abrigam suas famílias? Se você faz aquilo que ama, viva a sua verdade 100% e o resto virá. Quantas vezes as pessoas finalmente saem da zona de conforto, dizem um basta e entendem que elas estão 500% melhor do que estavam antes. Ninguém disse que isso é fácil – mas realmente funciona! Eu tento viver a minha verdade, eu amo o que eu faço, eu acordo mais feliz do que no dia anterior todos os dias e eu diria que estou indo muito bem em todos os aspectos da minha vida até agora... Associados à minha experiência com isso – as coisas funcionam para mim e isso é tudo o que posso dizer. – Sofia.

Laurie: Obrigada por se manifestar, Sofia... isso é algo que eu poderia ter feito mais durante todos os meus cursos. Em resposta ao seu ponto sobre não ser responsabilidade das organizações trazer espírito ou alma para o local de trabalho, mas é responsabilidade delas permitir isso, acho que eu concordo. Eu também penso que é responsabilidade das organizações não sufocar ou destruir isso. Talvez isso signifique que exista um aspecto de omissão e de delegação nisso. O que você acha? Eu também concordo com a sua ideia de que você pode ou não saber que uma organização vive a sua verdade, embora eu não pense que você pode ver isso tão facilmente a partir do lado de fora (e quando você está do lado de dentro pode ser muito tarde!). Penso que, como em sua descrição, a organização é disfuncional porque não tem integridade consigo mesma. – Laurie.

Conflito-Confronto

Diferente de outros grupos com que trabalhamos, esse grupo nunca experimentou uma fase de forte confrontação. Eles continuaram a discordar uns dos outros e se sentiram seguros em expressar esse desacordo. Suas discordâncias continuaram a ser profissionais e relacionadas a ideias, em vez de se tornarem pessoais. Eles continuaram a apoiar uns aos outros do começo ao fim. Talvez isso tenha acontecido porque o grupo foi matriculado em um seminário em nível de pós-graduação. Todos eram estudantes adultos que estavam trabalhando em tempo integral. Consequentemente, seu nível de maturidade e profissionalismo como indivíduos era maior. Eles estavam aptos a criar uma atmosfera segura de discordância saudável que não resultou em confronto. Uma norma tácita de aceitação de todas as opiniões foi estabelecida pelo grupo no início e mantida ao longo do curso.

Contudo, isso não é verdade para todas as aulas. Em uma aula sobre trabalho em equipe, o conflito emergiu em um dos pequenos grupos dentro da aula, enquanto era negociada uma carta de princípios que objetivava guiar suas interações como um pequeno grupo. Um membro do grupo conectou-se mais tarde na primeira semana de aula e, então, publicou seu desacordo veemente com a direção que o grupo estava tomando, empurrando o grupo diretamente para o conflito antes que ele estivesse pronto para lidar com isso efetivamente. O grupo não tinha completado o estágio de unidade, que era aquele no qual ele estava, e não tinha estabelecido o necessário senso de segurança ou dependência de uns em relação aos outros. Por causa disso, o conflito persistiu ao longo do período letivo, forçando o professor a manter várias sessões de conversa por Skype com o grupo em uma tentativa de superar os problemas e de botar o grupo de volta em seu caminho.

Desarmonia

Enquanto o grupo Alma e Espírito avançou em direção aos estágios de execução, a participação permaneceu forte para todos, menos para Sofia, cuja participação tornou-se ligeiramente irregular. Sofia, que tinha a tendência de exprimir a maioria dos desacordos em relação às opiniões dos outros membros do grupo, desapareceu por um curto período de tempo, declarando, primeiramente, que ela tinha um vírus de computador e então, mais tarde, que um amigo com problemas necessitava de sua atenção. Outros alunos expressaram alguma preocupação com a ausência dela e a saudaram quando ela juntou-se novamente ao grupo. Embora Sofia tenha apontado alguns problemas pessoais, é possível que ela tenha se sentido desconfortável com o fato de ser a participante do grupo que desencadeava conflitos e que dava voz a opiniões diferentes e contrárias e, assim, afastou-se por um período curto, para permitir que o grupo avançasse para além das fases de conflito, expressando sua própria independência e também permitindo que cada membro do grupo afirmasse a sua. Mesmo em grupos presenciais, isso não é incomum. Um membro mais falador e opinante do grupo pode não se apresentar por algumas sessões, deixando os outros membros intrigados com a razão disso. A mudança no funcionamento e nas normas do grupo causa uma sensação de mal-estar ou desarmonia que, com frequência, resulta em um reexame das normas e expectativas.

Harmonia

Como normalmente fazemos, quando criamos o *site* para um curso *on-line*, incluímos nele uma área social chamada de O Café. Por volta do meio do trimestre, o grupo começou a fazer uso extensivo do Café. Uma estudante publicou algo sobre um problema de trabalho com o qual ela estava lidando e muitos estudantes iniciaram imediatamente uma discussão sobre liderança virtual que não estava relacionada com o material do curso. Um outro estudante teve um problema de saúde durante o período letivo. Ele postou sobre isso no Café e recebeu grande apoio dos outros membros do grupo.

Esse uso do espaço social também ilustra o sentimento crescente de intimidade do grupo. Simultaneamente, a natureza da participação nas discussões do curso tornou-se mais harmoniosa. Sofia envolveu-se novamente, e de forma integral, com o grupo e continuou a se sentir segura para expressar suas opiniões, demonstrando que o comportamento de assumir riscos nesse grupo era aceitável e bem-vindo. A comunicação seguinte é a respeito de sua reentrada no grupo:

Sofia: Eu acho que essa é, por alguma razão, uma questão difícil hoje. Eu estive pensando nessas questões por horas, até parece que por dias. Se elas tivessem sido levantadas há apenas 6 meses, no último período letivo, por exemplo, eu poderia aparecer com uma resposta brilhante dada pelos meus dons de liderança. Eu fiquei pensando se eu não posso encontrar as respostas hoje porque eu estou em um período de transição. As transições parecem deixar tudo claro para mim. Elas me lembram daquilo de que eu não sei, daquilo que eu ainda não compreendi. São os momentos em que eu começo a sair daquela zona de conforto em que tenho me escondido... Eu creio que o maior presente que tenho a oferecer às pessoas nestes dias é poder, poder pessoal. Eu deixei minha empresa anterior porque ela utilizou mal o poder, roubou poder, compreendeu mal o poder e, no fim, já não tinha poder para alcançar seu sonho por causa disso. Em minha escolha de sair, combinada com o mergulho que dei em meu lado negro, eu encontrei meu próprio poder pessoal. Por meio disso, eu encontrei a minha capacidade de guiar os outros para o seu próprio poder.

Karen: Eu achei os seus comentários excepcionalmente poderosos e instigantes. Que maravilhoso dom de *insight* você tem a respeito de seu próprio comportamento. Isso soa como se você estivesse realmente passando por um período maravilhoso e fascinante de crescimento. E o benefício é que você tem um melhor conhecimento sobre você mesma e sobre o que quer (ao menos, neste momento). Essa suposição é correta?

Execução

Enquanto o período letivo avançava, este tornou-se um grupo de alto desempenho. Apesar de algumas discordâncias iniciais, os membros do grupo desenvolveram uma consideração significativa de uns para com os outros, para suas ideias e seus trabalhos. Eles começaram a refletir sobre a sua experiência de aprendizagem e comentaram que esta era diferente de outras que eles experimentaram, seja *on-line* ou presencial. Os níveis de participação ao longo do período letivo foram extremamente altos. Não era incomum para esse grupo de sete estudantes gerar algo em torno de 110 e 150 publicações por semana. Apesar de questões pessoais que periodicamente interferiram na capacidade de alguns estudantes de participar no mesmo nível dos outros, a participação global era relativamente dispersa de maneira uniforme por todo o grupo. Os objetivos de aprendizagem do professor para esse curso foram os seguintes: "Este curso explorará escritos recentes sobre a busca da alma e do espírito no local de trabalho, assim como de que forma isso afeta as noções de trabalho significativo, liderança e mudança organizacional. Também exploraremos esses conceitos enquanto pertencentes a sua busca pessoal pelo significado do trabalho que você faz".

A seguir, temos a reflexão de uma estudante sobre a obtenção de resultados de aprendizagem nesse curso:

> Como muitos mencionaram, esse ambiente virtual, em particular, tem sido um processo excepcionalmente aberto e agregador. Juntos, nós temos levantado perguntas provocadoras, respondido uns aos outros com cuidado e respeito, além de termos encorajado uns aos outros a refletir e a pensar. Eu tenho tido prazer em rotineiramente conectar-me e revisar as conversas correntes e os comentários. Qualquer que seja o tópico, alguns engraçados, alguns sérios, alguns espiritualizados, eu sempre senti que ouvimos sinceramente uns aos outros. Parece que descobrimos um terreno comum para a aprendizagem e desejávamos confiar abertamente uns nos outros para que honrássemos nossos pensamentos e sentimentos. Talvez, por um breve momento, nós tenhamos encontrado um porto seguro, onde era aceitável ser vulnerável. Eu sei que eu refletirei sobre nossas conversas enquanto eu continuar a trabalhar com essas questões a respeito da alma e do espírito. Esse é um processo de descoberta que nunca acaba. Sinto-me excepcionalmente abençoada por estar cercada de seis companheiros de aprendizagem talentosos e dotados nessa jornada. Vocês têm um lugar especial no meu coração. – Karen

Considerações finais sobre o grupo Alma e Espírito

O grupo Alma e Espírito realmente passou pelo conflito em seu caminho para os estágios de harmonia e execução do desenvolvimento de grupos. Logo no início, eles trabalharam duro para conhecer uns aos outros e estabelecer normas tácitas de participação aberta e acolhedora. A participação ativa também se tornou uma norma para esse grupo: eles excederam em muito a diretriz obrigatória de duas publicações por semana.

Essa pode parecer uma experiência de grupo ideal, ainda que seja comum nos cursos *on-line* que ministramos. Dar espaço para o grupo avançar ao longo de suas fases de desenvolvimento contribui positivamente para a realização de objetivos de aprendizagem. O que teria acontecido se o professor tivesse parado o surgimento do conflito, silenciando a voz dissidente? Muito provavelmente, isso teria se tornado o que McClure (2004) descreve como um grupo regressivo, nunca apto a se deslocar para os estágios de harmonia e execução.

Este exemplo enfatiza o quanto é importante para um docente procurar por sinais de que o grupo está avançando ao longo dos estágios de desenvolvimento. Não é necessário falar sobre isso ao grupo, mas pode vir a ser necessário facilitar o movimento para o próximo estágio se o grupo estagnar nas fases de conflito, como foi necessário com o grupo na aula de formação de equipe, assim como em outras que nós facilitamos. O que é crucial para o docente é manter uma atmosfera de segurança, a qual concede espaço para o grupo para avançar e se desenvolver. Estar ciente da dinâmica do grupo e fazer a facilitação de forma habilidosa tem o benefício de apoiar o desenvolvimento da comunidade de aprendizagem e de gerar uma colaboração mais eficaz.

OUTRAS FORMAS DE OLHAR PARA OS GRUPOS *ON-LINE*

O clássico trabalho de McGrath e Hollingshead (1994) sobre o estudo de grupos *on-line* procurou determinar o impacto da tecnologia em desenvolvimento de equipes. Em vez de olhar para os grupos *on-line* como associações que avançam por vários estágios, esse modelo observou vários fatores que conduziram a resultados bem-sucedidos ou malsucedidos, quando grupos *on-line* juntam-se para executar várias tarefas.

Os elementos essenciais do modelo de McGrath e Hollinghead podem ser destilados em três, com igual influência sobre os outros: pessoas, tarefas e tecnologia. Os autores argumentam ainda que existem três funções que os grupos *on-line* lutam para atingir:
- Produção ou capacidade de completar tarefas tangíveis.
- Bem-estar ou um senso de satisfação pessoal e de que necessidades individuais estão sendo supridas por meio do grupo.
- Apoio ao membro ou um senso de que um espaço seguro foi criado, por meio do qual os membros podem apoiar uns aos outros na realização de suas tarefas colaborativas.

Os grupos *on-line* tentam realizar essas funções por meio de quatro modos de operação:
- Início, ou o que McClure provavelmente chamaria de pré-formação, quando os membros do grupo começam a trabalhar juntos para entender as suas tarefas comuns.
- Resolução de problemas, isto é, a principal razão pela qual grupos orientados por tarefas juntam-se em um ambiente *on-line*.
- Resolução de conflitos, um fator crítico para completar de forma bem-sucedida tarefas coletivas.
- Execução ou realização da tarefa.

McGrath e Hollingshead (1994) argumentaram que, em vez de avançarem por meio dos modelos de forma linear, os grupos *on-line* podem se mover para frente e para trás, com cada função manifestada em cada modelo. O exemplo de nosso grupo Alma e Espírito ilustra todos os aspectos do modelo de McGrath e Hollingshead. Certamente, o grupo completou a sua tarefa em conjunto, sentiu-se bem sobre o que eles eram capazes de realizar no processo e apoiaram uns aos outros no decorrer do processo. Eles eram capazes de discutir e de resolver seus problemas juntos, resolver conflitos facilmente e executar bem as tarefas como um grupo.

Pratt (1996) acrescenta ao nosso entendimento do nível individual com sua descrição e discussão do que ele denomina *personalidade eletrônica*. Ele propõe que, quando os indivíduos entram em um ambiente *on-line*, eles permitem que venham à tona partes de suas personalidades que não são vistas face a face. Indivíduos introvertidos tendem a florescer no ambiente *on-line* por causa da falta de sinais sociais e de linguagem corporal, que são, de certa forma, inibidores em situações presenciais. Eles, então, tendem a se tornar mais extrovertidos nas suas participações em grupos *on-line*. Alunos extrovertidos, em contrapartida, têm mais dificuldade em estabelecer uma presença *on-line*. Como tendem a ser mais comunicativos em situações face a face, eles podem fazer conexões sociais facilmente e permitir que outros saibam quem eles são. Isso é mais difícil de ser feito por eles em uma mídia fria e baseada em texto. A capacidade de libertar partes de nós mesmos *on-line* nos ajuda a nivelar o espaço de ação em grupos *on-line*, permitindo mais ainda a participação de todos os membros, independentemente de sua introversão ou extroversão. Isso também permite às pessoas tentar novos papéis e comportamentos.

Uma outra questão com grupos *on-line* é que o ritmos das respostas cria intervalos de tempo, que podem ser tanto positivos como negativos em termos de desenvolvimento de grupo. Os intervalos de tempo podem promover reflexão, mas também podem criar desconforto para os membros que sentem que o grupo não está atendendo suas necessidades e preocupações. Alguns pesquisadores, entretanto, apoiam a nossa própria experiência e creem que é possível desenvolver uma maior coesão de grupo em um período mais curto de tempo, com grupos amparados por tecnologias (MENNECKE; HOFFER; WYNNE, 1992). A capacidade de se comprometer com uma discussão informal não relacionada com a tarefa que une o grupo ajuda nesse processo. Em outras palavras, os grupos precisam de um espaço no qual seus membros possam se conectar uns aos outros em um nível social e começar a conhecer uns aos outros como pessoas, independentemente da tarefa que os une. Em equipes ou grupos presenciais, as conexões informais acontecem do lado de fora da sala de aula e podem ser encorajadas pelo docente ou pelo facilitador. A mesma oportunidade precisa ser dada aos grupos *on-line*, de modo a possibilitar a coesão de grupo e uma realização mais satisfatória das tarefas. O grupo Alma e Espírito fez um bom uso da área social criada para o seu curso. Eles apoiaram uns aos outros, passando por problemas de saúde, questões de trabalho e também questões relacionadas às suas vidas pessoais como um grupo.

Finalmente, o domínio ambiental é claramente composto pela tecnologia que é utilizada. A tecnologia deve ser um veículo que assegura uma comunicação clara e irrestrita, de modo a apoiar o bom desenvolvimento do grupo. Além disso, os membros do grupo precisam de acesso a suporte técnico se qualquer coisa ocorrer ou atrapalhar sua comunicação com o grupo.

A Figura 8.3 resume as teorias de desenvolvimento de grupos em suas relações com grupos *on-line*. Ela mostra as conexões entre os indivíduos, os grupos, o facilitador e a tecnologia, enquanto esses elementos relacionam-se com a realização de uma tarefa comum. A lista no centro do diagrama descreve as atividades por meio das quais grupos *on-line* tornam-se únicos e ilustra como todos os elementos se sobrepõem.

Elementos dos grupos on-line eficazes

Indivíduo
- Sentimento de realização
- Qualidade do resultado
- Satisfação com o processo
- Capacidade de trabalhar em seu próprio ritmo
- Sentimento de expressão pessoal

Grupo
- Colaboração
- Trabalho em equipe
- Sensação de bem-estar e apoio
- Promoção de reflexão
- Redução do isolamento

Usando tecnologia, grupos on-line
- Resolvem problemas
- Gerenciam conflitos
- Desenvolvem normas
- Processam informações juntos
- Comunicam-se uns com os outros
- Conectam-se

Tecnologia
- Veículo para comunicação e realização de tarefas
- Fornecedora de comunicação irrestrita
- Transparente e fácil de usar

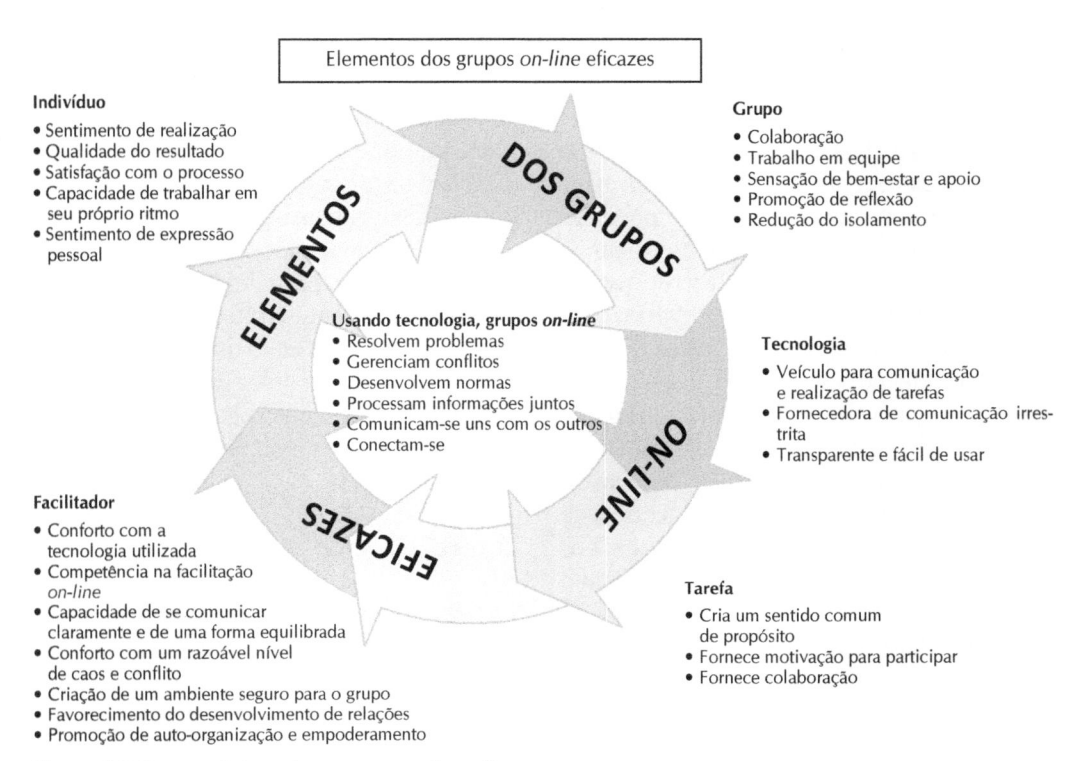

Facilitador
- Conforto com a tecnologia utilizada
- Competência na facilitação on-line
- Capacidade de se comunicar claramente e de uma forma equilibrada
- Conforto com um razoável nível de caos e conflito
- Criação de um ambiente seguro para o grupo
- Favorecimento do desenvolvimento de relações
- Promoção de auto-organização e empoderamento

Tarefa
- Cria um sentido comum de propósito
- Fornece motivação para participar
- Fornece colaboração

Figura 8.3 Características dos grupos *on-line* eficazes.

Se examinarmos com mais cuidado os elementos que compõem grupos *on-line* eficazes, podemos começar a ver os papéis do estudante em particular, do grupo, do docente/facilitador, da tarefa e da tecnologia enquanto elas se relacionam com as aulas *on-line*.

O estudante

Os estudantes entram em cursos *on-line* com uma preocupação com a tarefa a ser realizada. Em outras palavras, eles esperam completar o curso no qual eles se inscreveram com um mínimo de dificuldade e esperam se sentir bem a respeito dos resultados. O que atrai cada estudante para os cursos *on-line* é a capacidade de trabalhar em seu próprio ritmo, usando comunicação assíncrona e outros meios. Eles, com frequência, surpreendem-se com a sua capacidade de se envolver com o material e com o docente de uma forma diferente da que eles fariam em um curso presencial. Eles também são surpreendidos, por vezes, pelo papel característico de facilitação do docente, pelas diretrizes para funcionarem de modo mais independente e, ao mesmo tempo, colaborativo e pela necessidade de se tornarem bons gerenciadores de seu próprio tempo, dadas as demandas dos cursos *on-line*.

O grupo

O papel do grupo é fundamental para o sucesso dos cursos *on-line*. Um curso *on-line* com bom *design* constrói intencionalmente uma comunidade de aprendizagem, por meio do fornecimento de oportunidades de trabalho em equipe, da realização de tarefas colaborativas e da capacidade de reflexão sobre o processo de aprendizagem. Trabalhar com um grupo *on-line* pode servir para reduzir o sentimento de isolamento que alguns estudantes descreveram ao realizar cursos *on-line* em que faltaram interações. Encorajar os estudantes a se tornar parte de um todo unindo-se a um grupo de sala de aula *on-line* aumenta a probabilidade de eles permanecerem envolvidos e motivados, porque uma realização bem-sucedida da tarefa (em outras palavras, realização do curso) é um esforço colaborativo.

Outra razão para a comunidade de aprendizagem ser importante é que ela fornece conexões sociais que permitem aos estudantes conhecer uns aos outros como pessoas. Isso também aumenta a probabilidade de os estudantes desejarem permanecer envolvidos. Eles ficarão relutantes em deixar seus amigos para trás ao não participarem das discussões ou de outras atividades. Eles veem suas contribuições como importantes para o processo de aprendizagem de todo o grupo, e não apenas para a realização dos seus próprios objetivos de aprendizagem. O foco, então, torna-se o processo de aprendizagem e o envolvimento em uma comunidade de aprendizagem e não simplesmente completar um curso ou ganhar uma nota de aprovação.

O docente/facilitador

Nós já discutimos algumas das características fundamentais de um docente *on-line* bem-sucedido, incluindo a flexibilidade, a capacidade de resposta aos estudantes, a vontade de aprender e de se portar como um eterno aprendiz, a capacidade de equilibrar o montante de participações em um grupo e, o mais importante, a capacidade de facilitar o desenvolvimento de uma comunidade de aprendizagem *on-line*. Docentes que são flexíveis, abertos e que desejam seguir o fluxo de um curso *on-line* estão mais propensos a ter uma experiência bem-sucedida. Contudo, eles devem estar preparados para lidar com conflitos que provavelmente virão a emergir em um grupo *on-line* e desenvolver um meio de trabalhar cada um deles de forma bem-sucedida, de modo que o grupo possa avançar para realizar a sua tarefa em conjunto.

A tarefa

Evidentemente, a tarefa que une os estudantes é completar o curso. A esse respeito, a tarefa cria o senso de propósito tanto para os estudantes como para o docente. Um curso bem-desenvolvido deve motivar os estudantes. Se o material apresentado é relevante e a tarefa é estruturada para autorizar os estudantes a assumir a responsabilidade do processo de aprendizagem, eles estarão mais propensos a continuar até uma conclusão bem-sucedida. Múltiplas oportunidades para trabalho em equipe e colaboração reforçarão o senso de propósito comum e fornecerão oportunidades para os estudantes assumirem a responsabilidade da sua aprendizagem.

A tecnologia

A tecnologia do curso é apenas um veículo para sua realização e deve ser transparente e fácil de usar, com um mínimo de orientação. A tecnologia permite a criação de um local de encontro *on-line* onde os estudantes podem se conectar uns com os outros por razões tanto sociais como por aquelas concernentes às tarefas. A tecnologia, portanto, não é a razão pela qual um curso é oferecido; antes, é um importante fator de apoio para seu sucesso. Além disso, tecnologias de apoio que auxiliam o grupo no trabalho conjunto (p. ex. tecnologia de sala de aula virtual, *wikis, blogs* e bate-papo) devem ser usadas.

CONFLITO REVISITADO

McClure (2004) afirma que o conflito é um aspecto central de todos os grupos, uma teoria que é amplamente partilhada por aqueles que estudam dinâmicas de grupos. Esse não é um aspecto a ser temido, pois a presença do conflito indica que o grupo está se desenvolvendo com sucesso. McGrath e Hollingshead (1994) também notaram que, em grupos *on-line*, a capacidade de se resolver conflitos é uma das tarefas centrais a ser realizada para que os objetivos sejam atingidos, e as tarefas, completadas.

Frequentemente, a palavra conflito traz à mente uma ideia de luta, impregnada de raiva, sentimentos feridos, "queimadas" e um resultado de vitória ou derrota. Em grupos *on-line*, contudo, o conflito pode simplesmente tomar a forma de desacordo com o docente ou entre os estudantes. Às vezes, ele pode se tornar quente e ser percebido como um ataque. Quando isso acontece, o docente deve intervir para resolvê-lo. Entretanto, em muitos casos, os estudantes podem resolver essas discordâncias por conta própria. Algumas vezes, a resolução pode tomar a forma da concordância em discordar.

Pedir aos estudantes para que reflitam sobre o conflito e sua resolução pode adicionar um elemento à experiência de aprendizagem que pode ser extremamente útil a eles em suas reflexões gerais a respeito da aprendizagem *on-line* e de como ela difere da aula presencial. O exemplo a seguir, de conflito e confrontação sobre a participação irregular de um membro do grupo, demonstra um entendimento crescente da parte dos estudantes sobre a necessidade de cada um estar envolvido para que haja sucesso na aprendizagem *on-line*. Embora o tom seja um tanto áspero, ele reflete o forte sentimento desses estudantes sobre sua dependência mútua, no que se refere à realização de seus objetivos de aprendizagem:

Larry: Você [Phillip] mencionou, em 3 ou 4 ocasiões, o quanto está ocupado, passando noites sem dormir, chegando a este processo tarde, como um pária, com um número x de propostas de consultoria... Foque na participação, aprendizagem e contribuição. Deixe isso tudo para lá. Nós todos estamos extremamente ocupados e, para ser sincero, ninguém está interessado em ser lembrado sobre o quanto estamos todos sobrecarregados. Estamos todos no mesmo barco. As águas são igualmente turbulentas, nossas perspectivas apenas diferem... Você está sempre argumentando! Procure entender primeiro.

Phillip: Eu quero "pular" aqui e oferecer algumas observações sobre coisas que nós vimos. Eu concordo com Larry que levantar questões é primordial para o entendimento. Eu vejo que você está lutando para "ler nas entrelinhas" e entender tudo o que está sendo dito. Eu aprecio muito esse esforço. De qualquer forma, eu também concordo com a afirmação da Allison: "Nem tudo pode ser respondido com outra pergunta. – Eu estou realmente preocupada com fato de parecer chorosa ou fora de controle, mas eu quis fazer uma observação pessoal [...] uma opinião pessoal (a propósito, não acho que ela tenha sido chorosa de forma alguma). Em minha opinião, Larry, eu também concordo com ela que você parece estar um pouco defensivo [...] e eu acrescentaria [...] algumas vezes parece mesmo que isso acontece com um pequeno sentimento de "ataque". Talvez esse seja apenas o seu simples desejo de entender.

Eu sei que isso é o que você está constantemente procurando me ensinar [...] "Procure primeiro entender". Eu aprecio muito isso e vou me esforçar para fazê-lo. E também me lembrei de um provérbio que basicamente diz assim: "pessoas frequentemente ensinam o que elas mais necessitam aprender". Apenas uma coisa para se pensar. Levantar os tipos de questões que você costuma levantar é extremamente importante e eu sou grato por seu *insight* e suas tentativas de tornar as coisas claras; espero estar apto a levantar questões tão penetrantes. De qualquer forma, parece faltar algo em suas respostas e eu penso que não há muito compartilhamento de algo profundo [...] sem colaboração. Em geral, você responde pedindo maiores esclarecimentos ou com uma razão para suas respostas prévias. É uma abordagem realmente cognitiva. Eu me pergunto como você se "seeeeeente". Isso é o que eu quero saber, em vez de ser sempre interrogado com outra pergunta. Então, eu perguntarei a você, como você se sente a meu respeito, o que em mim te deixa tão irritado?

O que para alguns pode ser interpretado como briguinhas, na realidade sinaliza a presença de conflito. De fato, essa troca abriu a porta para outros no grupo começarem a discutir o que eles viram como participação apropriada. Embora Larry e Phillip tenham resolvido suas diferenças facilmente, uma vez que o conflito apareceu, a questão dos níveis de participação continuou bem no curso e reapareceu envolvendo outros estudantes. Eles logo começaram a se dar conta de que suas expectativas mútuas e sua necessidade de confiar uns nos outros para a aprendizagem era a questão. Começando com essa troca, o grupo em geral aprendeu algo importante sobre o processo de um curso *on-line*.

Uma regra de ouro para os estudantes é esperar 24 horas antes de responder a uma publicação que eles consideram negativa, de modo a permitir um período de reflexão. Um aluno que responde a uma publicação que viu inicialmente como ofensiva pode achar, em uma segunda leitura, que não era algo tão ruim. Essa pausa também dá aos estudantes a chance de responderem de um ponto de vista racional, sem tanta raiva, ajudando a reduzir a possibilidade de escalada do conflito. Nas séries anteriores de diálogo, Larry está pedindo a Phillip apenas isto: espere e reflita antes de reagir. Ele está pedindo a Larry para observar não apenas o jeito com que se dirige a ele, mas também como o faz também com o resto do grupo. Esses estudantes estão demonstrando a capacidade de gerenciar suas próprias situações de conflito. A docente interveio apenas para pedir aos estudantes que refletissem sobre todo o processo e esperou até o conflito ter diminuído para fazer isto:

> *Rena:* Só para botar a cara aqui por um momento – muitos de vocês têm comentado sobre a necessidade de Phillip se envolver com esse processo e que temem que ele não o faça. Ele fez isso – de uma forma grandiosa, em minha humilde opinião – em sua última publicação ao abrir-se para o grupo de um modo bastante corajoso, penso eu, e contribuindo com suas reflexões para a tarefa e o processo. A resposta foi nada, nenhuma! Eu achava que era algo interessante a se observar e que era um ponto importante para todos vocês refletirem.
>
> *Mia:* Rena, você está certa, Phillip realmente pulou dentro e ninguém comentou. Eu

achei ótimo que Phillip tenha voltado ao jogo. Mas, como disse Stasi, eu não aplaudiria até ver os resultados com o tempo. É mais ou menos como fazer amigos. Não é difícil ser legal, espirituoso, cheio de ideias, etc., por um dia [...] Eu espero por um comprometimento com o grupo. Esse compromisso significa mais do que aparecer uma vez a cada fim de semana.

Rena: Eu realmente acho, turma, que vocês precisam dar uma olhada no papel que Phillip está tendo nesse grupo e as suas respostas (ou a falta delas) para ele. Eu também preciso dizer que, se não fosse Phillip, seria alguma outra pessoa. Eu notei algo recentemente, está claro, com base em sua confusão em resposta à minha publicação, que alguns de vocês não perceberam que têm pedido a ele que se manifeste, e alguns expressaram preocupação que ele não o faça. Quando ele o fez, vocês apenas continuaram como se nada tivesse acontecido [...] Novamente, eu não estou culpando, constrangendo, defendendo ou qualquer coisa parecida – estou apenas pedindo a vocês que reflitam sobre seus próprios processos e dinâmicas [...] Tenho notado, e não tenho a intenção de fazer qualquer julgamento com esse comentário – novamente, uma observação neutra – que todos estão satisfeitos com o nível com que Chad tem participado (e que é baixo comparado aos outros) e, mesmo quando Phillip participa em um nível realmente elevado, é a sua participação que é questionada. Eu apenas gostaria que, mais uma vez, vocês refletissem sobre isso. Talvez nenhum comentário seja necessário – apenas observem e reflitam.

As respostas às observações da docente foram uma série de momentos "eureca!" por parte dos membros do grupo. Eles começaram a reconhecer a forma do conflito. Eles também começaram a entender os papéis de vários membros do grupo e suas expectativas em relação aos colegas. As publicações a seguir refletem as mudanças que ocorreram como resultado e indicam que o grupo estava começando a avançar para fora do conflito:

Mia: Estou me sentindo particularmente desapontada e frustrada. Eu diria que minha experiência com equipes, em geral, não tem sido de todo gratificante. Há provavelmente várias razões para isso; de um lado, eu reconheço que projetei algumas expectativas irreais; de outro, em minha opinião, alguns membros não cumpriram suas obrigações com o grupo ou o que foi acordado em termos de normas e regras. Eu acho que estou tentando entender de onde Phillip e Chad estão vindo e estou frustrada porque eu não posso envolver Chad no diálogo, e Phillip parece não entender o que as pessoas estão dizendo. Eu tomo a participação e a liderança em uma equipe de forma muito séria. No que se refere à minha participação, eu tive de trabalhar muito duro para desenvolver o padrão de ler uma vez por dia e de publicar em todos os dias seguintes. E eu tenho tentado fornecer algo nas publicações que possa acrescentar ou expandir o trabalho do grupo, que possa ajudar a mover o grupo para a frente e/ou encorajar seus membros. Talvez esse seja o padrão que eu tenha estabelecido para mim mesma e talvez seja irreal esperar isso dos outros...

Larry: Eu li seus comentários voltados a Chad e a Phillip, assim como os comentários dos outros membros, e decidi não entrar em campo, pelo menos até agora. Estou certo de que normas foram estabelecidas e também estou animado com a participação do grupo. Eu olho positivamente para a direção que tomamos, para o progresso que fizemos e para o valor da participação de todos. Meu foco permanece naquilo que nós estamos realizando coletivamente, assim como naquilo que estou aprendendo por meio desse processo. Eu estou encantado com os resultados.

Há tantas coisas que ocorrem nas vidas de outras pessoas que eu tento (nem sempre com sucesso) dar a elas o benefício integral da dúvida. Eu continuo aprendendo a defender todos de forma legítima e às vezes isso não é fácil para mim. A publicação de Rena a respeito da falta de resposta do grupo à publicação de Phillip me ajudou a avançar em meu entendimento disso ainda mais. Esse grupo lidou com muitas coisas. Aprendi tanto em tão pouco tempo e eu sou grato por isso. Jamais haverá um grupo onde exista uma "participação igual" aos olhos de todos, e o valor da contribuição individual é uma verdadeira pérola.

Quando o conflito se apresenta, o melhor que os instrutores podem fazer é adotar uma postura de não envolvimento e observação. Frequentemente, os alunos são capazes de lidar com problemas e de alcançar uma boa resolução. Entretanto, se o conflito se agrava, interfere no progresso da aula ou descamba para ataques pessoais ou para o que chamamos de "queimada", então a intervenção por parte do docente é bem-vinda. As coisas frequentemente começam a se acalmar depois de uma publicação do instrutor determinando um limite ou pedindo aos estudantes que levem o conflito para fora da rede, ou ainda depois de o docente ter conversas individuais com os estudantes envolvidos. Se essas ações não funcionarem ou se o conflito se mantiver devido a um estudante difícil, pode vir a ser necessário dar alguns passos adicionais.

TRABALHANDO COM ESTUDANTES DIFÍCEIS

Como nas aulas presenciais, as aulas *on-line* também podem ter alunos difíceis. Por difícil queremos dizer "ser incapaz de adaptar-se à tecnologia; dominar a conversa; recusar-se a participar em um nível adequado; culpabilizar o docente, outros estudantes ou o programa por seu progresso insatisfatório; e fazer *bullying*, 'queimando' outros colegas ou o professor. Na sala de aula presencial, docente notar a presença de um aluno difícil é algo que pode acontecer rapidamente. Mas, na sala de aula *on-line*, as dificuldades podem demorar mais a aparecer ou podem ser irreconhecíveis em um primeiro momento. Por exemplo, é comum que os estudantes novos na aprendizagem *on-line* experimentem alguns problemas com a tecnologia. Alguns podem solicitar a ajuda do docente ou outro apoio da equipe técnica para resolver suas dificuldades. Quando elas permanecem por várias semanas, entretanto, o sinal vermelho deve começar a aparecer para o docente e para os outros estudantes: essa pessoa realmente está tendo dificuldades ou isso é uma cortina de fumaça para evitar participar no nível requerido?

Quando os docentes diagnosticam um estudante difícil, eles podem dar passos que também dariam em situações presenciais. Por exemplo, se um estudante está monopolizando as conversas em aula ou está sendo muito argumentativo, agendar uma conversa individual com ele pode ser bastante útil. A conversa pode se dar por *e-mail*, por telefone, ou ainda, por Skype ou pessoalmente.

Nem todas as conversas precisam acontecer no *site* do curso. Às vezes, levar o problema para fora da rede pode ajudar mais do que tentar confrontar ou lidar com o estudante publicamente. Independentemente de como e onde a conversa ocorra, é importante para o docente fornecer exemplos concretos do comportamento em questão. A beleza da sala de aula *on-*

-line é que a discussão assíncrona é arquivada no *site* do curso e as sessões sincronizadas podem ser gravadas. Portanto, é relativamente fácil para o docente apontar onde e como o problema ocorreu e dar sugestões específicas para a melhoria.

Se um estudante problemático não está respondendo à intervenção do docente, então as melhores práticas devem prevalecer. Talvez o acesso dos estudantes ao curso deva ser suspenso até o problema ser resolvido. O docente pode precisar requisitar ajuda do departamento ou da administração do programa se uma solução administrativa, tal como a remoção permanente do estudante do curso, tornar-se necessária.

Como já observamos várias vezes, a obtenção de resultados de aprendizagem de sucesso depende da criação de uma comunidade de aprendizagem. Estudantes dependem de uma boa participação de todos para construir essa comunidade. Consequentemente, um professor não pode se permitir um comportamento passivo ou esperar demais quando os problemas surgem. Quando o comportamento é inaceitável, uma ação decisiva deve ser tomada e limites precisam ser estipulados, para que a experiência de aprendizagem seja salvaguardada para a maioria.

QUANDO AS COISAS SIMPLESMENTE NÃO FUNCIONAM

Há momentos em que, apesar de nossos melhores esforços, somos incapazes de facilitar a formação bem-sucedida de uma comunidade de aprendizagem *on-line* ou criar um sentimento de grupo entre os alunos. É fácil para um docente culpar a si mesmo quando isso acontece, acreditando que certamente havia algo que ele poderia ter feito. Contudo, quando experienciamos essa situação, um estudante acaba surgindo como uma voz da razão, dando-nos um *feedback* que nos ajuda a detectar possíveis erros. A história a seguir, sobre uma experiência semelhante, inclui fragmentos de uma conversa *on-line* entre um estudante e um docente, realizada após o término do curso, na tentativa de discernir o que resultou em uma experiência de aprendizagem *on-line* malsucedida. Curiosamente, o curso em questão era outra seção de A Procura pela Alma e o Espírito no Local de Trabalho, oferecida em nível de pós-graduação.

O curso começou de maneira típica, com o docente solicitando que as apresentações fossem publicadas *on-line*. Esse não foi o primeiro curso *on-line* que esse grupo fez, e as estudantes se encontraram pessoalmente para dar o pontapé inicial dos outros cursos que fizeram antes desse. No entanto, o docente não estava presente naquela sessão. Por causa disso, estabelecer um relacionamento com o grupo tornou-se ainda mais desafiador. O que se tornou rapidamente aparente ao docente foi que havia dois subgrupos na aula baseados no agrupamento que realizaram quando se encontraram pessoalmente. Além disso, havia outras preocupações sobre a natureza do grupo, como uma das estudantes, Beth, aponta aqui:

> Como vocês sabem, eu estava muito inspirada pelo assunto do curso, fui atraída para a aula e tinha grandes expectativas de um diálogo rico e de aprendizagem. A classe era pequena e formada apenas por mulheres. Eu me lembro de fazer um comentário sobre isso no início e de questionar as alunas, se esse era um fato significativo para elas. As respostas vieram na forma de mais perguntas. Eu me pergunto se o equilíbrio da aula teria sido diferente se nós tivéssemos alguns participantes do sexo masculino.

Embora isso tenha sido um problema para o grupo, a preocupação sobre a sua composição foi colocada de lado quando as estudantes reclamaram a respeito de uma falta de clareza no *design* do curso e de uma inabilidade para determinar o que era esperado delas. Isso deixou a docente um pouco confusa, pois ela havia usado o mesmo *design* de curso de forma bem-sucedida várias vezes anteriormente. Beth continuou:

> Infelizmente, nós tivemos alguns desligamentos logo no início do curso – na primeira semana. As pessoas não estavam certas de suas atribuições (o que é normal e tem ocorrido em todos os cursos. Nós simplesmente publicamos, então, para obter esclarecimentos). Uma estudante era especialmente dura e cáustica em seu tom. Ela estava chateada que você (a docente) precisava viajar por dois ou três dias na primeira semana de aula e que você tinha alguns problemas para se conectar à rede. Uma segunda participante se juntou no desapontamento. O tom da conversa é o fator de que mais me lembro. Tinha um caráter acusatório e crítico, sem perdão. Acho que nunca nos recuperamos totalmente dessa conversa que ocorreu logo no início do curso.

Uma vez que a docente estava apta a reingressar na aula depois de apenas dois dias de ausência, ela ficou surpresa ao perceber o nível de confusão e de desapontamento presente no grupo. Rapidamente, esse grupo entrou em uma fase de desunião e conflito da qual foi difícil recuperar-se. O conflito era direto, não apenas em relação à docente, mas entre os dois subgrupos no interior desse pequeno grupo de seis estudantes. A docente expressou sua preocupação em relação ao nível de hostilidade do grupo. Mas quaisquer tentativas para intervir no conflito e reduzi-lo foram confrontadas com resistência e raiva. Beth observou:

> Eu me eriçaria toda vez que eu lesse o que a participante "tóxica" escrevesse. Foi mais difícil acessar o *site* e menos gratificante do que em outros cursos, nos quais experimentei trocas e discussões mais ricas e favoráveis. Eu descia as escadas da minha casa depois de fazer o trabalho escolar e debatia algumas questões trazidas por essa participante com o meu marido. Eu acho que elas perderam um grande ponto da aprendizagem.

Como a participação continuou a ser pobre, e as trocas entre as duas estudantes e a professora frequentemente beiravam a "queimadas", bem como a de algumas estudantes entre si, a docente tentou estabelecer contatos individuais com todas as estudantes do grupo por telefone e *e-mail*. Uma estudante recusou todos os contatos com a docente, enquanto as demais responderam bastante favoravelmente. A instrutora também conseguiu a ajuda da chefia do programa que, quando tentou intervir, também encontrou resistência e desafio. A estudante difícil se retirou do curso por um período de tempo e eventualmente tomou a decisão de se afastar do programa, retornando apenas para completar o curso, para o desespero da docente que não tinha nenhum controle sobre essa decisão. De maneira geral, as estudantes nunca participaram integralmente desse curso ou atingiram seus objetivos de aprendizagem devido aos problemas iniciais do grupo. Beth refletiu sobre o resultado:

> Eu observei o quanto foi difícil para vocês tentar mitigar tudo isso na rede. Foi de grande ajuda quando vocês relataram que tiveram uma conversa. Se bem me lembro, nós tivemos uma melhora depois disso, mas nunca uma recuperação total [...] Minha

abordagem foi permanecer focada nas razões pelas quais eu estava nesse curso, continuar a responder a todos e tentar incentivar o diálogo, bem como me elevar acima do que eu via como mesquinhez ou falta de maturidade [...] Foi interessante e enigmático ver como indivíduos atraídos pelo tópico da alma e do espírito no local de trabalho despenderam tanto tempo e energia no lado negro do espírito. Talvez, eles nos tenham mostrado o lado negro de seus próprios espíritos. Talvez eles achassem que tinham a permissão para fazer isso devido ao tópico. Eu não sei. Ao fim do curso, lembro-me de pensar que, para uma aula sobre alma e espírito, nós não tivemos muita alma e espírito em nossa comunidade de aprendizagem. Que triste.

Que lições aprendemos ao trabalhar com um grupo como esse? O que um docente pode fazer quando, apesar de todos os seus esforços de intervenção, uma comunidade de aprendizagem não conse-gue se formar? Esses são os pontos centrais que se relacionam às seguintes indagações:

- O grupo em questão continha não apenas uma, mas duas estudantes difíceis, e a docente não foi clara sobre as diretrizes programáticas ao lidar com uma estudante que se demonstrou inconveniente em um curso *on-line*.
- Não foi tomada nenhuma decisão em relação aos membros difíceis, dando--lhes "permissão" para continuarem a agir de tal forma. Em retrospectiva, tanto a docente como a administradora do programa concordaram que, se uma ação decisiva tivesse sido tomada desde o início, tal como colocar limites com relação a comportamentos aceitáveis em aula, a experiência de aprendizagem poderia ter sido salva. Além disso, a decisão de permitir à estudante que voltasse no fim do curso foi considerada um erro pela chefia do programa, desautorizando ainda mais a docente e levando ainda mais descrença aos demais estudantes.
- A composição do grupo foi um problema desde o início – pequeno número, todas mulheres e todas com o mesmo nível de experiência *on-line*. McClure (2004, p. 100) apresenta algumas questões que emergem quando um grupo é todo feminino, tendo uma líder, e descreve-as assim:

[...] os estágios iniciais do desenvolvimento do grupo são ainda mais complicados devido às reações dos membros à liderança feminina. Essas reações vão da ambivalência à confusão e à rebelião.

McClure atribui isso ao que ele denomina incongruência de *status* – os grupos frequentemente atribuem mais *status* a líderes masculinos do que a líderes femininas. Assim, isso raramente é visto em grupos compostos integralmente por homens. Ao debater essa experiência com a equipe administrativa, foi observado que esse fato deveria ter sido notado durante a matrícula e uma tentativa deveria ter sido feita, se possível, para equilibrar a composição de gênero no grupo.
- O grupo era o que McClure (2004) se referiria como "regressivo". Em outras palavras, o grupo resistiu a passar do conflito para a harmonia e o desempenho. Alguns membros do grupo tinham a intenção de "matar o líder", nos termos de McClure. Quando outros membros do grupo se recusaram a se juntar a elas em sua postura, a dinâmica foi por água abaixo.

A lição importante de um grupo que falha em se estabelecer de forma bem-sucedida como uma comunidade de aprendizagem é que frequentemente mais de um fator contribui para os problemas. Dificilmente é o docente e suas técnicas de facilitação; temos visto bons resultados com docentes inexperientes que estão começando a encontrar seu próprio caminho pela instrução *on-line*. O que é mais importante é o docente tentar de tudo: discutir abertamente questões sobre pouca participação no *site* do curso; contatar estudantes individualmente; se possível, ter encontros com os estudantes; e, quando necessário, contatar o departamento ou a administração do programa para tomar ações decisivas em relação aos estudantes difíceis e consultar seus pares ou colegas para aconselhamento. Os docentes nunca devem permitir que os estudantes se permaneçam em confusão ou se agridam; eles devem agir. Uma vez que a experiência tenha acabado, é essencial revê-la, preferivelmente com colegas de apoio ou com estudantes participantes bem dispostos, de modo a colher lições importantes que ajudarão a evitar a mesma situação no futuro.

Neste Capítulo e no Capítulo 7, nós discutimos a importância de observar e trabalhar com questões estudantis no desenvolvimento e realização de um curso *on-line*. Embora tenhamos repetidamente descrito essa forma de educação como centrada no aluno, nós temos sido tão culpados quanto nossos colegas ao nos esquecermos que os estudantes são e devem ser o foco central de todos os programas e cursos *on-line*. Focar nos estudantes e evitar suposições sobre o que eles sabem sobre aprendizagem *on-line*, como eles devem trabalhar ao longo do processo do curso e por que eles podem ou não ser bem-sucedidos no ambiente *on-line* tem sido peça fundamental de nossa aprendizagem como docentes *on-line*. Com isso em mente, em nosso Capítulo final, resumiremos as lições que aprendemos ao trabalhar na sala de aula virtual e damos uma olhada não apenas nos novos desenvolvimentos em aprendizagem *on-line*, mas também no impacto da aprendizagem *on-line* sobre a educação como um todo. Aplicamos essa aprendizagem a docentes e àqueles que são responsáveis por capacitar docentes, *designers* instrucionais e administradores.

Dicas para se trabalhar com a dinâmica de sala de aula *on-line*

- Seja claro a respeito do papel do docente como um facilitador. Deixar isso claro no início de um curso *on-line* pode prevenir confusões e criar um acordo entre o docente e os estudantes sobre suas expectativas.
- Seja claro sobre as tarefas do grupo e sobre as expectativas. Quanto mais claro o professor for sobre o que deve ser realizado no curso, menos provável será que os estudantes fiquem confusos e ajam de modo equivocado.
- Espere que os estudantes avancem por meio de fases enquanto eles desenvolvem seu trabalho de grupo. Levantar questões sobre o desenvolvimento do grupo, tais como "quão confortáveis vocês estão se sentindo mutuamente como um grupo?", assim como sobre seu nível de conforto com o processo, pode ajudar.
- Facilite o processo. Embora recomendemos fortemente a atribuição de poder aos estudantes, para que assumam o seu próprio processo de aprendizagem, a orientação e a intervenção do instrutor são necessárias para se manter as coisas nos trilhos e em movimento. O caos pode surgir quando falta aos estudantes a participação apropriada do docente.

- Sempre assuma uma boa intenção. Se um estudante "queimar" outro estudante ou o docente, assuma que isso é inadvertido e veio com boas intenções, respondendo de acordo.
- Espere 24 horas antes de responder ao que você considera ser um ataque pessoal; aconselhe os estudantes a fazer o mesmo. A intensidade da mensagem sempre parece diminuir com o tempo.
- Sempre abordar com entusiasmo e faça algo com relação às "queimadas". Um facilitador *on-line* habilidoso colocou bem:

  Uma voz pode ser muito mais alta *on-line* do que *off-line* [...] Um facilitador deve decidir se protegerá o direito de qualquer um de dizer qualquer coisa ou se estabelecerá um limite ou se admitirá um conjunto de normas que, a uma certa altura, silenciam uma voz para permitir que outras se destaquem. Para mim, esse equilíbrio entre controle e incentivo é o mais difícil e ardiloso, requer habilidade e, quando acontece, é um momento glorioso para um facilitador de grupo *on-line* quando se consegue manter um espaço para ambos. (WHITE, 2000).

- Espere o conflito. Em vez de ver o conflito como algo danoso, dê boas-vindas a ele como um sinal de que o grupo está se desenvolvendo. Facilite movimentos por meio do conflito, de forma que os estudantes possam criar normas para trabalhar uns com os outros e completar suas tarefas de maneira bem-sucedida.
- Não tome confusão por conflito. Algumas vezes, os estudantes realmente ficam confusos sobre as expectativas do curso, diretrizes e tarefas, e uma simples explicação por parte do instrutor é suficiente para fazer o processo ir adiante.
- Solicite apoio e ajude quando necessário, especialmente quando estiver lidando com alunos difíceis. Nós não tivemos qualquer problema em fazer isso quando lecionamos face a face, e o mesmo deveria ser verdade a respeito do ensino *on-line*. Ter encontros individuais por telefone ou pessoalmente é apropriado quando se está lidando com um estudante difícil. Também é importante para os docentes saber que eles têm o apoio da administração para remover um estudante difícil das suas aulas *on-line*, se isso for necessário.
- Utilize cuidadosamente *chats* ou conversas fora da rede para evitar que todo o movimento de comunicação com estudantes passe por você. Encoraje-os a usar *chats* apenas para trocas pessoais não relacionadas com o curso. Preocupações e comentários sobre o curso devem ser feitos no *site* e, sempre que possível, as resoluções de conflito com estudantes difíceis devem ocorrer ali também.

9

Lições aprendidas na sala de aula virtual

Quais lições importantes nós aprendemos explorando a infinidade de questões e preocupações que envolvem o *design*, o desenvolvimento e a realização de cursos e programas *on-line*? Encerramos este livro com uma análise das lições mais importantes da sala de aula virtual: damos outra olhada no passado, uma olhada adicional ao presente e, depois, voltamos nosso olhar para o futuro próximo da educação *on-line*. As mudanças estão ocorrendo rapidamente, tornando quase impossível prever o futuro da aprendizagem a distância. Contudo, algumas previsões feitas com base nos desenvolvimentos atuais são bastante encorajadores e, também, indicam uma necessidade de cautela e ação ponderada. Nós organizamos as lições entre aquelas que são para os docentes; que apoiam a equipe que apoia os docentes, como *designers* instrucionais e desenvolvedores; e que são para os administradores responsáveis por cursos e programas *on-line*.

OLHANDO PARA O PASSADO

É difícil acreditar que a aprendizagem *on-line* não faça parte do cenário acadêmico há mais tempo. Começamos nosso trabalho *on-line* em 1992, utilizando um fórum de discussão primitivo, por meio da internet discada, com quase nenhuma segurança e com a capacidade de publicar apenas mensagens de textos que não estavam vinculadas entre si, como nas discussões que hoje conhecemos. Os precursores dessa forma de aprendizagem foram os cursos de correspondência, os cursos transmitidos pela televisão, geralmente oferecidos pela televisão pública, a TV interativa e a capacitação baseada em computadores. A *World Wide Web*, como conhecemos hoje, não estava disponível ao público até 1994, e as pesquisas *on-line* para o início da educação *on-line* citam o "*boom* das pontocom", que ocorreu entre 1999 e 2001, como o ponto em que a aprendizagem *on-line* nasceu.

Nós agora vemos a introdução de novas tecnologias, como as tecnologias móveis, que têm um impacto significativo sobre as formas como o ensino e a aprendizagem acontecem *on-line*. A banda da internet aumentou, assim como o acesso à tecnologia computacional e à internet. A colaboração e o uso de redes sociais agora são normas. Apesar disso, não podemos nos esquecer de que ainda há estudantes que precisam acessar os cursos *on-line* por meio de uma linha telefônica e podem não possuir as tecnologias mais atualizadas. A exclusão digital ainda existe, ainda que tenha diminuído. E perguntas sobre a qualidade dos cursos *on-line* ainda persistem. Seguindo essa linha, podemos explorar as lições aprendidas e voltarmos o nosso olhar para o futuro mais uma vez.

As seções a seguir apresentam as lições que podem ter sido aprendidas com a sala de aula virtual. Primeiro, exploramos alguns mitos que continuam a cercar a aprendizagem *on-line* e que possuem um impacto sobre as lições aprendidas.

OS MITOS

Apesar da ubiquidade da aprendizagem *on-line* na atualidade, estes mitos persistem:

- *A instrução de sala de aula oferece uma qualidade mais alta de educação quando comparada com a aprendizagem a distância.* Como indica o recente estudo de Allen et al. (2012), os docentes continuam a sustentar essa crença, que leva ao ceticismo e à resistência em relação ao ensino *on-line*.
- *Os estudantes* on-line *perdem interação com os docentes e os outros estudantes.* Conforme já discutimos, um curso *on-line* com um *design* bem feito deve ser altamente interativo e deve promover colaboração e senso de comunidade. Muitos estudantes comentam que se sentem mais próximos de seus colegas e professores em cursos *on-line* interativos e bem mediados.
- *Os empregadores valorizam mais os diplomas oriundos de instrução em sala de aula do que aqueles recebidos de escolas* on-line. Embora isso tenha sido verdade no passado, a aceitação crescente da aprendizagem *on-line* tem ajudado a reduzir essa prática. BrainTrack (c2014), um *website* que ajuda os futuros estudantes a encontrar programas e cursos, entrevistou recrutadores que observaram que, na maior parte dos casos, os empregadores buscam graduados em universidades credenciadas e não estão preocupados se o diploma foi conseguido em um curso *on-line*.
- *O papel do professor é menos importante em programas de aprendizagem* on-line. Nós defendemos que o papel do professor *on-line* é extremamente importante. Conforme já discutimos e outros também observaram, se o docente não estiver presente no curso, a participação decai. Alguns apontaram para o surgimento dos MOOCs (Massively Open Online Courses), que discutiremos mais à frente neste Capítulo, como uma evidência de que o docente não é necessário. Mesmo os MOOCs, contudo, quando bem feitos, são construídos para facilitar as redes sociais e o desenvolvimento de um senso de comunidade.
- *Um diploma* on-line *é mais fácil de ser obtido do que um diploma de uma escola tradicional.* Como temos salientado, a aprendizagem *on-line* não é a maneira mais fácil de se obter um diploma. A participação em um curso *on-line* requer mais tempo e esforço por parte dos docentes e dos seus estudantes. Os estudantes podem entrar em um curso *on-line* com este mito em mente, mas rapidamente descobrem que a realidade é total-

mente oposta. Comunicar isso aos estudantes como parte de uma orientação à aprendizagem *on-line* é extremamente importante.

LIÇÕES PARA OS DOCENTES

Os docentes não precisam temer a aprendizagem *on-line*

Um levantamento de 2012 sobre as visões dos docentes em relação à educação *on-line* (ALLEN et al., 2012) indica que os docentes temem e evitam a aprendizagem *on-line* por causa das preocupações com a qualidade. A resposta de um professor que participou do levantamento mostra que

> Aprender como ensinar *on-line* é, provavelmente, uma das melhores coisas que um professor pode fazer para assegurar a viabilidade no século XXI. A resposta mais disfuncional que um professor pode dar atualmente é ignorar a tecnologia e as consequências sociais que a aprendizagem *on-line* possui. (THELIN, 2012).

O levantamento por si só afirma que aqueles que ensinam *on-line* têm maior consideração por essa modalidade de ensino do que aqueles que nunca o fizeram.

Um exame da história da educação *on-line* mostra que alguma forma de ensino a distância já existia na educação ao longo da sua história. Thelin (2012) indica que a educação *on-line* é uma parte da herança da educação superior e que novos formatos e mídias para a oferta da educação sempre foram atraentes para aqueles "estudiosos extraordinários", como denomina o pesquisador. Ele sugere que a educação *on-line* pode e deve coexistir com métodos mais tradicionais de ensino, como aulas expositivas, seminários e trabalho de campo, e tais métodos têm a capacidade de se apoiar e se estimular mutuamente, em vez de um ter de eliminar o outro. Em vez de temer a qualidade da aprendizagem *on-line*, os professores precisam trabalhar juntos para abordar essas preocupações, a fim de criar cursos *on-line* que sejam robustos e rigorosos.

O desenvolvimento de cursos precisa focar na interatividade, e não no conteúdo

A chave para o sucesso em um curso *on-line* não reside no conteúdo que está sendo apresentado, mas no método pelo qual o curso é realizado. Para reiterar uma afirmação feita, o curso com o *design* mais bem feito, que inclui áudio, vídeo e outras ferramentas gráficas e de multimídia, pode fracassar terrivelmente caso o docente não seja um facilitador *on-line* habilidoso, que trabalhe para construir uma comunidade de aprendizagem entre os alunos. Um curso bem ministrado fornece múltiplos meios, pelos quais os estudantes e o docente podem interagir, incluindo *e-mail*, fóruns de discussão e uso cuidadoso de discussão síncrona. O uso eficaz dos meios pelos quais a interatividade é estimulada aprofunda a experiência de aprendizagem e cria um resultado mais satisfatório para todos. O conteúdo pode ser disponibilizado criativamente com a facilitação de discussões eficazes, tarefas colaborativas que promovam o trabalho em equipe e a interação, pesquisas na internet e *links* para *websites* interessantes fora do *site* do curso. O conteúdo que é disponibilizado por meio múltiplos meios também atende aos diferentes estilos de aprendizagem dos estudantes e cria um curso mais interessante no geral. Mas é da interação e das conexões feitas no curso que os estudantes irão se lembrar, como as chaves para a aprendizagem em um curso *on-line*. Pedagogia, e não tecnologia, é o que faz a diferença para o sucesso de um curso *on-line*.

Os papéis do docente e dos estudantes precisam mudar

Para que ocorra um alto grau de interatividade em um curso *on-line*, os papéis dos docentes e dos estudantes precisam mudar: os instrutores precisam estar dispostos a abdicar de um certo grau de controle e permitir que os alunos assumam a liderança das atividades de aprendizagem. Embora isso pareça ser fácil, tanto os docentes como os estudantes trazem expectativas e experiências educacionais anteriores para a sala de aula. Os estudantes esperam ser "ensinados" e os docentes esperam "ensinar". Consequentemente, os estudantes precisam ser orientados para seu novo papel e para as maneiras pelas quais a aprendizagem *on-line* ocorre. Um programa de capacitação formal pode ajudar nesse processo. Entretanto, quando um programa de capacitação não está disponível, os docentes podem orientar os estudantes a começar, publicando materiais para o *site* do curso na forma de um item de discussão inicial, informações estáticas que os estudantes possam acessar a qualquer momento, uma apresentação de áudio ou vídeo que os oriente em relação ao curso e às suas expectativas ou um arquivo de perguntas frequentes sobre o processo de aprendizagem *on-line*.

O mais importante é encorajar os docentes a se afastar do modo de ensino baseado em aulas expositivas e a adotar o uso de abordagens de aprendizagem mais ativas. Os docentes devem ser encorajados a fazer um balanço de sua abordagem pedagógica, perguntando a si mesmos: como eu me vejo como professor? Como os estudantes respondem ao meu estilo de ensino? Quais tipos de atividades de aprendizagem eu incorporo atualmente em minhas aulas? Quais mudanças nessas atividades eu preciso fazer para entrar no ambiente *on-line*? Muitos docentes, inclusive nós, constataram que as mudanças exigidas para realizar um curso *on-line* de forma bem-sucedida também têm bons resultados na sala de aula presencial. Nosso próprio ensino face a face mudou como resultado de nossas experiências *on-line*. O uso das técnicas de aprendizagem ativa, colaborativa e interativa que temos descrito pode, dessa forma, aprimorar a experiência de aprendizagem dos estudantes na sala de aula tradicional. Mais uma vez, a pedagogia centrada no aluno é tudo quando a questão é lecionar *on-line* ou face a face.

LIÇÕES PARA *DESIGNERS* INSTRUCIONAIS E DESENVOLVEDORES DE DOCENTES

Tanto os docentes quanto os estudantes precisam de capacitação

Para entender as lições mais importantes da necessidade de interação e das mudanças nos papéis dos docentes e dos estudantes, tanto estes quanto aqueles precisam de treinamento. Em vez de focar na tecnologia, no entanto, a capacitação precisa abordar o que é necessário para ensinar e aprender *on-line* de forma bem-sucedida. Outras preocupações em relação ao desenvolvimento de docentes incluem a importância de se personalizar um curso *on-line* desenvolvido por outra entidade ou membro do corpo docente, o trato com os estudantes e com os problemas deles na sala de aula *on-line*, o trabalho com dinâmicas de sala de aula *on-line* e a combinação de maneiras para se utilizar a tecnologia e as abordagens ao ensino, a fim de atender aos estilos de aprendizagem dos estudantes. Tanto os docentes quanto os estudantes certamente precisam de treinamento na tecnologia que utilizarão nos cursos *on-line*, mas essa não deve ser a preocupação principal.

A capacitação não deve ser uma proposição de tamanho único. Em *O instrutor online: estratégias para a excelência profissional* (PALLOFF; PRATT, 2011), nós propusemos um modelo de capacitação que atende às necessidades dos docentes em termos de sua especialidade e experiência com o ensino *on-line*. Os docentes iniciantes precisam de uma capacitação muito diferente daqueles que são considerados docentes mestres e que lecionam *on-line* há muitos anos. A criação de capacitação adequada aos níveis de experiência ajuda a envolver todos os docentes e atende a uma variedade de necessidades. Os docentes mestres podem ser recrutados como treinadores e mentores para aqueles que acabaram de começar no ensino *on-line*. Suas experiências possuem valor inestimável e ajudarão os docentes iniciantes a evitar frustrantes erros que consomem muito tempo.

Os docentes que lecionam *on-line* precisam se sentir apoiados

Os docentes que lecionam *on-line* precisam se sentir apoiados ao abordarem problemas do curso e dos estudantes. Um docente que tenta lidar com um estudante difícil precisa saber os parâmetros em que pode operar para responder à situação com um mínimo de perturbação para o resto do grupo. A orientação dos docentes ao ambiente *on-line* em uma dada instituição deve oferecer políticas ou, pelo menos, alguma discussão dos recursos que possam ser usados caso uma situação difícil aconteça. Os docentes que lecionam *on-line* podem se sentir isolados da instituição. Caso os laços do docente com a instituição sejam de alguma forma fortalecidos, isso resultará em um programa *on-line* que parece, no seu todo, coeso e bem planejado. Além disso, para se construir uma comunidade de aprendizagem, os docentes precisam ser capazes de criar um ambiente em que a comunidade de aprendizagem possa florescer. Para tanto, eles precisam sentir que são apoiados pela instituição, ou seja, a instituição deve lidar de forma rápida e justa com os problemas dos estudantes que aparecerem. Quando os problemas dos estudantes não são corretamente abordados, acaba prevalecendo uma sensação de insegurança.

Com base em nossas próprias experiências, podemos dizer que, quando um instrutor não sente que dispõe de apoio institucional para a ação que ele precisa realizar na sala de aula *on-line*, os resultados podem ser desastrosos: os estudantes podem abandonar o curso ou o programa; eles podem expressar veementemente sua insatisfação com a forma como uma situação foi tratada; e, o mais importante, os resultados de aprendizagem para todo o grupo podem não ser alcançados. Nossos estudantes são nossos clientes. Proporcionar-lhes uma experiência de aprendizagem bem-sucedida exige mais do que estabelecer um curso *on-line*, capacitar um docente para ministrá-lo e esperar pelo melhor.

LIÇÕES PARA OS ADMINISTRADORES

Apoie os docentes *on-line* por meio de remuneração e benefícios justos

É mais provável que os docentes se envolvam com o *design* e o ensino de cursos *on-line* se receberem uma remuneração razoável pelo trabalho. Isso significa que o ensino *on-line* deve ser incluído na carga de trabalho dos docentes e não ser visto como trabalho adicional, o que coloca os docentes em uma situação de sobrecarga. Eles também precisam de remuneração pelo desenvolvimento do curso na forma de pagamento ou tempo livre. Se os docentes *on-line* mestres forem usados para apoiar o desenvolvimento de docentes iniciantes, eles também devem ser remunerados por seu trabalho.

As instituições devem desenvolver um plano estratégico

As instituições precisam de um plano estratégico focado em tecnologia, bem como de políticas relacionadas ao desenvolvimento de cursos e programas, à propriedade e à governança. Em vez de improvisar de forma desorientada para estabelecer cursos *on-line* e competir com outras instituições que estão fazendo o mesmo, é melhor para as instituições usar um processo de planejamento estratégico. O processo deve incluir discussão e desenvolvimento de políticas relacionadas às questões de desenvolvimento de cursos e programas, propriedade do curso e governança, incluindo decisões sobre quais cursos e programas devem ser ensinados *on-line*, remuneração e benefícios aos docentes, carga de trabalho dos docentes e matrículas.

Ademais, a preparação para o desenvolvimento de um plano como esse requer uma avaliação realista do mercado. Muitas vezes, são feitas suposições sobre os estudantes que provavelmente se matricularão em programas *on-line* sem que se faça uma pesquisa para validar essas suposições. Frequentemente, os administradores presumem que os cursos *on-line* irão ampliar drasticamente o alcance da instituição. Aslanian e Clinefelter (2012), contudo, constataram que 69% dos estudantes *on-line* vivem dentro de um raio de 80 km do *campus* da instituição em que estão matriculados, e 80% deles vivem a não mais de 160 km. Se os cursos e programas *on-line* forem oferecidos, então, que estudantes a instituição provavelmente irá atrair? Essas ofertas serviriam aos estudantes de cursos presenciais, além de ampliar o alcance da instituição para fora do *campus*?

Responder a essas indagações deve ajudar a determinar quais cursos oferecer e quais programas desenvolver em resposta às necessidades dos estudantes. A inclusão de docentes neste processo é crucial para fazer essas decisões avançarem pelo processo regular de governança da instituição. Além disso, um processo inclusivo pode ajudar a aliviar as divergências em relação às questões de propriedade dos cursos e propriedade intelectual. A chave para o sucesso nessa área é chegar ao entendimento sobre questões de governança, propriedade, remuneração e benefíciosdos docentes, antes de se embarcar no desenvolvimento de cursos e programas.

As instituições devem desenvolver primeiro uma infraestrutura

Os docentes e os estudantes precisam de apoio técnico e administrativo para ensinar e aprender *on-line* de modo eficaz. Quando as instituições decidem estabelecer um ou dois cursos *on-line*, elas, muitas vezes, o fazem sem criar, primeiramente, uma estrutura adequada para o suporte técnico de docentes e estudantes. Problemas significativos podem surgir:

- Como os estudantes se registrarão nos cursos *on-line*?
- Como os docentes receberão informações sobre as matrículas?
- Espera-se que os docentes venham a inserir informações sobre os estudantes em seus cursos, ou isso será feito por alguém da área de tecnologia instrucional ou de registro?
- Quem responde quando os estudantes ou os docentes encontram dificuldades técnicas?
- O que acontece quando e se o servidor parar de funcionar e tanto os docentes quanto os estudantes ficarem incapazes de acessar o *site* do curso?
- O que acontece quando a tecnologia usada para cursos *on-line* torna-se ultrapassada?
- Como as decisões sobre compras e atualizações de tecnologia são tomadas?

Essas são apenas algumas das perguntas que precisam ser respondidas adequadamente para que os cursos e os programas *on-line* sejam oferecidos de forma tranquila e profissional.

Uma vez mais, aprendemos com a experiência que as instituições que não abordam essas perguntas irão eventualmente enfrentar essas questões, independentemente da sua vontade. Nós fomos contratados para conduzir um treinamento de docentes *on-line* para um departamento em uma instituição que pretendia oferecer cursos *on-line* com ou sem apoio institucional, já que a instituição não respondeu aos seus pedidos de ajuda para desenvolver programas *on-line*. Uma participante decidiu experimentar a ferramenta de informações dos estudantes incorporada ao sistema de gerenciamento de cursos e praticar a inserção de dados dos estudantes de um curso que ela criou como parte da capacitação. Embora tenha recebido informações sobre a maneira correta de fazer isso, ela optou por uma maneira mais fácil. Isso acabou derrubando o servidor que hospedava o sistema e levou três dias para que o único técnico em tecnologia instrucional contratado pela instituição consertasse os danos. E levou menos de uma semana para a instituição iniciar um debate com vistas a criar políticas para inserir informações de estudantes nos cursos, incluindo quem o faria e como isso seria feito. O resultado foi a eliminação da ferramenta de informações dos estudantes do sistema de gerenciamento de cursos. As informações são agora geradas pela secretaria de registros, que também é responsável pelas matrículas no curso.

A tecnologia deve ser escolhida por um comitê inclusivo

Os administradores frequentemente nos perguntam: "como podemos convencer os docentes para que lecionem *on-line*? Esse é o maior obstáculo que enfrentamos". Nossa resposta é que incluí-los no processo de tomada de decisão sobre a adoção e o uso da tecnologia pode ajudar bastante no convencimento dos docentes acerca do desenvolvimento e da oferta de cursos e programas *on-line*. Eles se sentirão mais confortáveis com o processo se suas vozes forem ouvidas e se o foco permanecer sobre o ensino e a aprendizagem, em vez da maximização dos lucros. Além do mais, quando os docentes são envolvidos no processo, eles podem ajudar a identificar suas necessidades de treinamento e de suporte. Se eles forem incluídos no processo de planejamento e houver uma avaliação realista das necessidades de aprendizagem dos estudantes, isso pode ajudar a evitar uma miríade de problemas e levar ao desenvolvimento de um programa *on-line* sério e responsivo.

A resistência dos docentes também nasce do temor que eles têm de ficar sobrecarregados com o desenvolvimento de cursos *on-line* e com as responsabilidades de ensino, especialmente em uma área que talvez não afete decisões sobre promoções ou estabilidade empregatícia. Como já observamos, isso é um problema menor do que era há 10 anos, mas ainda precisa de atenção por parte de algumas instituições. Desenvolver políticas claras nesta área, que reconheçam esse trabalho como possuidor de mérito acadêmico e forneçam estipêndios e tempo livre, pode ajudar. Os temores e a resistência dos docentes também podem ser minimizados com boa capacitação que foque na pedagogia e no suporte para a realização de cursos. Quando os docentes percebem que é o processo do bom ensino – um processo que eles conhecem – que leva ao sucesso na sala de aula *on-line*, e não a tecnologia propriamente dita, o nível de ansiedade deles diminui.

Preste atenção no novo ambiente regulatório

A supervisão governamental dos cursos e programas *on-line* está aumentando e é provável que continue assim devido às preocupações em relação ao nível de endividamento dos estudantes, além de contínuas preocupações com a qualidade de cursos e programas *on-line*. Curiosamente, o nível mais alto de preocupação é dirigido às instituições com fins lucrativos que oferecem diplomas inteiramente *on-line*. Contudo, Aslanian e Clinefelter (2012) constataram que 65% dos estudantes que se matriculam em cursos e programas *on-line* o fazem em faculdades e universidades sem fins lucrativos; apenas 35% matriculam-se em instituições que visam ao lucro. Embora sejam necessárias as preocupações com a qualidade e o cumprimento dos regulamentos em todos os setores, parece que o foco das instituições com fins lucrativos pode estar um tanto deslocado. Independentemente, os cursos e programas precisam que seus *designs* visem ao desenvolvimento profissional, bem como à eficiência da oferta, sem sacrificar a aprendizagem e a qualidade acadêmica.

UM OLHAR SOBRE O FUTURO PRÓXIMO

Conforme observamos as lições da sala de aula virtual que aprendemos até agora – algumas delas dolorosas, outras positivas – continuamos a pensar sobre o que o futuro guarda para a educação *on-line*. O que as instituições, os docentes e seus estudantes esperam ver nos próximos anos, à medida que a aprendizagem *on-line* se torna uma parte ainda maior, não apenas da academia, mas também do mundo do K-12? Embora ainda não haja respostas certas para essas perguntas, suspeitamos que veremos mais mudanças nas seguintes áreas: tecnologia, qualidade e desenvolvimento de cursos e programas; desenvolvimento profissional; interação entre os docentes; e pesquisa crescente em educação *on-line*.

Conforme exploramos cada uma dessas áreas, começamos a unir as peças do mosaico que é o futuro da educação *on-line* e da educação superior como um todo.

Tecnologia

Com o avanço da tecnologia móvel, que tem se tornado cada vez mais acessível, o acesso a cursos *on-line* está melhorando, e a capacidade de se usar bate-papo, áudio e vídeo continuará a ficar mais acessível e, portanto, mais utilizável em uma sala de aula. Ao mesmo tempo, os sistemas de gerenciamento de cursos comerciais têm se tornado cada vez mais caros, permitindo que os sistemas de código aberto floresçam. Tanto os sistemas comerciais quanto os de código aberto se tornaram mais responsivos às demandas e às necessidades dos usuários, incorporando ferramentas de redes sociais, *wikis* e *blogs* aos sistemas e vêm se tornando, no geral, mais robustos, permitindo a inclusão de ferramentas multimídia.

Foi previsto, contudo, que os sistemas de gerenciamento de cursos podem se tornar uma coisa do passado conforme os espaços de aprendizagem personalizada se tornem a norma. Os estudantes podem receber espaços em um servidor, individualmente ou em grupos, ou eles podem estabelecer seu próprio espaço *on-line* utilizando aplicativos como o Google Apps, em que podem coletar objetos de aprendizagem, interagir com os demais e colaborar em projetos para buscar suas próprias metas de aprendizagem. McLoughlin e Lee (2009) observam que, com o advento da *web* 2.0 e das ferramentas de redes sociais, o controle do aluno sobre o processo de aprendizagem precisa ser encorajado. Eles afirmam que

> Os estudantes da era digital querem uma experiência de aprendizagem ativa que seja social, participativa e apoiada pelas mídias sociais. (MCLOUGHLIN; LEE, 2009, p. 639).

Os espaços de aprendizagem personalizada permitem que os estudantes criem experiências de aprendizagem por meio do acesso e da participação em comunidades de aprendizagem de todo o mundo e construam aprendizagem que seja significativa para eles. A personalização permite que os estudantes determinem o que eles aprendem, além de quando e como. Na aprendizagem personalizada, os alunos são orientados por um professor que os ajuda a criar e a projetar colaborativamente a experiência de aprendizagem. Hargreaves e Shirley (2009) observam que isso é uma forma importante de criar mais flexibilidade nas experiências de aprendizagem, mas eles também alertam que isso não deve ser usado simplesmente como um meio para se incorporar mais multimídia na aprendizagem. Eles expressam a preocupação de que a aprendizagem personalizada poderia ser confundida com algo mais profundo do que ela é. É provável que o debate sobre espaços de aprendizagem personalizada ocorra por mais um bom tempo, à medida que acadêmicos mais tradicionais combatam o conceito e mais alunos dirijam-se para esses espaços.

Como a demanda por educação *on-line* continua a crescer, é provável que vejamos meios adicionais pelos quais essa forma de educação possa ser oferecida. Simultaneamente, conforme as universidades se tornem consumidoras mais conscientes de tecnologia, é provável que haja uma maior demanda por capacidade responsiva e por qualidade.

Qualidade e *design* de cursos e programas

No momento, há pouco consenso em relação ao que constitui um curso ou um programa *on-line* de qualidade. Além disso, o credenciamento da Jones International University pela North Central Association of Schools and Colleges, em 1999, levantou preocupações significativas por parte dos docentes e das instituições tradicionais sobre como o credenciamento de programas inteiramente *on-line* poderia ser alcançada. Algumas das perguntas eram:

> Os credenciadores podem mesmo avaliar uma universidade com base apenas em aprendizagem a distância – com salas de aula, bibliotecas e docentes localizados em algum lugar do ciberespaço – da mesma maneira que avaliam uma instituição tradicional? Podemos realmente chamar essas instituições de "faculdades" ou "universidades" se elas carecem de um núcleo considerável de docentes com dedicação exclusiva e de um sistema de governança no qual o corpo docente seja responsável pelo desenvolvimento de currículos e políticas acadêmicas? Os credenciadores realmente podem determinar que as novas instituições *on-line* atendem os mesmos critérios básicos de qualidade – ou, pelo menos, critérios equivalentes – que as instituições tradicionalmente credenciadas precisam atender? (PERLEY; TANGUAY, 1999, p. B4).

Essas perguntas, realizadas há mais de uma década, continuam a ser feitas, implorando pelo desenvolvimento de padrões de qualidade que sejam aceitos em todas as instituições. O Programa Qualidade Importa ("QM", na sigla em inglês) foi uma resposta, e a sua rubrica tem se tornado cada vez mais reconhecida como uma medida de qualidade em um curso *on-line*. Um curso que possui o selo de aprovação "QM" é geralmente reconhecido como um bom curso. O Programa, contudo, lida apenas com o *design*, e não a facilitação do curso, embora esses padrões estejam sendo desenvolvidos no momento. Para avaliar de verdade a qualidade do curso, ambos precisam ser levados em conta. Assim, o trabalho continuado precisa ocorrer naquelas que são consideradas as melhores práticas em mediação *on-line*. Os padrões da International Association for K–12 Online Learning, desenvolvidos para o K-12, são um bom exemplo e também poderiam orientar o ensino superior.

Apesar disso, esperamos que padrões sejam criados com vistas à liberdade acadêmica. Há uma ampla variação ocorrendo no desenvolvimento de cursos, o que produz uma necessidade por discussões da qualidade no desenvolvimento de programas *on-line*. O resultado ideal dessa discussão deve ser um espaço dentro do qual os docentes e as instituições possam trabalhar confortavelmente.

Desenvolvimento profissional

O que realmente significa ser "um guia acessível" ou um "facilitador de aprendizagem", em vez de ser um instrutor? Como um docente faz, com sucesso, a transição necessária para lecionar um curso *on-line*, de modo que os estudantes passem a deter o poder e a controlar o processo de aprendizagem? É possível desenvolver todos os docentes para que se tornem bons docentes *on-line*? Como as instituições podem diferenciar entre alguém que irá se sair bem *on-line* e alguém que não irá, sejam eles docentes ou estudantes?

As perguntas são projetadas para ajudar a estimular o pensamento sobre o que pode ser necessário em um bom programa de treinamento e desenvolvimento para os docentes. Contudo, elas também apontam que precisamos pensar cuidadosamente sobre quem deve ser encorajado para aprender *on-line*. Anteriormente, neste livro, nós afirmamos que nem todos os docentes são adequados para o ambiente *on-line*, assim como nem todos os estudantes devem considerar os cursos *on-line* como uma opção. Chegamos a apresentar a ideia controversa de que docentes que são muito divertidos em aulas face a face podem não ser os melhores docentes *on-line*. Nem todos os docentes, mesmo depois de participar de treinamento de professores *on-line*, irão se sair bem nesse ambiente. E, embora alguns autores prevejam que a tradicional sala de aula face a face seguirá o mesmo caminho do Modelo T* (BARONE; LUKER, 2000), acreditamos que é mais provável que a maioria das faculdades e universidades disponibilizará pelo menos uma parte de suas ofertas de cursos *on-line*, uma tendência que já está surgindo (ALLEN et al., 2012). Consequentemente, haverá espaço para aqueles que optarem por ensinar em sala de aula além daqueles que optarem por lecionar *on-line*.

Uma maior atenção deve ser dispensada àquilo que os docentes necessitam para ensinar *on-line* com sucesso. Em vez de focar na tecnologia propriamente dita, a capacitação e o desenvolvimento de docentes devem focar na interatividade crescente das aulas *on-line*, construindo uma comunidade de aprendizagem entre os alunos, disponibilizando conteúdos de curso em novas e criativas maneiras, incorporando a colaboração no processo de aprendizagem, dando poder aos alunos e avaliando os alunos e os resultados de aprendizagem de maneira que façam sentido na arena *on-line*. Conforme os docentes tornem-se facilitadores *on-line*, e à medida que o ambiente de aprendizagem *on-line* evolui, as necessidades de treinamento e de desenvolvimento mudarão. Consequentemente, o desenvolvimento de docentes para que possam ensinar com sucesso no ambiente *on-line* deve ser fluido e responsivo para as mudanças que certamente virão.

Como docentes e estudantes interagem

Uma das mudanças que já está ocorrendo, e que tem sido observada, é a maneira pela qual os docentes e os estudantes interagem. O estudante de hoje já não é bem aquele jovem com idade entre 18 e 21 anos procurando uma única experiência educacional. Em vez disso, o estudante *on-line* atual é, muito provavelmente, um membro de uma gama de estudantes, que vai daqueles em salas de aula K-12, passando por aqueles considerados estudantes de graduação tradicionais, até adultos que estão retornando aos bancos escolares para obter conhecimento e habilidades necessárias para competir e avançar na car-

---

* N. de R.T.: Os autores referem-se a um dos primeiros e bem-sucedidos modelos de carro produzidos pela Ford Motor Company, ainda parecido com uma carruagem.

reira. É mais provável que os estudantes adultos sejam aprendizes por toda a vida, embarcando naquilo que deve ser o começo de um processo de aprendizagem que resulta na busca por múltiplos diplomas, cursos ou certificações. Contudo, até mesmo os estudantes de graduação tradicionais estão buscando experiências de aprendizagem que os ajudarão a conseguir um emprego, e as faculdades e as universidades estão sendo solicitadas pelas entidades governamentais a demonstrar que suas ofertas de cursos e programas cumprirão essas metas. Embora tenham sido ensinados a se relacionar com os docentes de forma tradicional – vendo, no docente, a pessoa dotada de conhecimento e sabedoria para compartilhar – os aprendizes por toda a vida estão procurando fazer parte de uma parceria que resulta na realização de seus objetivos de aprendizagem (BATES, 2000; MCLOUGHLIN; LEE, 2009).

A parceria que os estudantes buscam é com uma instituição acadêmica que entenda suas necessidades e seja capaz de atendê-las. Assim, uma troca está ocorrendo no mundo acadêmico; as instituições acadêmicas estão reconhecendo que, como outros tipos de organizações, precisam ser responsivas àqueles que elas servem. O resultado é uma mudança da instituição tradicionalmente centrada nos docentes para uma instituição com o foco no aluno. Consequentemente, a relação entre os docentes e os estudantes também precisa mudar.

Acrescente tecnologia e ensino *on-line* à mistura e outras mudanças começam a ocorrer. Visto que a forma mais eficaz de se alcançar os resultados de aprendizagem na sala de aula *on-line* é por meio da utilização de técnicas de aprendizagem, os estudantes são encorajados a se tornar alunos que exercem seu poder. As tecnologias de hoje promovem a capacidade dos alunos para contribuir significativamente e criar colaborativamente suas experiências de aprendizagem. Mais plenamente envolvidos, os alunos ativos são mais inclinados a trazer novas demandas à situação de aprendizagem e não serão capazes de voltar ao estado anterior nas situações de aprendizagem subsequentes, sejam elas presenciais ou *on-line*. Observamos que a relação modificada entre docentes e estudantes na sala de aula *on-line* está transbordando para a sala de aula presencial, à medida que os docentes descobrem que as técnicas de aprendizagem ativa funcionam bem nessa última. Da mesma maneira, os docentes que historicamente têm feito bom uso das técnicas de aprendizagem ativa no ambiente face a face estão descobrindo que sua transição para a aprendizagem *on-line* é suavizada por meio do uso dessas técnicas. Bates (2000, p. 13-14) observa que

> A moderna teoria de aprendizagem vê a aprendizagem como uma busca individual por significado e relevância. Depois que a aprendizagem avança para além da lembrança dos fatos, princípios ou procedimentos corretos na área da criatividade, resolução de problemas, análise ou avaliação (exatamente as habilidades necessárias no local de trabalho em uma economia baseada no conhecimento, sem falar na vida como um todo), os alunos precisam da oportunidade para se comunicar uns com os outros, bem como com seus professores. É claro, isso inclui a oportunidade para indagar, desafiar e discutir questões.

O surgimento dos MOOCs é um desenvolvimento interessante, que põe em questão não apenas as maneiras pelas quais docentes e estudantes interagem, mas também os modelos de oferta do ensino superior. De acordo com Stewart (2012), os originadores do conceito, Stephen Downes, George Siemens e Dave Cormier, tinham a intenção de elaborar um ambiente alternativo para a aprendizagem e não estavam pretendendo, necessariamente, perturbar o ensino superior como nós o conhecemos. Utilizando um modelo baseado em aulas expositivas que imita a sala de aula invertida, os MOOCs oferecem fragmentos de aulas expositivas que possuem uma duração entre 12 e 15 minutos, com *quizzes* e outras tarefas a serem completadas entre as aulas. Atualmente, os MOOCs não são cursos que valem créditos e não são o mesmo tipo de curso *on-line* sobre o qual temos discutido, mas maneiras para que eles contem como créditos universitários estão sendo criadas enquanto escrevemos este texto, e será interessante ver o impacto que isso terá sobre a direção da aprendizagem *on-line* no futuro.

Atualmente, os MOOCs estão sendo oferecidos por muitas universidades de elite, assim como por entidades com fins lucrativos que estão fazendo parecerias com universidades. Eles são gratuitos e capazes de matricular dezenas de milhares de estudantes. Embora sejam predominantemente com base em aulas expositivas, alguns deles envolvem a capacidade de contato via rede social com outros participantes. Kim (2012) comenta as diferenças entre o que agora se chama de cursos *on-line* tradicionais e os MOOCs, ao afirmar que

> Um curso *on-line* tradicional bem construído não é um veículo para se oferecer conteúdo a partir do cérebro do professor para os cérebros dos estudantes, e sim uma oportunidade para os docentes guiarem, moldarem, reforçarem e apoiarem a aprendizagem dos estudantes [...] Este trabalho

requer que os docentes tenham a oportunidade de interagir com os estudantes.

Os MOOCs são uma ameaça ou eles nos ajudarão a reexaminar as maneiras pelas quais, atualmente, oferecemos cursos e lecionamos?

Em vez de se sentirem ameaçados por essa mudança nos relacionamentos e no *design* dos cursos, os docentes deveriam se sentir desafiados por ela. Os docentes também são aprendizes por toda a vida. O relacionamento em transformação com seus estudantes serve para ampliar a rede pela qual eles podem aprender. Quando iniciamos um novo curso *on-line*, sempre acreditamos que temos tanto para aprender com nossos estudantes quanto eles têm para aprender conosco. Consideramos este um elemento empolgante do nosso trabalho *on-line*, o qual saudamos com entusiasmo.

Pesquisa em educação *on-line*

Quando escrevemos nosso primeiro livro, em 1999, constatamos uma escassez de pesquisas sobre aprendizagem *on-line*. Contudo, observamos que o interesse pela área estava crescendo e que as pesquisas acompanhariam esse aumento. Essa previsão foi se tornando realidade conforme a aprendizagem *on-line* foi estabelecendo uma posição no ensino superior. Os docentes estão escrevendo e publicando, individualmente, artigos sobre suas experiências *on-line*. Estão sendo realizados estudos que comparam a modalidade presencial à *on-line* do mesmo curso para determinar a eficácia dos resultados. O Institute for Higher Education Policy publicou um relatório (PHIPPS; MERISOTIS, 1999) que analisou as pesquisas atuais sobre a eficácia da aprendizagem a distância. Desde então, foram publicados muitos estudos que examinam as características dos cursos *on-line* eficazes e a prática dos elementos críticos que apoiam o desenvolvimento.

Visto que essa é uma área em ascensão dentro da academia, que apresenta desenvolvimentos empolgantes que surgem diariamente, os esforços de pesquisa tendem a aumentar e a continuar. Aqueles que lecionam *on-line* saúdam a oportunidade de contribuir para a literatura acadêmica dessa área. As experiências educacionais que resultam do ensino *on-line* são tão diferentes das que temos obtido a partir da sala de aula tradicional que queremos compartilhá-las com nossos colegas, de modo que eles possam entender o poder do ensino *on-line* na oferta de educação na sociedade do conhecimento atual.

James Duderstadt (1999, p. 24-25) observou:

> A tecnologia de hoje está rompendo rapidamente as restrições de espaço e tempo. Está claro que a maior parte das pessoas, na maior parte das áreas, pode aprender – e aprender bem – utilizando a aprendizagem assíncrona (isto é, educação "a qualquer momento, em qualquer parte e lugar") [...] A educação ao longo da vida está se tornando uma realidade, tornando a aprendizagem disponível para qualquer um que queira aprender, na hora e lugar que escolher, sem grande esforço pessoal ou custo [...] Em vez de uma "era do conhecimento", nós poderíamos aspirar a uma "cultura da aprendizagem", na qual as pessoas estão constantemente cercadas pelas (ou imersas nas) experiências de aprendizagem? [...] Pode ser que isso se torne não apenas o grande desafio, mas a visão que impulsionará o ensino superior no decorrer do próximo milênio.

Essa declaração profética se revelou verdadeira. As pesquisas que documentam a eficácia de nossos esforços na criação da cultura de aprendizagem à qual Duderstadt se refere aconteceram e continuam a surgir. Conforme exploramos o território da aprendizagem *on-line*, compartilhar nossas experiências e as lições que aprendemos, sejam elas positivas ou negativas, é igualmente importante.

Encerramos nosso primeiro livro, *Construindo comunidades de aprendizagem no ciberespaço*, fazendo um comentário sobre nossa própria experiência no ensino *on-line*.

> Não apenas estamos ajudando a moldar a criação de aprendizes por toda a vida e com poder, nossa participação como membros iguais de um grupo de alunos nos apoia em nossa busca pela aprendizagem permanente. Para nós, esse é o poder da aprendizagem a distância *on-line*. (PALLOFF; PRATT, 1999, p. 168).

Stansbury (2011) apoia essa declaração e o que discutimos neste livro ao fornecer cinco características do educador eficaz da atualidade: antecipa o futuro, é um aprendiz por toda a vida, estimula o relacionamento entre colegas, pode ensinar e avaliar todos os níveis de alunos e é capaz de discernir a tecnologia eficaz da ineficaz. Hoje, essa crença não apenas permanece sendo verdadeira para nós, como ela aumenta a cada curso *on-line* que lecionamos, cada livro que escrevemos e cada grupo de docentes que capacitamos. Nunca iremos parar de aprender. Também nunca iremos parar de imaginar e buscar o que pode vir a seguir. Apenas começamos a explorar a sala de aula virtual e seu importante e poderoso papel no futuro da educação.

Dicas para a criação de cursos e programas bem-sucedidos

- Sempre tente fazer com que os cursos *on-line* tenham o máximo de interatividade possível.
- Use múltiplos meios para oferecer conteúdo e avaliar o progresso do estudante.
- Deixe que os docentes expressem sua opinião na seleção de tecnologia e na construção de políticas acerca de propriedade dos cursos, governança, remuneração e benefícios, cargas de trabalho e tamanho das turmas, além de propriedade intelectual.
- Forneça capacitação, tanto para os docentes quanto para os estudantes, sobre os novos papéis necessários para a criação de comunidades de aprendizagem *on-line* e para a realização de cursos de forma bem-sucedida.
- Forneça suporte administrativo e técnico adequados aos docentes que estão desenvolvendo e oferecendo cursos e para os estudantes que estão matriculados.
- Inclua questões, como o desenvolvimento de cursos, a compra de tecnologia, a remuneração de docentes pelo desenvolvimento e oferta do curso, a capacitação no plano estratégico da instituição e o orçamento para uma forte infraestrutura, para apoiar cursos e programas *on-line*.

Apêndice A
Exemplo de capacitação para docentes

Há dois exemplos de capacitação para docentes neste apêndice. A primeira é uma súmula de capacitação básica que utilizamos para a oferta de formação *on-line* de novos docentes e que inicialmente apresentamos em *O docente* on-line: *estratégias para a excelência profissional* (PALLOFF; PRATT, 2011). Nós a modificamos para incluir conceitos discutidos neste livro, e ela pode ser modificada ainda mais em função do tempo necessário para a capacitação. Tópicos também podem ser adicionados ou excluídos. Conforme é mostrado, ela representa uma capacitação de quatro semanas. Logo a seguir, apresentamos uma capacitação mais intensiva, focada na construção de comunidade em cursos *on-line*. O Apêndice B lista os recursos e os *websites* que podem ser usados para complementar a capacitação de docentes.

INTRODUÇÃO AO ENSINO *ON-LINE* E SUAS MELHORES PRÁTICAS

Docentes

Dra. Rena M. Palloff
E-mail: rpalloff@mindspring.com
Doutor Keith Pratt
E-mail: drkpratt@mindspring.com

Este curso foi projetado para ser uma orientação *on-line* de quatro semanas sobre ensino *on-line*. Ele irá focar no desenvolvimento de um vocabulário técnico compartilhado e irá discutir as preocupações pedagógicas na oferta de educação *on-line* de qualidade. Além disso, focará sobre a criação de cursos *on-line* que levarão aos objetivos de aprendizagem desejados, misturando-se conteúdo de curso com uso adequado de ferramentas tecnológicas.

Leituras obrigatórias

PALLOFF, R. e PRATT, K. *Lições da sala de aula virtual:* as realidades do ensino *on-line*. Porto Alegre: Penso, 2015.
PALLOFF, R. e PRATT, K. *Collaborating Online:* Learning Together in Community. San Francisco: Jossey-Bass, 2005.

Leituras recomendadas

PALLOFF, R. e PRATT, K.. *Construindo comunidade de aprendizagem no ciberespaço:* estratégias eficientes para salas de aula *on-line*. San Francisco: Jossey-Bass, 2005.

Pré-requisitos

- Não se exige que o aluno tenha feito cursos anteriores em ensino e aprendizagem *on-line*.
- Habilidades básicas no uso de computadores e processadores de texto, como copiar e colar.

- Entendimento básico do uso de *e-mail* e capacidade de acessar o *site* do curso e outros *sites* na internet.

Recomendações

- Acesso a um *smartphone* ou *tablet*.
- Revisão dos textos do curso que foram recomendados antes do seu início.

Objetivos de aprendizagem

- Experimentar um curso *on-line* a partir da perspectiva do aluno.
- Explorar e integrar várias estratégias de ensino e aprendizagem *on-line*.
- Explorar e integrar o conceito de comunidades de aprendizagem no ensino *on-line*.
- Explorar e integrar a aprendizagem móvel ao curso.
- Começar a planejar o desenvolvimento de seu próprio curso *on-line*.
- Aplicar os conceitos de bom desenvolvimento de curso a um curso que pode ser imediatamente implementado e oferecido.
- Se capaz de criticar os elementos positivos em cursos desenvolvidos por outras pessoas, bem como fazer sugestões apropriadas para a melhoria.
- Integrar boas técnicas de avaliação em um curso *on-line*.

UNIDADES DE APRENDIZAGEM

Semana 1

Unidade 1: Apresentações, objetivos de aprendizagem e diretrizes (3 dias)

Visão geral da unidade

Esta unidade foi projetada para nos ajudar a nos conhecermos melhor e discutirmos como iremos trabalhar juntos *on-line*. Ela o ajudará a ficar mais familiarizado com seu sistema de gerenciamento de cursos conforme navegamos juntos por ele, publicamos apresentações, examinamos os objetivos de aprendizagem para o curso e discutimos as diretrizes para a participação. A seguir, apresentamos algumas diretrizes para a participação neste curso:

- Dada a curta duração do curso (quatro semanas), espera-se que você o acesse quase diariamente.
- Espera-se que você contribua com a discussão pelo menos uma vez por unidade e em resposta a um de seus colegas pelo menos uma vez.
- Todas as tarefas devem ser completadas dentro do prazo, de modo que não atrapalhe o progresso do curso.
- Todas as comunicações serão profissionais e observarão as regras de *netiqueta*. Para mais informações sobre *netiqueta*, visite www.albion.com/netiquette.

Objetivos da unidade

- Nos conhecermos melhor.
- Desenvolver um contrato para a aprendizagem durante o curso.

Tarefas

- Publique uma apresentação no fórum de discussão apropriado. Inclua não apenas informações sobre sua formação, mas também sobre sua experiência com ensino e aprendizagem *on-line*. Reflita sobre as perguntas a seguir em sua apresentação: o que o atraiu ao ensino *on-line*? Como você se vê como docente? Quais são as suas esperanças e seus temores em relação a iniciar sua experiência *on-line*? Sinta-se à vontade para gravar um breve vídeo de apresentação, usando seu telefone, *tablet* ou computador, e enviá-lo ao *site* do curso. Você também pode visitar o Glogster (www.glogster.com) e criar um pôster *on-line* com sua apresentação. Se você optar por fazê-lo, forneça-nos o *link* para que possamos ver o seu pôster.

- Responda a pelo menos uma apresentação de outra pessoa.
- Publique uma mensagem no fórum de discussão, indicando sua disposição para trabalhar dentro das diretrizes listadas na visão geral desta unidade. Há alguma diretriz que deva ser acrescentada? Você acredita que pode vir a ter dificuldades para cumprir alguma diretriz?

Unidade 2: Desenvolvimento de súmulas na aprendizagem *on-line* (3 dias)

Visão geral da unidade

A súmula é a espinha dorsal de qualquer curso e, no curso *on-line*, ela é de extrema importância, já que é a principal maneira de os estudantes entenderem o que é esperado deles na sala de aula *on-line*. Consequentemente, não se deve deixar espaços para suposições. Conforme os docentes *on-line* desenvolvem súmulas, há uma necessidade de se deixar para trás o que foi feito na sala de aula presencial e repensar o curso para a oferta *on-line*. Há muitas perguntas a ser feitas para tanto:

- Quem são os meus estudantes?
- O que quero realizar por meio desse curso? O que eu quero que meus estudantes saibam, sintam ou façam como resultado desse curso? Que conteúdo de curso apoiará esses objetivos?
- Que diretrizes, regras, papéis e rituais precisam ser estabelecidos para esse curso?
- Como eu planejo oferecer esse material de curso?
- Quão confortável eu me sinto ao incluir atividades colaborativas, interação pessoal, promoção da aquisição de conhecimento por parte dos alunos e liberação do controle do processo de aprendizagem?
- Como eu quero organizar o *site* do curso?
- Como irei avaliar o desempenho dos estudantes?
- Como irei abordar as exigências de assiduidade?
- O que eu quero que os estudantes levem consigo ao concluir esse curso?

Além de responder a essas perguntas, os docentes *on-line* precisam considerar novas e diferentes atividades para acessar o conteúdo do curso. Os cursos *on-line* do tipo "leitura e discussão" não são muito atraentes e podem acabar levando a uma participação insuficiente. Consequentemente, o pensamento criativo é fortemente encorajado!

Objetivos da unidade

- Desenvolver um forte entendimento da natureza da aprendizagem *on-line*.
- Considerar e experimentar novas formas de oferecer materiais de curso.

Tarefas

- Examine os livros-texto para este curso e, então, publique respostas para as seguintes questões de discussão no fórum de discussão adequado: quais ideias você tem para apresentar o material do curso? Quais atividades você poderia experimentar? Quais preocupações você tem em relação às perguntas para consideração listadas na visão geral da unidade e como você poderia abordá-las?

Semana 2

Unidade 3: Escolha atividades de aprendizagem apropriadas (3 dias)

Visão geral da unidade

Agora que você está mais familiarizado com o seu sistema de gerenciamento de cursos, o propósito desta unidade é ajudá-lo a escolher e a desenvolver mais profundamente as atividades para o seu curso. Os Capítulos 2 e 7 de *Lições da sala de aula virtual* (PALLOFF; PRATT, 2015) discutem as melhores práticas na aprendizagem *on-line*, incluindo a compreensão de quem são seus estudantes e como eles aprendem, bem como o que eles precisam em termos de apoio para a sua aprendizagem. O livro *Collaborating Online* (PALLOFF; PRATT, 2004) oferece diversas sugestões para envolver os alunos *on-line* em atividades colaborativas. Ademais, visite o YouTube e assista a um vídeo ou dois sobre o uso das tecnologias *web* 2.0, como *wikis* e *blogs*, para promover a colaboração. Usando isso como um guia, reveja as atividades de aprendizagem que considerou e as desenvolva mais aprofundadamente para a implementação em seu próprio curso.

Objetivos da unidade

- Desenvolva um conjunto de atividades de aprendizagem, de forma mais completa, para a implementação em um curso *on-line*.
- Explore o conceito de envolvimento e como integrá-lo em um curso.

Tarefas

- Revise os Capítulos 2 e 7 de *Lições da sala de aula virtual* e o livro *Collaborating Online* (inteiro). Considerando esses materiais como cenário, como você pode desenvolver de forma mais completa as atividades que você sugeriu na unidade 2?

O que faz essas atividades serem eficazes e como elas se ligam aos objetivos de aprendizagem do seu curso? Quais ferramentas você utilizará para realizar essas atividades e por quê?

- Você formará uma dupla com um colega para fornecer *feedback* mútuo em suas atividades. Publique suas respostas a essas perguntas no fórum de discussão apropriado e, então, forneça *feedback* ao seu colega.
- Como você vê o conceito de envolvimento?
- Como você irá garantir que seus estudantes estejam totalmente envolvidos em seu curso? Por favor, publique suas respostas no fórum de discussão apropriado e responda a pelo menos um outro colega.

Unidade 4: Promovendo a participação (4 dias)

Visão geral da unidade

A oferta eficaz de um curso *on-line* exige participação elevada por parte dos estudantes e dos docentes. Você desenvolveu ideias para seu curso, mas se não conseguir que os estudantes participem, seu esforços terão sido em vão. As sugestões a seguir ajudarão a maximizar a participação (PALLOFF; PRATT, 2007):

- Seja claro em relação à quantidade de tempo que o curso irá exigir dos estudantes e dos docentes para eliminar possíveis mal-entendidos sobre as demandas do curso. Inclua essas informações em sua súmula.
- Ensine os estudantes sobre a aprendizagem *on-line*. Inclua uma seção de "perguntas frequentes" em seu curso, bem como um local onde os estudantes possam fazer perguntas conforme surgirem dúvidas.
- Como instrutor, seja um modelo de boa participação entrando frequentemente no *site* e contribuindo para as discussões. Planeje participar tanto quanto você pede para que seus estudantes participem.
- Esteja disposto a interferir e a estabelecer limites caso a participação decaia ou a conversação se encaminhe para a direção errada.
- Lembre-se de que há pessoas vinculadas às palavras na tela. Esteja disposto a contatar os estudantes que não estão participando e convide-os para entrar na discussão.
- Crie uma atmosfera afetuosa e convidativa que promova o desenvolvimento de um senso de comunidade entre os participantes.

Manter esses pontos em mente pode ajudar a maximizar a participação e criar uma experiência de aprendizagem satisfatória para estudantes e docentes.

Objetivos da unidade

- Desenvolver estratégias para envolver os estudantes em um curso *on-line*.
- Estabelecer e implementar práticas que maximizem a participação do estudante *on-line*.

Tarefas

- Revise as amostras de diretrizes de participação apresentadas na Exposição 5.3 de *Lições da sala de aula virtual*. Apresente as diretrizes que você pretende usar em seu curso *on-line* no fórum de discussão apropriado e forneça *feedback* para pelo menos um outro colega sobre o seu conjunto de diretrizes.
- Após completar suas diretrizes, escreva uma carta de boas-vindas aos seus estudantes e publique-a no fórum de discussão. Forneça *feedback* a pelo menos um outro colega sobre a carta dele.

Semana 3

Unidade 5: Colaboração e reflexão (3 dias)

Visão geral da unidade

No ambiente *on-line*, a colaboração é o pilar da experiência educacional. Ela é a fundação de uma comunidade de aprendizagem ao unir os estudantes para apoiar a aprendizagem e promover a criatividade e o pensamento crítico. Além disso, a colaboração cria um ambiente de reflexão: conforme os estudantes se envolvem no trabalho colaborativo, eles são solicitados a refletir sobre o processo, assim como sobre o conteúdo sendo explorado. O resultado é uma experiência de aprendizagem transformativa: o estudante não vê mais o conteúdo da mesma maneira. A interação social, ao invés da exploração individual, expande as visões do estudante em relação ao tópico e ao que eles achavam que sabiam. Isso lhes permite questionar crenças antigas e explorar novas. Ademais, o uso de atividades colaborativas em um curso ajuda a abordar as questões dos estilos de aprendizagem e da cultura, permitindo que os estudantes trabalhem a partir de seus pontos fortes. A colaboração ajuda os estudantes a se tornar mais do que meros estudantes: eles se tornam profissionais reflexivos. É importante lembrar, contudo, que a colaboração não acontece simplesmente. O docente desempenha um papel crucial na preparação dos estudantes para o trabalho de colaboração. As etapas para a colaboração são as seguintes:
  • Preparar o cenário.
  • Criar o ambiente.
  • Modelar o processo.
  • Avaliar o processo.

Pense sobre a atividade colaborativa que você possa estar planejando para o seu curso *on-line* com essas fases em mente. Como você poderia facilitar o processo de colaboração?

Objetivos da unidade

- Planejar o trabalho colaborativo em um curso *on-line*.
- Criar atividades que promovam a reflexão e a aprendizagem transformativa.

Tarefas

- Revise mais uma vez as atividades que você está propondo para o seu curso *on-line* e responda à seguinte pergunta no fórum apropriado: o que você poderia fazer para incorporar o trabalho colaborativo em seu curso *on-line*? Caso você já tenha planejado uma atividade colaborativa, como você planeja preparar os estudantes para ela? Como você precisaria prepará-los? Publique seu plano e forneça *feedback* para pelo menos outro plano.
- Responda à pergunta a seguir no fórum de discussão: como você promoverá a reflexão em seu curso? Ela será uma atividade que receberá nota?

Unidade 6: Incorporando a avaliação (3 dias)

Visão geral da unidade

A avaliação do desempenho dos estudantes é um componente crucial de qualquer curso, seja ele presencial ou *on-line*. Conforme aprendemos com nossa leitura, a boa avaliação se alinha com as atividades de ensino e não é vista como um fardo extra pelos estudantes ou pelo instrutor. Angelo e Cross (1993) observam que a boa avaliação possui estas características:
- Centrada no aluno
- Dirigida pelo professor
- Mutuamente benéfica
- Formativa
- Específica ao conteúdo
- Contínua

Nesta unidade, passaremos mais tempo pensando sobre a avaliação crítica e as atividades de avaliação em seu curso *on-line*.

Objetivos da unidade
- Desenvolver atividades de avaliação apropriadas para o curso *on-line*.
- Preparar e apresentar uma rubrica de atribuição de notas para as avaliações.

Tarefas
- Revise as atividades de avaliação apresentadas em *Collaborating Online*. Responda às perguntas abaixo, publicando suas respostas no fórum de discussão apropriado: quais atividades de avaliação você está preparando para o seu curso *on-line*? Discuta como elas se alinham com os objetivos do curso e com as atividades de aprendizagem. Dê *feedback* a pelo menos um colega sobre as tarefas por ele propostas.
- Prepare e publique no fórum de discussão pelo menos um esboço de rubrica de atribuição de notas para uma das atividades de aprendizagem em seu curso. Forneça *feedback* a pelo menos um colega sobre a rubrica dele.

Semana 4

Unidade 7: Prepare uma lição (4 dias)

Visão geral da unidade

Agora você está pronto para começar a criar seu curso. Durante os próximos dias, você deverá elaborar uma unidade de aprendizagem em forma de esboço e apresentá-la para análise.

Objetivos da unidade
- Completar um esboço de uma unidade de aprendizagem de seu curso, incluindo todas as atividades de aprendizagem e avaliação.
- Ofereça e receba *feedback* crítico para a melhoria da lição.

Tarefas
- Apresente o esboço da lição com as atividades e as avaliações e/ou rubricas para o colega com quem você trabalhou na unidade 3. Forneça uma crítica à lição que seu colega publicou e responda à crítica que seu parceiro fez sobre a sua lição.

Unidade 8: Reflexões finais sobre a experiência de aprendizagem (2 dias)

Visão geral da unidade

Parabéns! Você completou essa experiência de capacitação intensiva! Agora que você conseguiu, é hora de respirar fundo e refletir um pouco sobre o que você aprendeu nas últimas quatro semanas. Pense em como você abordará seu curso *on-line* e seus estudantes e o que você ainda pode precisar para seu desenvolvimento como docente *on-line*.

Objetivos da unidade
- Refletir criticamente sobre a experiência de capacitação.
- Definir as áreas que precisam de mais trabalho e fazer perguntas finais.

Tarefas
- Responda às perguntas abaixo, publicando suas respostas no fórum de discussão apropriado: que aprendizagem nova eu obtive ao participar desta capacitação? Como eu poderia ter feito as coisas de forma diferente em meu curso *on-line* se não tivesse participado da capacitação? Que dúvidas eu ainda tenho?

CAPACITAÇÃO INTENSIVA FOCADA NA COLABORAÇÃO E NA CONSTRUÇÃO DE COMUNIDADES DE APRENDIZAGEM *ON-LINE*

Esta súmula tem por objetivo oferecer capacitação intensiva focada na criação de colaboração e na construção de comunidades de aprendizagem. Ela pode ser usada com docentes de todos os níveis de experiência, de iniciantes a mestres, e pode ser realizada em um prazo de até uma semana, embora o ideal para a capacitação seja um período de duas semanas.

• • •

Olá e bem-vindos ao curso Construindo Comunidades de Aprendizagem no Ciberespaço!
Eis algumas diretrizes para ajudá-los a começar nesta breve e intensa experiência. Primeiro, apesar do fato de que estudaremos as comunidades de aprendizagem *on-line* nesta semana, não esperem formar uma comunidade sólida em um período tão curto. Certamente, já testemunhamos a formação de boas comunidades em uma semana, mas esse é apenas o começo de um processo muito mais longo. Vocês participarão de uma atividade colaborativa em grupos pequenos para facilitar este processo. Por causa disso, vocês precisarão se comprometer a participar nos próximos cinco dias. Por favor, não deixe a sua comunidade emergente na mão! Certifiquem-se de separar uma quantidade de tempo adequada diariamente para trabalhar neste curso. Esperamos que, por meio do estabelecimento de contatos entre vocês, a comunidade possa florescer mesmo após o término deste curso! O grupo é dividido em grupos de trabalho menores. Sua tarefa dentro de cada grupo é participar de um processo colaborativo que resulte em alguma forma de artigo em grupo ou uma apresentação que explore ou demonstre maneiras de se construir comunidades em um curso *on-line*. Vocês podem optar por apresentar seu projeto em forma de *wiki*, de um artigo construído em estilo quebra-cabeça (ou seja, cada membro contribui com uma peça), de um Prezi (www.prezi.com), de uma apresentação de PowerPoint, ou de um pôster do Glogster (www.glogster.com) (Glogster é um aplicativo de *blogs* gráficos). Cada grupo negociará papéis para a conclusão da atividade. Queremos que vocês compartilhem estes papéis:
- *Observador diário:* cada um de vocês deve se revezar no compartilhamento de suas observações. Deve haver pelo menos cinco de vocês no grupo, e vocês podem escolher o dia para observar o que lhes for mais conveniente. Suas observações de cada dia de trabalho serão publicadas na área de Relatório do fórum de discussão.
- *Líder do projeto:* indique uma pessoa cujo trabalho será coordenar o trabalho do grupo no projeto final.
- *Buscador:* mais de uma pessoa pode desempenhar este papel. Os buscadores encontram material para o grupo usar ao mesmo tempo em que todos trabalham no projeto.
- *Tecelões:* pode haver mais de um tecelão, mas sugerimos que esse papel seja desempenhado por não mais de duas pessoas. O(s) tecelão(ões) editarão e aperfeiçoarão o trabalho final para assegurar que ele seja bem apresentado e coerente.

Apesar de observarmos suas discussões diárias e seu projeto, não participaremos dos grupos pequenos, a não ser que vocês nos convidem por alguma razão; por exemplo, caso vocês possuam perguntas específicas ou apresentem problemas de participação. O observador diário será o encarregado de nos contatar e nos convidar para participar. Em vez de participar em seus grupos, nós temos uma área no fórum de discussão intitulada "Perguntas para os Drs. P&P". Por favor, interajam conosco nessa área e façam perguntas sobre nossas ideias, sobre o livro, sobre questões que surjam durante suas discussões e assim por diante. Quando precisarem, perguntem-nos sobre coisas que vão além das tarefas. Essa é nossa área para interagir com vocês acerca das ideias apresentadas, e essa discussão é bem-vinda!

Para começar, entrem no *site* e publiquem uma apresentação na área "Apresente-se", para que vocês possam começar a se conhecer. Para obter sucesso, por favor, planejem acessar o *site* diariamente e participem ativamente das discussões diárias e do trabalho do projeto. Eis as exigências adicionais que vocês precisam cumprir para obter os créditos do curso:

- Escrever um artigo final reflexivo sobre o processo e o projeto da semana. Não há exigências quanto ao tamanho ou ao formato. Apenas nos enviem suas reflexões sobre as leituras, as discussões e o trabalho colaborativo!
- Uma semana após o término do curso, enviem seus artigos por *e-mail* para Rena e Keith em rpalloff@mindspring.com e drkpratt@gmail.com.

Fiquem à vontade para fazer qualquer pergunta. Estamos ansiosos para trabalhar com todos vocês!

Cordialmente,
Rena e Keith

Dia 1: Definindo e recontextualizando a comunidade

Bem-vindos ao nosso curso *on-line* Construindo Comunidades de Aprendizagem no Ciberespaço! Estamos ansiosos para trabalhar com vocês nesta semana, na qual exploraremos a importância da interatividade e da construção de comunidades nos cursos *on-line*. Este curso envolve a leitura de capítulos do nosso livro, *Construindo Comunidades de Aprendizagem no Ciberespaço*, a audição de breves peças de áudio na área de discussão do curso, se assim o quiserem, e, mais importante, o trabalho em uma atividade colaborativa durante toda a semana, para ajudá-los a formar sua própria comunidade de aprendizagem. Para mais descrições do projeto, consultem a mensagem de boas-vindas que lhes enviamos. Também incluímos uma área de rede social, que vocês podem usar à vontade, para se conhecer melhor e ir além do conteúdo do curso. Esperamos que esta semana de atividade em conjunto traga a vocês uma visão geral, que lhes permitirá a aplicação dos conceitos em seu próprio ensino *on-line*. Aproveitem!

No nosso primeiro dia, examinaremos como definimos ou recontextualizamos a comunidade, conforme ela se aplica, particularmente, a um curso *on-line*. Além disso, falaremos sobre como podemos facilitar o desenvolvimento da comunidade *on-line* com eficácia. Vocês experimentarão isso por meio do desenvolvimento de uma carta de princípios do grupo, para auxiliá-los a realizar o seu trabalho colaborativo. Publicamos um pouco de material para ajudá-los na realização do trabalho, bem como algumas perguntas que, provavelmente, vocês vão querer considerar à medida que refletirem sobre como trabalhar juntos *on-line*.

Tarefas para o dia 1

- Ler os capítulos 1 e 2 de *Construindo Comunidades de Aprendizagem no Ciberespaço*.
- Ouvir o clipe de áudio para o dia 1.

- Para fazer o grupo trabalhar de forma bem-sucedida, todos os membros devem concordar em seguir às normas estabelecidas pelo grupo. Conforme o seu grupo se forma, vocês devem chegar a um consenso sobre os seguintes itens e publicar a carta de princípios do seu grupo no fórum de discussão na área do seu grupo:
  - Como seu grupo irá identificar a si mesmo? (Seu grupo pode escolher um nome de trabalho).
  - Como o grupo irá se comunicar (p. ex., por meio de fórum de discussão, *e-mail*, sala de aula virtual, telefone ou uma combinação de métodos)?
  - Em que momento do dia a discussão começará, levando-se em consideração as diferenças de fuso horário e os afazeres de cada um?
  - Quão rápido os membros do grupo devem responder aos *e-mails* ou às publicações no fórum de discussão (p. ex., dentro de duas horas, em um dia, etc.)?
  - Que papel ou tarefas cada pessoa do grupo irá desempenhar? Entre os possíveis papéis estão o de iniciador, secretário, elo com o instrutor, motivador, organizador e os papéis determinados por Rena e Keith.
  - Quem é o responsável pela publicação das respostas do grupo no fórum de discussão principal?
  - Como o grupo irá lidar com um membro que não está participando?
- Discuta quaisquer outros tópicos que sejam únicos para o seu grupo.
- Responda a pergunta a seguir na área de discussão: Você vê a construção de comunidade como um elemento importante de um curso *on-line*?
- Faça qualquer pergunta que quiser no fórum Perguntas para os Drs. P & P, localizado na área de discussão.

Dia 2: Considerações humanas e práticas na aprendizagem *on-line*

Vamos começar o dia 2! Hoje examinaremos os elementos que ajudam a facilitar o desenvolvimento de uma comunidade *on-line*, bem como alguns dos elementos que poderiam interferir nesse desenvolvimento. Alguns desses elementos são bastante óbvios – como o tamanho do grupo para facilitar a construção da comunidade e nossa necessidade de nos conectarmos e fazermos parte de algo. Outros elementos não são tão óbvios, como os rituais e a conectividade que contribuem para a espiritualidade da comunidade *on-line*. Acreditamos que vocês terão seus próprios momentos de "eureca!" em relação a esses e outros elementos envolvidos na comunidade *on-line*, ao participar da discussão de hoje e negociar o seu próprio projeto.

Tarefas para o dia 2
- Ler os capítulos 3 e 4 de *Construindo Comunidades de Aprendizagem no Ciberespaço*.
- Ouvir o clipe de áudio para o dia 2.
- Negociar com o seu grupo pequeno como será o projeto final. Vocês irão construir um *wiki*, fazer um artigo em estilo quebra-cabeça, criar um Glogster, uma apresentação de PowerPoint ou de Prezi? Considerando o prazo curto que vocês têm para concluir o trabalho, vocês realmente precisam decidir isso HOJE!
- Responda a pergunta a seguir na área de discussão: no papel de docente *on-line*, como você trabalharia com os elementos da comunidade *on-line* à medida que eles aparecem?
- Faça qualquer pergunta que quiser no fórum Perguntas para os Drs. P&P, localizado na área de discussão.

Dia 3: Movimentando o ensino e a aprendizagem *on-line*

Estamos praticamente na metade de uma semana intensa e produtiva! Bem-vindos ao dia 3! Hoje nós examinaremos como os docentes podem fazer a transição da sala de aula presencial para a sala de aula *on-line* de maneira eficaz. Como o nosso papel de docente muda quando ensinamos *on-line*? Como podemos ser facilitadores *on-line* eficazes? Que papel o aluno desempenha nisso tudo? E, finalmente, como podemos construir um curso que garanta que tudo isso acontecerá? Por meio da nossa leitura e da discussão de hoje, vocês compreenderão melhor como podem fazer essa transição de maneira eficaz e começar a implementar técnicas de construção de comunidades em seus cursos *on-line*.

Tarefas para o dia 3

- Ler o capítulo 3 e 4 de *Construindo Comunidades de Aprendizagem no Ciberespaço*.
- Ouvir o clipe de áudio para o dia 3.
- Continuar o trabalho do seu projeto colaborativo.
- Discutir a pergunta a seguir na área de discussão: Que mudanças você precisará fazer em sua prática de ensino para obter sucesso *on-line*?
- Faça qualquer pergunta que quiser no fórum Perguntas para os Drs. P&P, localizado na área de discussão.

Dia 4: Promovendo a aprendizagem colaborativa

Vocês todos estão fazendo um excelente trabalho! Estamos chegando ao fim de nosso curso, mas, antes, iremos abordar alguns tópicos que são de particular importância para o trabalho *on-line* bem-sucedido. O tópico de hoje será todo sobre colaboração. A sala de aula *on-line* proporciona um ambiente maravilhoso onde a colaboração pode ocorrer, e os diversos aplicativos *web* 2.0 que surgiram nos últimos anos estão ajudando a facilitar esse processo. Hoje esclareceremos o que queremos dizer com colaboração e discutiremos maneiras pelas quais a colaboração eficaz pode acontecer.

Tarefas para o dia 4

- Ler o capítulo 8 de *Construindo Comunidades de Aprendizagem no Ciberespaço*.
- Ouvir o clipe de áudio para o dia 4.
- Ir para o *site* Prezi a seguir e assistir a esta apresentação disponível em: http://prezi.com/obqzirjhtf-q/web-20-in-the-classroom/.
- Continuar o trabalho do seu projeto colaborativo.
- Discutir a pergunta a seguir na área de discussão: que tipos de tarefas colaborativas você fica à vontade para incorporar em um curso *on-line*?
- Faça qualquer pergunta que quiser no fórum Perguntas para os Drs. P & P, localizado na área de discussão.

Dia 5: Aprendizagem transformativa

Vocês conseguiram! Bem-vindos ao último dia do curso! Não nos abandonem ainda, pois hoje falaremos sobre um tópico extremamente importante: aprendizagem transformativa e reflexão. Como vocês puderam constatar ao realizar este curso breve e intensivo, essa mídia nos encoraja a refletir sobre perguntas, materiais e contribuições de todos os envolvidos. Como resultado de toda essa reflexão, nossos processos de pensamento e aprendizagem são transformados. Na verdade, muitos alunos relatam que, após terem feito um curso *on-line* com um bom *design*, eles se sentem transformados como alunos.

Hoje concluiremos nosso curso com uma discussão sobre a aprendizagem reflexiva e transformativa e discutiremos maneiras para se construir reflexão no processo de aprendizagem *on-line*. Vocês também publicarão seu projeto ou um *link* para o seu projeto. À medida que vocês refletirem, pensem também a respeito desse projeto e como foi trabalhar nele com seu grupo pequeno.

Esperamos que este curso tenha correspondido às suas expectativas! No espírito da reflexão, adoraríamos saber sobre suas experiências com este curso para que possamos melhorá-lo para os nossos próximos alunos. Boa sorte com a implementação de tudo o que discutimos e com todo o seu ensino *on-line*!

Tarefas para o dia 5

- Ler o capítulo 9 de *Construindo Comunidades de Aprendizagem no Ciberespaço.*
- Ouvir o clipe de áudio para o dia 5.
- Publicar o seu projeto final ou um *link* para esse projeto na área de discussão.

- Discutir as perguntas a seguir na área de discussão: reflitam sobre sua aprendizagem nesta semana. O que vocês aprenderam? Como vocês experimentaram a aprendizagem *on-line*? Que recomendações vocês fariam aos alunos que vierem depois de vocês em relação à participação nesta experiência de aprendizagem *on-line*?
- Que perguntas finais vocês têm para esta semana? Publique-as no fórum Perguntas para os Drs. P & P, na área de discussão.

Apêndice B
Recursos adicionais

Este apêndice contém recursos para os docentes e para aqueles que os apoiam no desenvolvimento de seus cursos *on-line*. Incluímos aqui *links* e sugestões para estas áreas:
- Comunidades de prática
- Tecnologias móveis e tecnologias *web* 2.0
- Programas de certificação em ensino *on-line*
- Conferências *on-line*
- Periódicos *on-line*
- Organizações profissionais
- Rubricas de avaliação de cursos

COMUNIDADES DE PRÁTICA

Estas são apenas algumas comunidades de prática devotadas ao ensino *on-line*:
- Learning Times, um centro para comunidades *on-line*, treinamento e conferências sobre tópicos em aprendizagem *on-line* e a distância. Disponível em: http://www.learningtimes.net
- Merlot (*Multimedia Educational Resource for Learning and Online Teaching*, Recurso educacional multimídia para aprendizagem e ensino *on-line*), um repositório de objetos de aprendizagem; também produz um periódico *on-line* e hospeda comunidades de prática de disciplinas específicas. Disponível em: http://www.merlot.org.
- Tapped In, uma comunidade de prática voltada principalmente ao ensino das séries do K-12, que vem expandindo seu foco para incluir docentes do ensino superior. Disponível em: http://www.tappedin.org.

APLICATIVOS MÓVEIS E APLICATIVOS WEB 2.0

Os aplicativos móveis são muito numerosos para serem listados. Entretanto, há *sites* onde os aplicativos são agregados, e citamos alguns que temos usado tanto no ensino presencial como em cursos *on-line*:
- Google Mobile. Disponível em: http://www.google.com/mobile.
- iTunes e a Apple App Store. Disponível em: http://www.apple.com.
- Fresno State University, um *site* que analisa e apresenta aplicativos que apoiam o ensino e a aprendizagem. A cada mês, um novo aplicativo é apresentado; aplicativos que foram analisados e apresentados anteriormente estão armazenados no *site*. Disponível em: http://www.fresnostate.edu/academics/tilt/toolsforteaching.

A seguir, outros aplicativos úteis:
- Polleverywhere, usado para fazer enquetes de opinião ou de respostas sobre qualquer tópico, podendo ser usado co-

mo um substituto aos sistemas de respostas de estudantes.
- Wiffiti, que permite aos docentes receber mensagens de texto e exibi-las em um lugar; útil para enquetes, responder perguntas de *quiz*, etc.
- Posterous, para a criação de espaços privados na *web*, em que os estudantes e os instrutores podem publicar materiais de todos os tipos.
- Google Docs, para o compartilhamento de documentos e edição colaborativa.
- Broadcastr, que transforma o *smartphone* em um guia multimídia por meio da transmissão de fotos e áudio, com base no local em que o usuário está.
- SCVNGR, que constrói gincanas no mundo real.

Entre os aplicativos *web* 2.0 úteis, temos estes:
- Glogster, que cria *blogs* gráficos que podem incluir áudio e vídeo.
- Prezi, uma alternativa ao PowerPoint, que permite apresentações com ampliação e *zoom*.
- HootCourse, que proporciona espaço de sala de aula virtual utilizando o Facebook e o Twitter.

PROGRAMAS DE CERTIFICAÇÃO EM ENSINO *ON-LINE*

Existem muitos programas de certificação na área do ensino *on-line*. Nesta amostragem dos mais conhecidos, alguns oferecem créditos em nível de graduação, bem como certificação:
- Fielding Graduate University: Aprendizagem Interativa *On-line;* Tecnologias Emergentes na Sala de Aula do K-12; Mídias Sociais na Educação. Essa universidade oferece três programas acadêmicos, com certificação, que vão além do uso de ferramentas tecnológicas, para mergulhar na pedagogia de ensino e aprendizagem *on-line* e da construção de comunidades de aprendizagem. Cada programa é completamente oferecido *on-line*, e os créditos podem ser aproveitados no programa de doutorado da Fielding em mudança e liderança educacional. A diretora do programa é Rena Palloff, que também é professora, juntamente com outros nomes bastante conhecidos da aprendizagem *on-line*. Disponível em: http://www.fielding.edu/programs/elc/
- University of Wisconsin-Stout: Certificado de Pós-Graduação em *E-Learning* e Ensino *On-line*. Projetado para atender as metas de desenvolvimento profissional daqueles que querem obter um certificado que os credencie como altamente qualificados na área de instrução por *e-learning* e treinamento *on-line*. Os estudantes podem fazer um ou dois cursos por período letivo. O programa dura cinco semestres se o estudante fizer um curso por período letivo, ou nove meses se o estudante fizer dois cursos por período. Os créditos dos cursos podem ser aproveitados em três programas de mestrado em educação. Disponível em: http://www.uwstout.edu/soe/profdev/elearningcertificate.html
- LERN (Learning Resources Network: Programa de Certificação de Instrutores *on-line* (CIO). Essa designação foi criada para atender a docentes do ensino superior e outros que lecionam *on-line* e que querem ser reconhecidos por seu conhecimento e suas habilidades. O programa CIO envolve realizar três cursos intensivos de uma semana de duração, lecionar dois cursos *on-line*, receber críticas por um dos cursos, coletar as avaliações dos estudantes dos cursos lecionados e fazer uma prova. Disponível em: http://www.teachingonthenet.org/courses/certified_online_instructor/index.cfm.
- Divisão de Extensão da University of Wisconsin-Madison: Certificado Profissional em Ensino *On-line*. Programa de certifi-

cação flexível, em que o estudante determina o seu ritmo e ajuda os novos docentes *on-line* a se atualizar rapidamente ou reforçar e aprimorar as habilidades dos instrutores *on-line* experientes. O programa proporciona conhecimento e habilidades, exemplos e melhores práticas em ensino *on-line*, além de demonstrar o que foi aprendido em um projeto de planejamento de curso que usa os materiais de curso do próprio docente. Disponível em: http://www.ecampus.wisconsin.edu/online-certificate/elearning-online-teaching-graduate-certificate-uw-stout.aspx
- Illinois Online Network: Certificado de Professor *On-line* Mestre. Esse certificado é um programa de desenvolvimento de docentes abrangente, com base na série de cursos de desenvolvimento de docentes MVCR (Making the Virtual Classroom a Reality; Tornando a Sala de Aula Virtual uma Realidade). Esse programa reconhece e certifica docentes, funcionários e administradores que alcançarem um nível mensurável de conhecimento relacionado ao *design* de cursos *on-line*, à instrução *on-line* e a outras questões relacionadas ao ensino e à aprendizagem *on-line*. Para receber o certificado, o estudante precisa completar com sucesso quatro cursos obrigatórios, um curso eletivo e a prática de ensino *on-line*. Disponível em: http://www.ion.uillinois.edu/courses/students/mot.asp.

CONFERÊNCIAS *ON-LINE*

As conferências *on-line* estão ficando mais populares devido às restrições econômicas, associadas aos custos de viagem, às taxas de inscrição e à conveniência de se participar a partir de casa ou do escritório. Algumas duram mais de dois ou três dias, enquanto outras são seminários curtos. O benefício adicional das conferências *on-line* é o seu baixo custo:

- Wiley Learning Institute – http://www.jbfacdev.com.
- Conferência Internacional *On-line*, acesso mediante servidores autorizados – http://www.internationalonlineconference.org/.
- Conferência Smithsoniana sobre Resolução de Problemas – http://www.smithsonianconference.org/expert/.
- Conferência *On-line* TCC (*Technology, Colleges, and Community* – http://tcc.kcc.hawaii.edu/2010/tcc/welcome.html.
- Impressões Acadêmicas – http://www.academicimpressions.com/.
- Seminários *On-line* Magna – http://www.magnapubs.com.

PERIÓDICOS *ON-LINE* SOBRE ENSINO *ON-LINE*

Muitos periódicos agora são *on-line*. Esta lista identifica alguns que são devotados ao tópico do ensino *on-line*:

- *Journal of Online Learning and Teaching* (JOLT) – http://jolt.merlot.org/.
- *Online Journal of Distance Learning Administration* – http://www.westga.edu/~distance/ojdla/.
- *T.H.E. Journal* (*Transforming Education Through Technology* – http://thejournal.com/articles/2004/09/01/faculty-training-for-online-teaching.aspx.
- *EDUCAUSE Review* – http://www.educause.edu/ero.
- *Innovate: Journal of Online Education* – http://innovateonline.info/.
- *Journal of Asynchronous Learning Networks* (JALN) – http://www.sloanconsortium.org/publications/jaln_main.
- *Journal of Interactive Online Learning* – http://www.ncolr.org/.
- *International Review of Research in Open and Distance Learning* – http://www.irrodl.org/index.php/irrodl/index.
- *International Journal of Instructional Technology & Distance Learning* – http://www.itdl.org.

- *The Technology Source Archives* – http://www.technologysource.org/.
- *Distance Education Journal* – http://www.odlaa.org.

ORGANIZAÇÕES PROFISSIONAIS

A seguir, apresentamos uma lista de organizações profissionais de interesse para os docentes que lecionam *on-line* e para os desenvolvedores de docentes:

- International Society for Technology in Education: dedicada a apoiar o uso da tecnologia no ensino e na aprendizagem de professores e estudantes do K-12.
- Association for the Advancement of Computing in Education: para o avanço da tecnologia da informação na pesquisa em educação e *e-learning*, bem como seu desenvolvimento e aplicação prática.
- U.S. Distance Learning Association: promove o desenvolvimento e a aplicação da aprendizagem a distância para a educação e o treinamento em todos os níveis.
- League for Innovation in the Community College: apoia o trabalho e as publicações focadas na integração da tecnologia ao ensino.
- American Association of Community Colleges: fornece recursos e pesquisas para e sobre as faculdades comunitárias, embora não esteja diretamente focada no uso da tecnologia na educação.
- Professional Organizational Development Network: fornece recursos e apoio aos desenvolvedores de docentes.
- North American Council for Staff, Program, and Organizational Development: fornece recursos e apoio aos desenvolvedores de docentes.
- American Association for Adult and Continuing Education: fornece liderança na área de educação continuada e de adultos por meio de promoção e pesquisa.

RUBRICAS DE AVALIAÇÃO DE CURSOS

Muitas instituições e organizações criaram rubricas para a avaliação da qualidade em um curso *on-line*. Elas podem ser baixadas e usadas para se autoavaliar um curso ou podem ser usadas como parte de um esforço de avaliação de cursos em nível departamental ou institucional. Estas são as mais conhecidas:

- Quality Matters (Qualidade Importa), http://www.qualitymatters.org/
- Rubrica da Universidade Estadual da Califórnia-Chico para a Instrução *On-line*, http://www.csuchico.edu/celt/roi/
- Illinois Online Network, Rubrica da Iniciativa para Cursos *On-line* de Qualidade, http://www.ion.uillinois.edu/initiatives/qoci/rubric.asp

Referências

AKRIDGE, J. et al. Retaining adult learners in a high-stress distance education learning environment: the Purdue University executive MBA in agribusiness. In: PHILLIPS, V. *Motivating and retaining adult learners online*: a journal of research articles and practitioner's tips. Essex Junction: GetEducated.com, 2002. p. 62-71.

ALBRECHT, B. *Enriching student experience through hybrid learning*. Washington: Educause Center for Applied Research, 2006. (Research Bulletin, n. 12).

ALLEN, I. E. et al. *Conflicted*: faculty and online education, 2012. Oakland: Babson Survey Research Group, 2012.

ALLEN, I. E.; SEAMAN, J. *Entering the mainstream*: the quality and extent of online education in the United States, 2003 and 2004. Wellesley: Sloan Consortium, 2004.

ALLEN, I. E.; SEAMAN, J. *Going the distance*: online education in the United States, 2011. Wellesley: Sloan Consortium; Oakland: Babson Research Group, 2011.

ALLEN, I. E.; SEAMAN, J. *Growing by degrees*: online education in the United States. Wellesley: Sloan Consortium, 2005.

ALLEN, I. E.; SEAMAN, J. *Online nation*: five years of growth in online learning. Wellesley: Sloan Consortium, 2007.

AMERICAN ASSOCIATION OF UNIVERSITY PROFESSORS. Distance education and intellectual property. *Academe*, Washington, p. 41-45, May-June 1999.

ANDERSEN, K. M.; AVERY, M. D. Faculty teaching time: a comparison of webbased and face-to-face graduate nursing courses. *Int J Nurs Educ Scholarsh*, Berkeley, v. 5, n. 1, p. 1-12, 2008.

ANGELO, T.; CROSS, K. *Classroom assessment techniques*: a handbook for college teachers. San Francisco: Jossey-Bass, 1993.

ANGWIN, J. How to twitter. *WSJ*, New York, March 7, 2009.

ASLANIAN, C. B.; CLINEFELTER, D. L. *Online college students 2012*: comprehensive data on demands and preferences. Louisville: Learning House, 2012.

BARON, A. et al. Intellectual property and online courses: policies at major research universities. In: NATIONAL EDUCATIONAL COMPUTING CONFE-RENCE, 26., 2005, Philadelphia. *Proceedings...* Philadelphia: NECC, 2005. p. 27-30.

BARONE, C.; LUKER, M. The role of advanced networks in the education of the future. In: LUKER, M. (Ed.). *Preparing your campus for a networked future*. San Francisco: Jossey-Bass, 2000. p. 1-14.

BARSCH, J. *Barsch learning style inventory*. [S.l.: s.n.], 1980. Disponível em: <http://www.sinclair.edu/support/sss/pub/Barsch%20learning%20Style%20inventory.doc>. Acesso em: 7 jul. 2014.

BATES, A. W. *Managing technological change*. San Francisco: Jossey-Bass, 2000.

BATES, A. W.; SANGRÀ, A. *Managing technology in higher education*: strategies for transforming teaching and learning. San Francisco: Jossey-Bass, 2011.

BECKER, K. L. Just tell me what to do: group dynamics in a virtual environment. In: WOMEN IN RESEARCH CONFERENCE, 2003, Rockhampton. *Proceedings...* Rockhampton: QUT, 2003.

BEDDALL-HILL, N.; RAPER, J. Mobile devices as "boundary objects" on field trips. *RCET*, Kent, v. 6, n. 1, p. 28-46, Spring 2010.

BELL, B. S.; KOZLOWSKI, S. W. J. A typology of virtual teams: implications for effective leadership. *GOM*, v. 27, n. 1, p. 14-50, 2002.

BLACKBOARD. *Educational benefits of online learning*. Washington: Blackboard, 1998. Disponível em: <http://blackboardsupport.calpoly.edu/content/

faculty/handouts/Ben_Online.pdf>. Acesso em: 7 jul. 2014.
BOETTCHER, J. What does knowledge look like and how can we help it grow? *Syllabus*, p. 64-66, Sept. 1999.
BOETTCHER, J.; CONRAD, R. *Faculty guide for moving teaching and learning to the web*. Mission Viejo: League for Innovation in the Community College, 1999.
BOETTCHER, J.; CONRAD, R. *The online teaching survival guide*: simple and practical pedagogical tips. San Francisco: Jossey-Bass, 2010.
BONK, C. J.; GRAHAM, C. R. (Ed.). *Handbook of blended learning*: global perspective, local designs. San Francisco: Jossey-Bass; Pfeiffer, 2006.
BOURNE, K.; SEAMAN, J. *Sloan-C special survey report*: a look at blended learning. Needham: Sloan Consortium, 2005.
BOWER, B. Distance education: facing the challenge. *OJDLA*, Carrollton, v. 4, n. 2, Summer 2001. Disponível em: <http://www.westga.edu/~distance/ojdla/summer42/bower42.html>. Acesso em: 7 jul. 2014.
BRAINTRACK. *BrainTrack's top online colleges and guide to distance education*. [S.l.]: BrainTrack, c2014. Disponível em: <http://www.braintrack.com/online-colleges/>. Acesso em: 9 ago. 2014.
BROOKFIELD, S. *Becoming a critically reflective teacher*. San Francisco: Jossey-Bass, 1995.
BROOKFIELD, S. *The skillful teacher*: on technique, trust, and responsiveness in the classroom. San Francisco: Jossey-Bass, 2006.
BROOKS, J.; BROOKS, M. *In search of understanding*: the case for constructivist classrooms. 2. ed. New York: Pearson, 2000.
CARTWRIGHT, G. P. Planning for academic computing: important trends and issues. *Change*, Philadelphia, v. 28, n. 4, p. 57-60, July-Aug. 1996.
CENTER FOR UNIVERSAL DESIGN. *The principles of universal design*. Raleigh: NC State University, 1997. Disponível em: <http://www.ncsu.edu/ncsu/design/cud/about_ud/udprinciplestext.htm>. Acesso em: 31 jul. 2014.
CHOON-LING, S.; BERNARD, C.; KWOK-KEE, W. Group polarization and computer-mediated communication: effects of communication cues, social presence, and anonymity. *Information Systems Research*, College Park, v. 13, n. 1, p. 70-92, 2002.
CLOUGH, G. et al. Informal learning with PDAs and smartphones. *Journal of Computer Assisted Learning*, Oxford, v. 24, n. 5, p. 359-371, 2008.
CONCEIÇÃO, S.; LEHMAN, R. *Managing online instructor workload*: strategies for finding balance and success. San Francisco: Jossey-Bass, 2011.

COOMBS, N. *Making online teaching accessible*: inclusive course design for students with disabilities. San Francisco: Jossey-Bass, 2010.
DABBAGH, N. The online learner: characteristics and pedagogical implications. *CITE Journal*, Charlottesville, v. 7, p. 217-226, 2007.
DABBAGH, N.; BANNAN-RITLAND, B. *Online learning*: concepts, strategies, and application. Upper Saddle River: Prentice Hall, 2005.
DAHL, B. *Interregional accreditation guidelines for online programs*. [S.l.]: Barry Dahl, 2012. Disponível em: <http://barrydahl.com/2012/02/10/interregional-accreditation-guidelines-for-online-programs/>. Acesso em: 7 jul. 2014.
DEUBEL, P. K-12 online teaching endorsements: are they needed? *THE Journal*, Chatsworth, Jan. 2008. Disponível em: <http://thejournal.com/articles/2008/01/10/k12-online-teaching-endorsements-are-they-needed.aspx>. Acesso em: 7 jul. 2014.
DICKINSON, G.; AGNEW, D.; GORMAN, R. Are teacher training and compensation keeping up with institutional demands for distance learning? *Cause/Effect*, v. 22, n. 3, 1999. Disponível em: <https://net.educause.edu/ir/library/html/cem/cem99/cem9939.html>. Acesso em: 7 jul. 2014.
DUDERSTADT, J. Can colleges and universities survive in the information age? In: KATZ, R. et al. *Dancing with the devil*. San Francisco: Jossey-Bass, 1999. p. 1-25.
EL-HUSSEIN, M. O.; CRONJE, J. C. Defining mobile learning in the higher education landscape. *J Educ Techno Soc*, Palmerston North, v. 13, n. 3, p. 12-21, 2010.
ENGEL, G.; GREEN, T. Cell phones in the classroom: are we dialing up disaster? *TechTrends*, New York, v. 55, n. 2, p. 39-45, Mar.-Apr. 2011.
FEENBERG, A. No frills in the virtual classroom. *Academe*, Washington, p. 26-31, Sept.-Oct. 1999.
FINKELSTEIN, J. *Learning in real time*: synchronous teaching and learning online. San Francisco: Jossey-Bass, 2006.
FOSHEE, D. Instructional technologies-part one: leveraging the technology menu-a practical primer for new learning environments. In: BOAZ, M. et al. *Teaching at a distance*: a handbook for instructors. Mission Viejo: League for Innovation in the Community College and Archipelago, 1999. p. 15-31.
FROHBERG, D. Mobile learning is coming of age: what we have and what we still miss. In: E-LEARNING FACHTAGUNG INFORMATIK, 4., 2006, Darmstadt. *Proceedings...* Darmstadt: DELFI, 2006. Disponível em: <http://www.comp.leeds.ac.uk/umuas/reading-group/MLearn_Framework.pdf>. Acesso em: 9 ago. 2014.

GARRISON, D. R. *Elearning in the twenty-first century*. 2. ed. New York: Routledge Falmer, 2011.

GARRISON, D. R.; VAUGHAN, N. D. *Blended learning in higher education*: framework, principles, and guidelines. San Francisco: Jossey-Bass, 2008.

GARRISON, R.; ANDERSON, T.; ARCHER, W. Critical thinking, cognitive presence, and computer conferencing in distance education. *Am J Distance Educ*, University Park, v. 15, n. 1, p. 87-105, 2001.

GRANDZOL, C. J.; GRANDZOL, J. R. Interaction in online courses: more is NOT always better. *OJDLA*, Carrollton, v. 13, n. 2, 2010. Disponível em: <http://www.westga.edu/~distance/ojdla/summer132/Grandzol_Grandzol132.html>. Acesso em: 7 jul. 2014.

GREEN, T.; ALEJANDRO, J.; BROWN, A. H. The retention of experienced faculty in online distance education programs: understanding the factors that impact their involvement. *IRRODL*, Edmonton, v. 10, n. 3, p. 1-15, 2009.

HANSON, D. et al. *Distance education*: a review of the literature. 2. ed. Washington: Association for Educational Telecommunications and Technology, 1997.

HARASIM, L. et al. *Learning networks*. Cambridge: MIT, 1996.

HARGREAVES, A.; SHIRLEY, D. *The far side of educational reform*. Ottawa: Canadian Teachers' Federation, 2009. Disponível em: <http://www.ctf-fceca/Research-Library/Report_EducationReform2012_EN_web.pdf >. Acesso em: 7 jul. 2014.

HAWKE, C. S. *Computer and internet use on campus*: a legal guide to issues of intellectual property, free speech, and privacy. San Francisco: Jossey-Bass, 2000.

HEBERT, M. Staying the course: a study in online student satisfaction and retention. *ODLA*, Carrollton, v. 9, n. 4, Winter 2006.

HOLTON, J. A. Building trust and collaboration in a virtual team. *Team Performance Management*, v. 7, n. 3/4, p. 36-48, 2001.

HUBERMAN, B. A.; ROMERO, D. M.; WU, F. Social networks that matter: Twitter under the microscope. *First Monday*, v. 14, n. 1-5, 2009. Disponível em: <http://firstmonday.org/article/view/2317/2063>. Acesso em: 7 jul. 2014.

ILLINOIS ONLINE NETWORK. *Pedagogy and learning*: what makes a successful online facilitator? Champaign: Illinois Online Network, 2014a. Disponível em: <http://www.ion.uillinois.edu/resources/tutorials/pedagogy/instructorProfile.asp>. Acesso em: 7 jul. 2014.

ILLINOIS ONLINE NETWORK. *What makes a successful online student?* Champaign: Illinois Online Network, 2014b. Disponível em: <http://www.ion.uillinois.edu/resources/tutorials/pedagogy/StudentProfile.asp>. Acesso em: 07 jul. 2014.

INTERNET WORLD STATS. *Facebook users in the world*. Bogota: Miniwatts Marketing Group, 2001-2014. Disponível em: <http://www.internetworldstats.com/facebook.htm>. Acesso em: 7 jul. 2014.

JONASSEN, D. et al. Constructivism and computer-mediated communication in distance education. *Am J Distance Educ*, University Park, v. 9, n. 2, p. 7-26, 1995.

KAPUS, J. Five quick tips for using streaming media in your blended or online courses. *Faculty Focus*, Madison, June 2010. Disponível em: <http://www.facultyfocus.com/articles/asynchronous-learning-and-trends/five-quick-tips-for-using-streaming-audio-or-video-in-your-blended-or-online-courses/>. Acesso em: 7 jul. 2014.

KEARSLEY, G. *Tips for training online instructors*. Atlanta: EarthLink, c2014. Disponível em: <http://home.sprynet.com/~gkearsley/OItips.htm>. Acesso em: 7 jul. 2014.

KEEGAN, D. *The future of learning*: from elearning to mlearning. Hagen: FernUniversität, 2002. (Ziff Papiere, 119).

KIM, J. *Parsing the NYTimes coverage of the growth of MOOCs*. Washington: Inside Higher, 2012. Disponível em: <http://www.insidehighered.com/blogs/technology-and-learning/parsing-nytimes-coverage-growth-moocs#sthash.fkVCH0YV.dpbs>. Acesso em: 7 jul. 2014.

KIM, K.; BONK, C. The future of online teaching and learning in higher education: the survey says… *Educause Quarterly*, Luisville, n. 4, p. 22-30, 2006. Disponível em: <net.educause.edu/ir/library/pdf/eqm0644.pdf>. Acesso em: 7 jul. 2014.

KIRCHER, J. What are the essential characteristics of the successful online teacher and learner? *TTT*, Madison, v. 8, n. 1, Sept. 2001. Disponível em: <http://www.uwsa.edu/ttt/kircher.htm>. Acesso em: 9 ago. 2014.

KNOWLES, M. *The adult learner*: a neglected species. Houston: Gulf, 1992.

KOLB, D. *Learning style inventory*. Boston: McBerr, 1984.

KOOLE, M.; MCQUILKIN, J. L.; ALLY, M. Mobile learning in distance education: utility or futility? *IJEDE*, Calgary, v. 24, n. 2, p. 59-82, 2010.

KROMREY, J. et al. Property and online courses: policies at major research universities. In: NATIONAL EDUCATIONAL COMPUTING CONFERENCE, 26., 2005, Philadelphia. *Proceedings...* Philadelphia: NECC, 2005.

LAMONT, I. *Teaching in second life*: one instructor's perspective. [S.l]: Terra Nova, 2007. Disponível em:

<http://terranova.blogs.com/terra_nova/2007/05/teaching_in_sec.html>. Acesso em: 9 ago. 2014.

LEFOE, G. E. et al. Faculty development for new technologies: putting mobile learning in the hands of the teachers. In: HERRINGTON, J. et al. *New technologies, new pedagogies*: mobile learning in higher education. Wollongong: University of Wollongong, 2009. p. 15-27.

LITZINGER, M.; OSIF, B. Accommodating diverse learning styles: designing instruction for electronic information sources. In: SHIRATO, L. (Ed.). *What is good instruction now? Library instruction for the 90s.* Ann Arbor: Pierian, 1993. p. 73-81.

LORENZO, G. *Job outlook for teachers*. Williamsville: Lorenzo Associates, 2011. Disponível em: <http://www.edpath.com/guidetool/job%20outlook%20teachers.html>. Acesso em: 7 jul. 2014.

LUKIN, R. et al. Learner-generated contexts: sustainable learning pathways through open content. *OpenLearn07*, 2007.

LUNSFORD, J. Using handheld technologies for student support: a model. *RCET*, Kent, v. 6, n. 1, p. 55-69, 2010.

MAGENNIS, S.; FARRELL, A. Teaching and learning activities: expanding the repertoire to support student learning. In: O'NEILL, G.; MOORE, S.; MCMULLIN, B. (Ed.). *Emerging issues in the practice of university learning and teaching*. Dublin: AISHE, 2005.

MAJOR, H.; TAYLOR, D. Teaching for learning: design and delivery of community college courses. *Community College Enterprise*, v. 9, n. 2, p. 63-75, 2003.

MALONEY, W. Brick-and-mortar campuses go online. *Academe*, Washington, p. 18-25, Sept.-Oct. 1999.

MANNING, S.; JOHNSON, K. M. *The technology toolbelt for teaching*. San Francisco: Jossey-Bass, 2011.

MARQUIS, C. *WebCT survey discovers a blend of online learning and classroom-based teaching is the most effective form of learning today*. [S.l.: s.n], 2004.

MARTIN, W. A. Being there is what matters. *Academe*, Washington, p. 32-36, Sept.-Oct. 1999.

MCCLURE, B. *Putting a new spin on groups*. 2. ed. Hillsdale: Erlbaum, 2004.

MCGIVNEY, V. Understanding persistence in adult learning. *Open Learning*, v. 19, n. 1, p. 33-46, 2004.

MCGRATH, J.; HOLLINGSHEAD, A. *Groups interacting with technology*. Thousand Oaks: Sage, 1994.

MCLOUGHLIN, C.; LEE, M. J. W. Personalised learning spaces and self-regulated learning: global examples of effective pedagogy. In: ASCILITE, 2009, Auckland. *Proceedings...* Auckland: Ascilite, 2009. Disponível em: <http://www.ascilite.org.au/conferences/auckland09/procs/mcloughlin.pdf>. Acesso em: 9 ago. 2014.

MCNETT, M. Curbing academic dishonesty in online courses, pointers and clickers: ION's technology tip of the month. *Pointers & Clickers*, Campaign, May/June 2002. Disponível em: <http://www.ion.uillinois.edu/resources/pointersclickers/2002_05/>. Acesso em: 9 ago. 2014.

MENGES, J. Feeling between the lines. *CMC Magazine*, Oct. 1996. Disponível em: <http://www.december.com/cmc/mag/1996/oct/menges.html>. Acesso em: 9 ago. 2014.

MENNECKE, B. E.; HOFFER, J. A.; WYNNE, B. E. The implication of group development and history for group support systems theory and practice. *Small Group Research*, v. 23, p. 524-572, 1992.

MERISOTIS, J. *Quality on the line*. Washington: National Education Association and Blackboard, 2000.

MERISOTIS, J. The "what's the difference?" debate. *Academe*, Washington, p. 47-51, Sept.-Oct. 1999.

MIDDLE STATES COMMISSION ON HIGHER EDUCATION. *Distance education programs*: interregional guidelines for the evaluation of distance education (online learning). Philadelphia: Middle States Commission on Higher Education, 2011.

MOORE, J. C.; FETZNER, M. J. The road to retention: a closer look at institutions that achieve high course completion rates. *JALN*, v. 44, n. 3, p. 3-22, 2009.

NAISMITH, L. et al. *Report 11*: literature review in mobile technologies and learning. Bristol: NESTA Futerlab Series, 2005.

NATIONAL EDUCATION ASSOCIATION. *Guide to teaching online courses*. Washington: NEA, 2014. Disponível em: <http://www.nea.org/assets/docs/onlineteachguide.pdf>. Acesso em: 31 jul. 2014.

NIELSEN, J. *College students on the web*. Fremont: Nielsen Norman Group, 2010. Disponível em: <http://www.nngroup.com/articles/college-students-on-the-web/>. Acesso em: 9 ago. 2014.

NIPPER, S. Third generation distance learning and computer conferencing. In: MASON, R.; KAYE, A. *Mindweave*: communication, computers and distance education. Oxford: Pergamon, 1989. cap. 5.

NORTH AMERICAN COUNCIL FOR ONLINE LEARNING. *National standards for quality online teaching*. Vienna: iNACOL, 2011. Disponível em: <http://www.inacol.org/cms/wp-content/uploads/2013/02/iNACOL_TeachingStandardsv2.pdf>. Acesso em: 9 ago. 2014.

OLCOTT, D. Instructional technologies – part two: Strategies for instructor success –selecting and using distance education technologies. In: BOAZ,

M. et al. *Teaching at a distance*: a handbook for instructors. Mission Viejo: League for Innovation in the Community College and Archipelago, 1999. cap. 3.

PALLOFF, R. M.; PRATT, K. *Assessing the online learner*: resources and strategies for faculty. San Francisco: Jossey-Bass, 2009.

PALLOFF, R. M.; PRATT, K. *Building learning communities in cyberspace*: effective strategies for the online classroom. San Francisco: Jossey-Bass, 1999.

PALLOFF, R. M.; PRATT, K. *Building online learning communities*: effective strategies for the virtual classroom. San Francisco: Jossey-Bass, 2007.

PALLOFF, R. M.; PRATT, K. *Collaborating online*: learning together in community. San Francisco: Jossey-Bass, 2004.

PALLOFF, R. M.; PRATT, K. *Lessons from the virtual classroom*: the realities of online teaching. San Francisco: Jossey-Bass, 2013.

PALLOFF, R. M.; PRATT, K. *The excellent online instructor*: strategies for professional development. San Francisco: Jossey-Bass, 2011.

PARK, J.; HEE, J. C. Factors influencing adult learners' decision to drop out or persist in online learning. *J Educ Techno Soc*, Palmerston North, v. 12, n. 207-217, 2009.

PATTEN, B.; ARNEDILLO SÁNCHEZ, I.; TANGNEY, B. Designing collaborative, constructionist and contextual applications for handheld devices. *Computers and Education*, v. 46, p. 294-308, 2006.

PEREZ, E. Professors experiment with Twitter as a teaching tool. *Journal Sentinel*, Milwaukee, 2009. Disponível em: <http://jsonline.com/news/education/43747152.html>. Acesso em: 9 ago. 2014.

PERLEY, J.; TANGUAY, M. Accrediting on-line institutions diminishes higher education. *Chronicle of Higher Education*, Washington, B4-B6, Oct. 1999.

PHIPPS, R.; MERISOTIS, J. *What's the difference?* Washington: Institute for Higher Education Policy, 1999.

POMALES, C.; LIU, Y. Web-based distance learning technology: the impacts of web module length and format. *Am J Distance Educ*, University Park, v. 20, p. 163-179, 2006.

POTTER, R. E.; BALTHAZARD, P. A. Understanding human interaction and performance in the virtual team. *JITTA*, Milwaukee, v. 4, n. 1, p. 1-23, 2002.

PRATT, K. *The electronic personality*. 1996. Tese não publicada, desenvolvida na Fielding Graduate University.

RICE, K.; DAWLEY, L. *Going virtual! The status of professional development for K-12 online teachers*. Boise: Boise State University, 2007. Disponível em: <http://edtech.boisestate.edu/goingvirtual/goingvirtual1.pdf>. Acesso em: 9 ago. 2014.

RICE, M. Faculty involvement in planning for the use and integration of instructional and administrative technologies. *Journal of Research on Computing in Education*, Manchester, v. 33, p. 328-336, 2001.

ROCCO, S. Online assessment and evaluation. *New Directions for Adult and Continuing Education*, San Francisco, v. 113, p. 75-86, 2007.

ROCKWELL, S. K. et al. Incentives and obstacles influencing higher education faculty and administrators to teach via distance. *OJDLA*, Carrollton, v. 2, n. 4, Winter 1999. Disponível em: <http://westga.edu/~distance/rockwell24.html>. Acesso em: 9 ago. 2014.

ROVAI, A.; BARNUM, K. On-line course effectiveness: an analysis of student interactions and perceptions of learning. *Journal of Distance Education*, v. 18, n. 1, p. 57-73, 2003. Disponível em: <http://www.ijede.ca/index.php/jde/article/viewFile/121/102>. Acesso em: 9 ago. 2014.

ROWE, N. C. Cheating in online student assessment: beyond plagiarism. *OJDLA*, Carrollton, v. 7, n. 2, Summer 2004. Disponível em: <http://www.westga.edu/%7Edistance/ojdla/summer72/rowe72.html>. Acesso em: 9 ago. 2014.

RUSSELL, T. *The no significant difference phenomenon*. Chapel Hill: North Carolina State University, 1999.

SAVERY, J. Be vocal: characteristics of successful online instructors. *JIOL*, v. 4, n. 2, p. 141-152, 2005. Disponível em: <http://www.ncolr.org/issues/jiol/v4/n2/be-vocal-characteristics-of-successful-online-instructors#.U-aAxY1dVuA>. Acesso em: 9 ago. 2014.

SCHAFFHAUSER, D. Social media as a teaching tool. *Campus Technology*, Mar. 2012. Disponível em: <http://campustechnology.com/articles/2012/03/12/social-media-as-a-teaching-tool.aspx>. Acesso em: 9 ago. 2014.

SCHUTTE, J. Virtual teaching in higher education: the new intellectual superhighway or just another traffic jam. *California State University*, Northridge, May 1996.

SEAMAN, J. *Online learning as a strategic asset*. Washington: Association of Public and Land-Grant Universities, 2009. v. 2.

SLOAN CONSORTIUM. *The 5 pillars*: Sloan-C quality framework. Wellesley: Sloan Consortium, 2012. Disponível em: <http://sloanconsortium.org/5pillars>. Acesso em: 9 ago. 2014.

SMITH, A. *Mobile access 2010*. Washington: Pew Research Center, 2010. Disponível em: <http://

www.pewinternet.org/2010/07/07/mobile-access-2010/>. Acesso em: 9 ago. 2014.

SMITH, A.; BRENNER, J. *Twitter use 2012*. Washington: Pew Research Center, 2012. Disponível em: <http://www.pewinternet.org/2012/05/31/twitter-use-2012/>. Acesso em: 9 ago. 2014.

SMITH, R. *Conquering the content*: a step-by-step guide to online course design. San Francisco: Jossey-Bass, 2008.

SOCIAL COMPARE. *Facebook vs Myspace vs Twitter vs Google Buzz*. Montauroux: SocialCompare, 2014. Disponível em: <http://socialcompare.com/en/comparison/facebook-vs-myspace-vs-twitter-vs-google-buzz-68b8cl5>. Acesso em: 9 ago. 2014.

STANSBURY, M. Five characteristics of an effective 21st century educator. *eSchool News*, Bethesda, Sept. 2011. Disponível em: <http://www.eschoolnews.com/2011/09/09/five-characteristics-of-an-effective-21st-century-educator/>. Acesso em: 9 ago. 2014.

STEWART, B. *Slouching toward Bethlehem*: unpacking the MOOC as buzzword. Washington: Inside Higher Ed, 2012. Disponível em: <https://www.insidehighered.com/blogs/university-venus/slouching-towards-bethlehem-unpacking-mooc-buzzword>. Acesso em: 9 ago. 2014.

STRASBURG, J. Pushing for net access. *San Francisco Chronicle*, p. B1-B3, Mar. 2000.

STRAYER, J. *Flipped classroom infographic*. [S.l.]: Knewton, 2011. Disponível em: <http://www.knew-ton.com/flipped-classroom/>. Acesso em: 9 ago. 2014.

THELIN, J. *Professors and online learning*. Washington: Inside Higher Ed, 2012. Disponível em: <https://www.insidehighered.com/views/2012/07/10/professors-shouldnt-be-afraid-online-learning-essay>. Acesso em: 9 ago. 2014.

TOMEI, L. The technology facade. *Syllabus*, p. 32-34, Sept. 1999.

TRAXLER, J. Will student devices deliver innovation, inclusion, and transformation? *RCET*, Kent, v. 6, n. 1, p. 3-15, Spring 2010. Disponível em: <http://www.rcetj.org/index.php/rcetj/article/view/56>. Acesso em: 9 ago. 2014.

TRUMAN-DAVIS, B. et al. Support for online teaching and learning. *Educause Quarterly*, v. 2, p. 44-51, 2000. Disponível em: <http://net.educause.edu/ir/library/pdf/EQM0023.pdf>. Acesso em: 9 ago. 2014.

TUCKMAN, B.; JENSEN, M. Stages of small group development revisited. *GOM*, v. 2, n. 4, p. 419-427, 1977.

VAN DUSEN, C. Beyond virtual schools. *eSchool News*, Bethesda, Nov. 2009. Disponível em: <http://www.eschoolnews.com/2009/11/01/esn-special-report-beyond-virtual-schools/>. Acesso em: 9 ago. 2014.

VARVEL, V. Honesty in online education. *Pointers and Clickers*, Campaign, v. 6, n. 1, 2005. Disponível em: <http://www.ion.uillinois.edu/resources/pointersclickers/2005_01/VarvelCheatPoint2005.pdf>. Acesso em: 9 ago. 2014.

WATSON, J. F.; KALMON, S. *Keeping pace with K-12 online learning*: a review of state level policy and practice. Naperville: North Central Regional Educational Laboratory, 2006.

WHITE, N. *Rena's case study*. 2000. Posting to online facilitation listserv.

YEONJEONG, P. A pedagogical framework for mobile learning: categorizing educational applications of mobile technologies into four types. *IRRODL*, Edmonton, v. 12, n. 2, p. 78-102, 2011.

YOUNG, R. C.; CHAMBERLAIN, M. A. Ready to teach online? A continuum approach. In: ANNUAL CONFERENCE ON DISTANCE TEACHING AND LEARNING, 22., 2006, Madison. *Proceedings...* Madison: Conference on Distance Teaching and Learning, 2006.

Índice

Referências de páginas seguidas de *fig* indicam uma figura; seguidas de *t* indicam uma tabela; seguidas de *e* indicam uma *exposição*.

Abordagem de Caos *Neo-Passe*, 59
Abordagem de Correria de Fim de Ano, 59
Abordagem Utopia de Pollyanna-Phillpanna, 59
Academe (periódicos), 20, 122
Administradores
 dicas para a criação de uma infraestrutura tecnológica, 67; lições de aprendizagem *on-line* para, 173-175; preocupações comuns sobre tecnologia por, 26t-31; questões emergentes de aprendizagem *on-line* para docentes e, 25-31
Admissão aberta, 123-124
Agnew, D., 57
Akridge, J., 35
Albrecht, B., 88
Alejandro, J., 70
Allen, I. E., 20-22, 27-28, 33, 35, 65, 69, 170, 178
Ally, M., 73
Alunos auditivos, 24, 131
"Alunos barulhentos", 126
Alunos cinestésicos, 24
Alunos visuais, 24, 131
Alunos. *Ver* Estudantes
Ambiente *on-line*
 assíncronos, 23, 40-41, 49-50; ensinado estudante a aprender no, 142-143; MOOCs (*Massively Open Online Courses*), 63, 169, 180-181; síncronos (ou bate papo), 23, 39, 41, 80
Ambiente regulatório
 atualizando-se no novo, 175; preocupações de docentes e administradores em relação ao, 26t, 28-29; questões de acreditação relacionadas ao, 28
Ambientes de aprendizagem assíncrona
 a representação que fazemos ao publicarmos em, 49-50; complementando com sessões de bate-papo síncrono, 41; quadros de discussão como, 23; vantagens da aprendizagem de, 40-41
American Association of University Professors, 122
Anderson, K. M., 57

Anderson, T., 44
Angwin, J., 77
Aprendizagem colaborativa
 através de *feedback* significativos de colegas, 135; desenvolvimento de cursos que encorajam, 102-104; encorajando os estudantes a usarem ferramentas de comunicação para a, 134-135; experiências de aprendizagem por meio da interação de estudantes e, 127-128; modelo *on-line* de, 51*fig*; papéis de colaborador desempenhados pelos estudantes para, 133-135; promovendo-a entre os estudantes, 50-51, 119-120; tendências futuras para a interação docentes-estudante para a, 178-181; Twitter usado para a, 120. *Ver também* Comunidade de aprendizagem; Aprendizagem *on-line*; Estudantes
Aprendizagem móvel
 benefícios da, 74; contextos da, 73-74
Aprendizagem *on-line*
 ambiente regulatório de, 26t, 28-29, 175; avaliação como parte do processo de, 52-53; como as tecnologias emergentes estão mudando a face da, 23; criação bem-sucedida de, 128-129; definição de educação *on-line*, 23-23; eficácia da distribuição a distância de, 33-34; empoderado por meio da tecnologia móvel, 72-74; ensino definido como atividades que tornam possível a, 52; estilos de aprendizagem diferentes e, 24, 130-131; história inicial e desenvolvimento de, 168-169; informal, 74; levantamentos mostrando demanda crescente pela, 21-23; mitos sobre, 169-170; móvel, 73-74; mudando atitudes em relação à criação de conhecimento pela, 20-23; papel do aluno no processo da, 132, 136-137; por "alunos barulhentos", 126; questões emergentes para docentes e administradores, 25-31; reconhecendo e trabalhando com estudantes que não obtêm sucesso na, 131-132; Relatório Babson (2012) sobre, 21, 34; Relatório *What's the Difference* (1999) sobre, 21-22, 33-34; resistência inicial por parte dos docentes para, 21; suposição feita sobre capacidade do estudante para gerenciar a, 127-128; tendências futuras de, 175-202. *Ver também* Aprendizagem colaborativa; Estudantes
Aprendizagem. *Ver* Aprendizagem *on-line*
Archer, W., 44

Arkansas State University, 57
Arnedillo Sánchez, I., 73
Aslanian, C. B., 126, 128, 173, 175
Assistentes pessoais digitais (PDAs, na sigla em inglês), 72
Association of Public and Land-Grant Universities, 57
Autorreflexão, 50-52
Avaliação
   como parte do processo de ensino e aprendizagem, 52-53; de desempenho de estudantes no curso, 100, 102-104; de tecnologia sob consideração, 81; diretrizes para o curso, 94e-95e; marcas de referência com garantia de qualidade para, 120-121, 177; promovendo autorreflexão, 50-52
Avaliações
   desenvolvimento de curso de, 94e-95e; exigidas para a conclusão do curso, 96e-97e; informando-as via mensagem de texto ou Twitter, 21-22, 45; planejando o cronograma do curso e, 99e. Ver também Testes
Avery, M. D., 57

Balthazard, P. A., 145
Bannan-Ritland, B., 136
Barnum, K., 134
Barone, C., 63, 123, 178
Barsch, J., 131
Bates, A. W., 27, 56-58, 60, 63-64, 66, 179-180
Becker, K. L., 145
Beddall-Hill, N., 74
Bell, B. S., 145
Bernard, C., 145
Blackboard, 23
Blogs
   como tecnologia web 2.0, 70, 75; descrição de, 75
Boettcher, J. V., 34, 88, 90, 105, 108, 111
Bonk, C. J., 22, 88
Bourne, K., 88
Bower, B., 27-28, 30
Braunlich, L., 36
Brenner, J., 46
Brookfield, S., 36, 50, 141
Brooks, J., 20
Brooks, M., 20
Brown, A. H., 70

Carga de trabalho dos docentes, 26t, 30
Cartwright, G. P., 59
Center for Universal Design, 85-86
Chamberlain, M. A., 21
Choon-Ling, S., 145
Cinco "Is" do ensino on-line
   informação, 71; inovação, 71; integração, 71; interação, 70-71; introspecção, 71
Clinefelter, D. L., 126, 128, 173, 175
Clipes de áudio, 24
Clipes de vídeo, 24
Clough, G., 72
Collura, M., 36
Comparação social, 77
Compensação
   como incentivo ao instrutor, 57-59; lições para administradores sobre apoiar os docentes de forma justa, 173

Comunicação
   bate-papo ou discussões síncronas, 23, 39, 41, 80; como os intervalos de tempo têm impacto on-line, 156; encorajando os estudantes a trabalharem juntos por meio de ferramentas para a, 134-135; equilibrando a discussão on-line, 48-49; estudantes que dominam discussões, 132; fórum de discussão, 23, 101fig; publicações de apresentação de estudantes, 106, 142; quadro de discussão assíncrono, 23, 40-41, 49-50; "queimadas" feitas pelos estudantes, 132. Ver também Participação
Comunidade de aprendizagem
   construindo uma, 119-120; elementos da, 40-41fig. Ver também Aprendizagem colaborativa
Conceição, S., 30
Conflito-confronto
   interceder ou não em caso de estudantes estarem envolvidos em, 139-140, 162; sala de aula on-line, 152-153, 156; uma indicação de desenvolvimento de grupos bem-sucedido, 159
Conrad, R., 88, 90, 105, 108, 111
Construção de comunidades, 119-120
Construindo comunidade de aprendizagem no ciberespaço (Palloff; Pratt), 181
Conteúdo
   características do curso on-line, 90; desenvolvimento de cursos on-line focados em interatividade em vez de, 170-171; divisão em porções, 44-45; ensino que é focado em, 115-116; personalização de, 116-119, 123
Contexto gerado pelos alunos (CGA), 75-76
Coombs, N., 85
Cormier, D., 180
Criação de conhecimento
   mudando atitudes em relação à aprendizagem on-line, 20-23; papel do estudante de gerador de conhecimento para, 132-133; teoria construtivista sobre, 20
Cronje, J. C., 72-74
Curso A procura pela Alma e o Espírito no Local de Trabalho
   área social eficaz criada durante o, 156; concluindo pensamentos sobre, 154-155; conflito-confronto durante o, 152-153; desarmonia durante o, 152; desempenho conforme o período letivo avançou, 154; desempenho no início de, 149-150; desunião na dinâmica de grupo durante, 151-152; harmonia durante o, 153; unidade na dinâmica de grupo durante, 150-151
Cursos face a face
   aplicando as melhores práticas para encorajar a participação on-line, 137; integração tecnológica ou suplementação de, 21-23
Cursos híbridos (ou misturados)
   combinando e selecionando tecnologia para, 70-86; considerando a disponibilização on-line para, 88; decisões de tecnologia feitas em, 26t, 27-29; modelo misturado usado para os cursos on-line de K-12, 31-32; modelos diferentes usados para, 31-33; número crescente de, 21-22; problemas de assiduidade de estudantes, 105; "salas de aula invertidas" usadas para a disponibilização de, 44, 93; tecnologia usada para apoiar, 23. Ver também Cursos on-line
Cursos misturados. Ver Cursos híbridos (ou misturados)
Cursos on-line
   A Procura pela Alma e o Espírito no Local de Trabalho, 149, 155-156; admissão aberta, 123-124; aumentando

o número de instituições oferecendo, 69-70; avaliando um que foi desenvolvido por outra pessoa, 120-121; características de cursos *on-line* bem construídos, 25; dicas para a criação bem-sucedida de, 182; escolhendo a tecnologia certa para os, 70-86; estabelecendo diretrizes de participação para, 47-50; estabelecendo diretrizes e procedimentos para, 46-47; MOOCs (*Massively Open Online Courses*), 63, 169, 180-181; preocupação com a propriedade intelectual, o *design* e a propriedade de, 26*t*, 29-30, 62-65, 122-123, 143; preocupações com o *design* e a disponibilização de programas de treinamento para, 26*t*, 30; preocupações comuns de docentes e administradores em relação à tecnologia e aos, 26*t*-31; processo dos, 105-111; questão de adequar treinamento para a construção de cursos *on-line* de alta qualidade, 23-24; tarefas de, 21-22, 45, 94*e*-97*e*, 99*e*; taxas crescentes de matrícula de estudantes em, 21-23. *Ver também* Cursos híbridos (ou misturados); Ensino *on-line*; Tecnologias

Cursos. *Ver* Cursos híbridos (ou misturados); Cursos *on-line*

Dabbagh, N., 126, 129, 136
Dahl, B., 28
Dawley, L., 70
Decisões sobre tecnologia
definição de, 26*t*; feitas por um comitê inclusivo, 174-175; preocupações dos docentes e dos administradores com, 26*t*, 27-29; sobre seleção e escolha de tecnologia, 79-86

DeMay, L., 36
Desempenho
conforme o período letivo avança, 154; descrição do início ou do, 155; no começo do curso, 149-150
Desenvolvimento de conteúdo
assegurando que ele seja fácil de ser usado, visualmente atraente e fácil de navegar, 89-90; assegurando que ele seja funcional, 89-90; definindo aprendizagem na área de conteúdo, 92; tornando-o simples tanto para docentes quanto para estudantes, 89-90
Desenvolvimento de cursos. *Ver* Desenvolvimento de cursos *on-line*
Desenvolvimento de cursos *on-line*
amostra de rubrica para uso durante, 112*e*; características de conteúdo para serem incluídos no, 89-90; considerações para o planejamento de, 90-104*e*; desenvolvimento de tarefas de cursos *on-line*, 21-22, 45, 94*e*-97*e*, 99*e*; desenvolvimento de tarefas e cronogramas de cursos *on-line*, 99*e*; dicas para desenvolvimento de cursos *on-line* bem-sucedidos, 113; precisa focar na interatividade e não no conteúdo, 170; processo da consideração do curso durante a, 105-111. *Ver também* Designers instrucionais
Desenvolvimento de grupos
características de desenvolvimento de grupos *on-line* eficazes, 157*fig*-159; conflito como indicador de desenvolvimento de grupos bem-sucedido, 159; modelo de desenvolvimento de grupos de McClure, 146-149*fig*
Design. *Ver Design* de cursos *on-line*
Design de cursos *on-line*
dicas para a criação de *design* de cursos *on-line* bem-sucedido, 54; preocupações com quem toma as decisões sobre o, 26*t*, 29-30; que promovem a autorrefle-
xão, 50-52; questão de adequar treinamento para construir *design* de cursos *on-line* de alta qualidade, 23-24; seleção de tecnologia sem a participação dos docentes, 23*t*, 27. *Ver também* Designers instrucionais

Designers instrucionais
dicas para *design*/disponibilização de curso *on-line* bem-sucedido, 54; lições de aprendizagem *on-line* para, 171-172. *Ver também Design* de cursos *on-line*; Desenvolvimento de cursos *on-line*
Deubel, P., 31
Dicas
para a criação de cursos e programas bem-sucedidos, 181; para a criação de uma infraestrutura tecnológica, 67; para a escolha de tecnologia adequada para um curso *on-line*, 85-86; para lecionar de forma bem-sucedida um curso desenvolvido por outra pessoa, 124-125; para o *design* e a disponibilização de um curso *on-line* bem-sucedido, 54; para trabalhar com a dinâmica de sala de aula *on-line*, 166-167; para trabalhar com o estudante virtual, 144; para transformar um curso para a disponibilização *on-line* de forma bem-sucedida, 113
Dicas sobre mídias de transmissão, 44
apresentação de estudante: peça para que os estudante publiquem uma, 106; publique um resposta de boas-vindas para a, 142
Dickinson, G., 57
Dinâmica de grupos
características de dinâmica de grupos *on-line* eficaz, 157*fig*-159; conflito-confronto, 139-140, 152-153, 156, 159-162; incongruência de *status* na, 165; integração de teorias de sistemas, 146-147; modelo de desenvolvimento de grupos de McClure e, 146-149*fig*; regressivo, 184; teoria do estágio em cinco distintos estágios de, 146. *Ver também* Dinâmica da sala de aula *on-line*
Dinâmica de sala de aula *on-line*
características da eficaz, 157*fig*-159; como os intervalos de tempo impactam a, 156; conceito da personalidade eletrônica de Pratt da, 156; concluindo pensamentos sobre, 154-155; conflito-confronto, 139-140, 152-153, 156, 159-162; desarmonia, 152; desempenho conforme o período letivo avança, 154, 156; desempenho no início do curso, 149-150, 155; desunião, 151-152; dicas para trabalhar com, 166-167; elemento da tarefa da, 158; elemento do estudante da, 157; harmonia, 153; incongruência de *status* na, 165; lições para aprender quando ela simplesmente não funciona, 164-166; modelo de experiência de grupo de McClure aplicado à, 146-149*fig*; modelo de grupos de trabalho de McGrath e Hollingshead e, 155-156; modelo de resolução de problemas de, 156; o elemento da tecnologia da, 158; o elemento instrutor/facilitador da, 158; o grupo como elemento de, 157; quatro modelos de operação durante, 155-156; questões exclusivas da, 145-146; regressiva, 166; trabalhando com estudantes difíceis, 162-180; unidade, 150-151. *Ver também* Dinâmica de grupos; Estudantes; Participação
Diretrizes para conclusão de cursos, 97*e*
Discussões por bate-papo (ou síncronas)
complementando a aprendizagem assíncrona com, 41; deficiências de SGC para, 39; descrição de, 23
Discussões síncronas (ou bate-papo)

complementando a aprendizagem assíncrona com, 41; descrição de, 23; planejando e selecionando tecnologia de, 80; SGC deficiências de, 39

Disponibilização. *Ver* Disponibilização de cursos *on-line*

Disponibilização de cursos *on-line*
de programas de treinamento para instrutores e estudantes, 26*t*, 30; dicas para uma disponibilização de cursos *on-line* bem-sucedida, 54; eficácia de, 33-34; planejando a, 97-98

Divisão de conteúdo em porções, 44-45

Docentes instrutores
abdicação de nosso poder tradicional, 136-137; apoiando-os para que façam a transição para o ensino *on-line*, 53, 61-62, 173; demanda aumentada por ensino *on-line* através de, 23; desenvolvendo cursos *on-line*, 90-113; dicas para *design*/disponibilização de curso *on-line* bem-sucedido, 54; incentivos de remuneração e estabilidade empregatícia para, 57-59, 173; interceder ou não em caso de estudantes estarem envolvidos em conflito, 139-140, 162; lecionando um curso desenvolvido por outros, 114-125; lições de aprendizagem para, 170-171; maximizando o potencial do estudante virtual, 137; MOOCs (*Massively Open Online Courses*), como necessidade por desafio de, 63, 170, 180-181; mudando a atitude em relação à aprendizagem *on-line* através de, 20-23; não precisam temer a aprendizagem *on-line*, 170-171; necessidade por mudança de papéis de aprendizagem *on-line* de, 171; o que fazer quando a tecnologia selecionada é um problema, 81; preocupações com a carga de trabalho de, 26*t*, 31; preocupações com o *design* e a distribuição de programas de treinamento para, 26*t*, 30; preocupações comuns sobre tecnologia através de, 26*t*-31; propriedade intelectual e questões de direitos autorais de, 26*t*, 29-30, 62-65, 122-123, 143; qualidades que determinam o preparo de, 38-39; questões emergentes da aprendizagem *on-line* para administradores e, 25-31; resistência inicial à aprendizagem *on-line* por parte dos, 21; *royalties* pagos aos, 123; satisfação de, 58; suposição feita sobre a capacidade de ensinar por meio de, 127-128; tempo requerido para o desenvolvimento e o ensino de cursos para os, 57-58; tendências de desenvolvimento profissional para, 177-178; tendências futuras para interações entre estudantes e, 178-201; trabalhando com estudantes difíceis, 162-163; VOCAL para as qualidades dos instrutores *on-line* eficazes, 36. *Ver também* Ensino *on-line*

Dominando discussões, 131

Downs, S., 180

Duderstadt, J., 181

Educação *on-line*
duas suposições importantes e sobre professores e estudantes em, 127-128; o *Sloan Consortium* (2012) sobre os cinco pilares da qualidade em, 58; tendências futuras em, 175-181. *Ver também* Ensino superior

Educação *on-line* do K-12
aumentado as taxas de "educação virtual" de, 69-70; comparando aprendizagem *on-line* de ensino superior à, 32-33; desenvolvimento e aceitação crescente de, 129; desenvolvimentos recentes na, 31-33; disponibilidade de, 21-22; modelos baseados em sala de aula de, 31-33; modelos complementares de, 31-32; modelos misturados de, 31-32; nível estadual de planejamento para, 59; padrões para, 32-33, 177; questões administrativas para, 57; tutoria *on-line* de aspecto de estudantes de, 31-32. *Ver também* "Educação vitual"

"Educação vitual", 31. *Ver também* Educação *on-line* do K-12

El-Hussein, M. O., 72-74

Engel, G., 73-74

Ensino. *Ver* Ensino *on-line*

Ensino como aprendizagem, 51

Ensino *on-line*
capacidade para personalizar o curso conforme necessário para o, 116-117; características do excelente, 36-38; chaves para o sucesso do, 42-52; construindo comunidade no processo do, 119-120; de cursos desenvolvidos por outros, 114-125; demanda crescente por docentes capazes de se envolver em, 23; disparidade entre tempo de preparação e tempo gasto, 69-70; exemplos de personalização de, 117-118; exigências exclusivas do, 35; falta de preparação para, 35-36; focando no conteúdo quando, 115-116; história sobre ensino *on-line* sem inspiração, 35; mudando as atitudes dos docentes em relação ao, 20-23; novos processos e relações exigidos para o, 40-41*fig*; os cinco Is do ensino *on-line* eficaz, 70-71; papel de avaliador em, 52-53; papel de planejamento e desenvolvimento para aprimorar o, 59-61, 68-69; para ajudar os estudantes a aprender no ambiente *on-line*, 142-143; pedagogia para o, 42; quando a personalização não é possível, 118-119; questões de carga de trabalho do instrutor e tempo do, 26*t*, 31, 175; suposição feita sobre a capacidade do instrutor para, 127-128; tecnologia móvel usada em treinamento de docentes para, 40; treinamento para, 38-39. *Ver também* Docentes instrutores; Cursos *on-line*

Ensino superior
ambiente regulatório de, 26*t*, 28-29, 175; comparando a educação *on-line* do K-12 à do, 32-33; problemas de acreditação de, 28; pressões econômicas e de transição sobre o, 56. *Ver também* Instituições; Educação *on-line*

Escolha de tecnologia
avaliando a tecnologia para a, 81; dicas para a escolha apropriada, 85-86; estratégia instrucional como um fator para a, 83-84; experimentando a tecnologia antes, 81; fator da infraestrutura institucional para a, 81-83; o que fazer quando a tecnologia selecionada é um problema, 81; por um comitê inclusivo, 174-175; questões de acesso e acessibilidade de, 85-86; visão geral das considerações para a, 79-81

Estilos de aprendizagem
auditivo, visual e cinestésico, 24; convergentes, divergentes, assimiladores e acomodadores de Kolb, 130; tecnologias para acomodar os diferentes, 24

Estratégias de maximização por parte dos estudantes
contate os estudantes que se ausentaram por uma semana, 137-138; entre no site tantas vezes quanto for necessário para manter a discussão em andamento, 140; faça perguntas amplas e estimulantes para promover as, 141; inclua humor para fazer com que os estudantes se sintam à vontade e seguros, 141; interceder ou não em caso de estudantes estarem envolvidos em

conflito, 139-140, 162; ofereça apoio ou conecte os estudantes ao suporte técnico, 138; publique uma resposta de boas-vindas às apresentações dos estudantes, 142; relatando falhas de segurança para restaurar a sensação de privacidade, 140; use as melhores práticas das salas de aula face a face, 137

Estudantes
"alunos barulhentos", 126; admissão aberta de, 123-124; características dos estudantes *on-line* bem-sucedidos, 127; características dos estudantes *on-line* mais velhos, 128; conflito entre, 139-140, 152-153, 156, 159-162; criando alunos *on-line* bem-sucedidos a partir dos, 128-129; dicas para o trabalho bem-sucedido com o estudante virtual, 144; ensinando-os a aprender no ambiente *on-line*, 142-143; estabelecendo diretrizes de participação para estudantes *on-line*, 47-50; estabelecendo diretrizes e procedimentos para os estudantes *on-line*, 46-47; "etiqueta *wiki*" praticado por, 76; exigências de assiduidade do curso para os, 103-105; fraudes feitas por, 102; liberando o controle para os, 98-99; maximizando o potencial do estudante virtual, 137; necessidade de mudança nos papéis de aprendizagem *on-line* dos, 171; número crescente de matrículas em cursos *on-line*, 21-23; oferecendo *feedback* mútuo, 135; perfil demográfico dos, 126-127; planejando como avaliar o desempenho no curso de, 100, 102-104; preparo dos, 39; promovendo a autorreflexão de, 50-52; publicando as suas próprias apresentações, 106; que começam lentamente, 132; que não obtiveram sucesso, 131-132; reconhecendo e trabalhando com estudantes que não foram bem-sucedidos, 131-132; suposição feita sobre a capacidade de gerenciar o processo de aprendizagem, 127-128; tecnologia móvel diminuindo a exclusão digital entre os, 25; tecnologias que acomodam os vários estilos de aprendizagem dos, 24; tendências futuras para interações entre docentes e, 178-181; trabalhando com estudantes difíceis, 162-163. *Ver também* Aprendizagem colaborativa; Dinâmica de sala de aula *on-line*; Aprendizagem *on-line*; Participação

Estudo do *Babson Survey Research Group* (2012), 21
"Etiqueta *Wiki*", 76
Exclusão digital, 25
Exigências de assiduidade, 103-105

Facebook
descrição de, 77; preocupação com a privacidade no, 77
Facilitação via *web*, 21
Falhas na segurança, 139-140
Farrell, A., 52
Fator de estratégia instrucional, 83-84
Feedback de colegas, 135
Feenberg, A., 27
Ferramentas. *Ver* Tecnologias
Fetzner, M. J., 65
Finkelstein, J., 45
Flaming, 131
Flickr, 24, 75
Foshee, D., 68
Fraude, 102
Fritz, S., 57
Frohberg, D., 73-74
Futch, L., 39

Garrison, D. R., 44, 72-73, 88
Google Apps, 176
Google Docs, 76
Gorman, R., 57
Governança
abordagem e preocupações administrativas à, 62-65; definição de, 26*t*; questão de acreditação relacionada à, 28-29
Graham, C. R., 88
Grandzol, C. J., 48
Grandzol, J. R., 48
Green, T., 70, 73-74

Hanson, D., 34
Harasim, L., 52
Hargreaves, A., 176
Hawke, C. S., 66
Hee, J. C., 65
Herbert, M., 36
Herrington, A., 40
Hiltz, S. R., 52
Hoffer, J. A., 156
Hollingshead, A., 155-156
Holton, J. A., 145
Huberman, B. A., 77
Humor, 141

Illinois Online Network, 37, 126
Infraestrutura. *Ver* Infraestrutura tecnológica
Infraestrutura tecnológica
como consideração de seleção de tecnologia, 82-83; como primeira tarefa institucional para a construção de programa *on-line*, 174; fatores de pessoas, recursos e dinheiro que compõem a, 82*fig*
Início. *Ver* Desempenho
Instituições
apoio, treinamento e desenvolvimento de docentes/estudantes feitos por, 23-24, 38-40, 61-62; desenvolvendo uma infraestrutura tecnológica, 81-83, 174; necessidade de desenvolver um plano estratégico para programas *on-line*, 174; planejamento e desenvolvimento do programa por, 59-61, 68-69; quando dinheiro por tecnologia é uma questão para as, 84-85; quando o acesso à tecnologia é uma preocupação para as, 85-86; questões de governança e propriedade intelectual de, 26*t*, 28-30, 62-65, 122-123, 143; retenção de estudantes em programas *on-line* de, 65-66; taxas crescentes de cursos *on-line* oferecidos por, 69-70. *Ver também* Ensino superior
Institute for Higher Education Policy
lista de marcas de referência com garantia de qualidade do, 120; relatório *What's the Difference?* (1999), publicado pelo, 21-22, 33-34, 181
Instrutores. *Ver* Docentes instrutores
Inteligência coletiva (contexto gerado pelos alunos), 75-76
International Association for K-12 Online Learning, 32-33
International Association for K-12 Online Learning Standards, 177
Internet World Stats, 77
Internet, uso educacional dos recursos da, 21-22
iPads, 21-22, 72
iPod Touches, 72

Jaschik, S., 20, 35, 170
Jensen, M., 146
Johnson, K. M., 70, 79-80
Jonassen, D., 50
Jones International University, 177
Jones, A. C., 72

Kalmon, S., 31
Kapus, J., 44
Kearsley, G., 37
Keegan, D., 74
Kim, K., 5, 180
Kircher, J., 36
Knowles, M., 141
Kolb, D., 130
Koole, M., 73
Kozlowski, S.W.J., 145
Kromrey, J., 29
Kwok-Kee, W., 145

Lederman, D., 20, 35, 170
Lee, M.J.W., 176, 179
Lefoe, G. E., 40
Lehman, R., 30
Lei de direitos autorais, 123. *Ver também* Propriedade intelectual
Levantamento sobre aprendizagem *on-line* do *Sloan Consortium*, 22
Lições de aprendizagem *on-line*
  para administradores, 173-175; para *designers* instrucionais e desenvolvedores de docentes, 171-172; para docentes, 170-171
Litzinger, M., 130
Liu, Y., 45
London Research Group, 75
Lonsdale, P., 73
Lorenzo, G., 22
Luker, M., 63, 178
Lukin, R., 75
Lunsford, J., 72

Magennis, S., 52
Major, H., 102
Maloney, W., 20, 28
Manning, S., 70, 79-80
Marcas de referência de qualidade
  avaliando cursos *on-line* pelo uso de, 120-121; foco na disponibilização e no desenvolvimento de cursos pelas, 120-121; recomendações do Programa Qualidade Importa para as, 120-121, 177; recomendações para a avalição de conteúdo pelo uso de, 121; tendências futuras em, 177. *Ver também* Padrões de cursos *on-line*
Marquis, C., 88
Martin, W. A., 20-21
Marx, D., 57
McAndrew, P., 72
McClure, B., 146-149*fig*, 155, 159, 165-166
McGivney, V., 65
McGrath, J., 155-156
McLoughlin, C., 176, 179
McNett, M., 52

McQuilkin, J. L., 73
Menges, J., 141
Mennecke, B. E., 156
Mensagens de texto, tarefas distribuídas via, 21-22
Merisotis, J., 20, 22, 33-34, 65, 120-121, 181
Middle States Commission on Higher Education, 28
Mídias sociais
  como tecnologia *web* 2.0, 23, 70; dica para a utilização de transmissão, 44
Mitos da aprendizagem *on-line*, 169-170
Modelo baseado em sala de aula da educação *on-line* do K-12, 31-33
Modelo de suplementação da educação *on-line* do K-12, 31-32
Modelo misturado da educação *on-line* do K-12, 31-32
Modo de grupo de resolução de problemas, 156
MOOCs (*Massively Open Online Courses*)
  como "prova" de que os instrutores não são necessários, 169, 180; descrição e propósito de, 63; tendências futuras para, 180-181
Moore, J. C., 65
MySpace, 77

Naismith, L., 74
National Center for Educational Statistics (NCES), 69
National Education Association, 69-70
National Standards for Quality Online Courses, 32-33
National Standards for Quality Online Teaching, 32-33
Nesson, R., 78
Nielsen, J., 44
Nipper, S., 126
North American Council for Online Learning, 69-70
North Central Association of Schools and de Colleges, 177

O Instrutor Online: (Palloff and Pratt), 36, 172
Olcott, D., 70
Olney, I. W., 40
Osif, B., 130

Padrões. *Ver* Padrões de cursos *on-line*
Padrões de cursos *on-line*
  categoria de padrões de cursos *on-line* de National Standards for Quality Online Courses, 32-33; categoria de padrões de cursos *on-line* de National Standards for Quality Online Teaching, 32-33; categoria de padrões de cursos *on-line* de Quality Standards for Quality Online Programs, 32-33; iNACOL: desenvolvimento de, 32-33; International Association for K-12 Online Learning, 177; tendências futuras em, 177. *Ver também* Questões de acreditação; Marcas de referência de qualidade
Palloff, R. M., 36, 40, 46-47, 50-51, 71, 73, 79, 89, 121, 141, 171, 181
Papéis de estudantes
  colaboradores, 133-135; geradores de conhecimento, 132-133; gerentes do processo, 135-137; necessidade de mudar os seus, 171
Park, J., 65
Participação
  assíncrona, 23, 40-41, 49-50; buscando por mudanças no nível da, 131; comparando os introvertidos e os extrovertidos, 156; contate os estudantes que se ausenta-

ram da, 137-138; em bate-papo (ou síncrona), 23, 39, 41, 80; entre no *site* tantas vezes quanto for necessário para manter a discussão e a, 140; estabelecendo diretrizes para a, 47-50; faça perguntas amplas e estimulantes para promover a, 141; forma de autorreflexão de, 50-52; inclua humor para fazer com que os estudantes se sintam à vontade e seguros durante a, 141; interceder ou não em caso de estudantes estarem envolvidos em conflito durante a, 139-140, 162; lições para serem aprendidas quando as coisas não dão certo, 164-184; o papel do instrutor no equilíbrio da discussão *on-line*, 48-49; ofereça apoio ou conecte os estudantes ao suporte técnico para facilitar a, 138; promovendo a participação colaborativa, 50-51*fig*; publique uma resposta de boas-vindas às apresentações dos estudantes para encorajar a, 142; use as melhores práticas da sala de aula face a face para encorajar a, 137. *Ver também* Comunicação; Dinâmica da sala de aula *on-line*; Estudantes

Participação *on-line* extrovertida, 156

Participação *on-line* introvertida, 156

Patten, B., 73

Pedagogia
como um critério para o preparo de cursos, 38; desafios da pedagogia *on-line*, 42; tecnologias assíncronas e síncronas contribuindo para a, 41

Perez, E., 77

Perley, J., 177

Perguntas de desenvolvimento de cursos ou-line
como eu defino aprendizagem em resultados de conteúdo e aprendizagem?, 89, 92; como eu planejo disponibilizar esse material do curso?, 89, 97-98; como eu quero organizar o site do curso?, 100; como irei avaliar o desempenho do estudante?, 89, 100, 102-104; esse curso será transferido de modo bem-sucedido para o ambiente *on-line*?, 89, 91; o que quero realizar através desse curso?, 89, 92-94; quão confortável eu me sinto para liberar o controle em favor dos alunos?, 89, 98-99; que diretrizes precisam ser estabelecidas para a conclusão do curso?, 89, 96e-97e; quem são os meus estudantes?, 89, 90-91

Personalidade eletrônica, 156

Personalização. *Ver* Personalização de cursos *on-line*

Personalização de cursos *on-line*
capacidade para ajudar um curso desenvolvido por outra pessoa, 116-117; exemplos de, 117-118; quando ela não é possível, 118-119; questões de propriedade intelectual de, 123

Phipps, R., 22, 33-34, 65, 181

Podcasts, 75-76

Pomales, C., 45

Potter, R. E., 145

Práticas de ensino *on-line*
assegurando o acesso à tecnologia e a familiarização com ela, 43-46; atingindo a participação máxima, 47-50; avaliando os estudantes e a nós mesmos como instrutores, 52-53; dividindo o conteúdo em porções, 44-45; estabelecendo diretrizes e procedimentos, 46-47; promovendo a colaboração, 50-51*fig*; promovendo a reflexão, 50-52; respeitando a propriedade intelectual dos estudantes, 143

Pratt, K., 36, 40, 46-50, 51, 71, 73, 79, 89, 121, 141, 156, 171, 182

Preocupações com a aprendizagem *on-line*
ambiente regulatório, 26t, 28-29, 175; carga de trabalho do instrutor, 26t, 30; decisões de treinamento do instrutor e do estudante, 26t, 30; decisões e governança de tecnologia, 26t, 27-29; decisões sobre *design*, 26t; propriedade intelectual, *design* do curso e propriedade do curso, 26t, 29-30, 62-65, 122-123, 143

Preocupações de docentes e administradores com, 26t, 27-29

Preparo
de cursos, 38-39; do aluno, 39; do instrutor, 38

Prestação de serviço, 123

Processo de cursos *on-line*
começo, 105-108; depois que o curso começou, 108-109; descrição do, 105; final, 109-111

Programas *on-line*
apoio de docentes/estudantes, treinamento, e questões de desenvolvimento de, 23-24, 38-40, 61-62; dicas para a criação bem-sucedida de, 202; escolhendo a tecnologia certa para o, 70-86; necessidade de planos de estratégia institucional para, 173; planejamento e desenvolvimento de, 59-61, 68-69; quando dinheiro para a tecnologia é um problema para os, 84-85; quando o acesso à tecnologia é uma preocupação para os, 85-86; questões de governança e de propriedade intelectual de, 26t, 28-30, 62-65, 122-123, 143; retenção de estudantes em, 65-66

Projeto Internet and American Life do Pew Research Center, 46

Propriedade intelectual
comunicado da American Association of University Professors sobre, 122; definição de, 26t; personalização e questões de cursos *on-line*, 123; preocupações dos docentes e dos administradores com, 26t, 29-30; preocupações e abordagem da instiução à, 62-65; quando o curso foi desenvolvido por outra pessoa, 122-123; respeitando o estudante, 143. *Ver também* Lei de direitos autorais

Provas finais, 94e, 104e

Publicações de apresentação
pedir para que os estudantes façam, 106; publicar uma resposta de boas-vindas às, 142

Publicando apresentações, 106

Quadros de discussão
amostra de *site* de curso, 101*fig*; como tecnologia *web* 2.0, 23

Quality Matters Program [University of Maryland Online], 120-121, 177

Quality Standards for Quality Online Programs, 32-33

Questões administrativas considerando dois cenários em, 55-56; apoio, treinamento e desenvolvimento de docentes e estudantes, 53, 61-62, 173; debate e controvérsia sobre o ensino *on-line*, 56-57; governança e propriedade intelectual, 26t, 29-30, 62-65, 122-123, 143; planejamento e desenvolvimento de programas *on-line*, 59-61, 68-69; planejamento e desenvolvimento do programa, 57-59, 173; retenção de estudantes, 65-66; tempo dos docentes, remuneração e questões de estabilidade empregatícia, 57; últimos pensamentos sobre, 66-67

Questões de acreditação, 28-29, 177. *Ver também* Padrões de cursos *on-line*
Questões de privacidade, 140
Questões financeiras
 como fator de infraestrutura tecnológica, 82*fig*; escolhendo tecnologia e, 84-85

Raper, J., 74
Redes sociais
 descrição de, 77-78; Facebook, 77; Twitter, 21-22, 45-46, 77, 120; uso educacional de, 21-22
Relatório do Institute for Higher Education Policy (1999), 21-22, 33-34
Relatório *What's the Difference?* (IHEP, 1999), 21-22, 33-34, 181
Remuneração
 como incentivo ao instrutor, 57-59; lições para administradores sobre apoiar os docentes de forma justa, 173
Resolução de conflitos, 156
Resultados de aprendizagem
 definindo os resultados de aprendizagem da área de conteúdo, 92; definindo os resultados de aprendizagem do curso, 92-94; exemplos de resultados de aprendizagem específicos do curso, 93*e*
Retenção de estudantes, 65-66
Rice, K., 70
Rice, M., 27
Rocco, S., 52
Rockwell, S. K., 57
Romero, D. M., 77
Rovai, A., 134
Rowe, N. C., 102
Royalties, 123
RSS (*Really Simple Syndication*), 77
Rubricas
 de atribuição de notas, 94-95*e*; de desenvolvimento de cursos, 112*e*; QM (Quality Matters Program), 177
Russell, T., 34

"Salas de aula invertidas", 44, 93
Sangrà, A., 27, 56, 57, 66
Savery, J., 36
Scanlon, E., 72
Schaffauser, D., 46
Schauer, J., 57
Schutte, J., 33
Seaman, J., 20-22, 35, 48, 57, 65, 69, 88, 169, 170
Second Life (SL), 45, 78
Semana Zero, 106
Sharples, M., 73
Sheahan, M., 36
Shirley, D., 176
Siemens, G., 180
Sistemas de gerenciamento de cursos (SGCs)
 comentários de docentes sobre deficiências de, 39; para transferir material para um *site* de curso, 38; recomendados para o treinamento de instrutores, 39; treinando estudantes para usar, 61-62
Site do curso
 amostra de quadro de discussão em, 101*fig*; desenvolvendo a organização do, 100; diretrizes para os estudantes utilizarem os, 96*e*-97*e*

Skype, 45, 77, 134
Slides de PowerPoint, 24
Smartphones
 diferenças entre telefones celulares e, 25; incorporação aos cursos *on-line*, 43. *Ver também* Telefones celulares; Tecnologia móvel
Smith, A., 46, 74
Smith, R., 44-45
Stansbury, M., 181
Stewart, B., 180
Strasburg, J., 85
Strayer, J., 94
Súmula, inclusão de dicas para a realização bem-sucedida, inclusa em, 105
Suplementação (facilitação via *web*), 21-22

Tangney, B., 73
Tanguay, M., 177
Tarefas
 como elemento da dinâmica da sala de aula *on-line*, 158; de grupos *on-line*, 155; quatro modos de grupo usados para realizar, 155-156
Taylor, D., 102
Tecnologia móvel
 aceitação gradual do ensino superior ao uso de, 72-73; ajudando a reduzir a exclusão digital, 25; como a educação tem sido impactada pela, 21-22; dando poder à aprendizagem dos estudantes por meio da, 72-74; utilizada em treinamento de docentes, 40. *Ver também Smartphones*
Tecnologias
 acomodando vários estilos de aprendizagem, 24; adequando ao curso às, 70-79; atuais e emergentes, 24-25; avanços no século XXI, 69-70; captura de aulas expositivas, 44; como a face da aprendizagem *on-line* é modificada pelas tecnologias emergentes, 23; como elemento da dinâmica da sala de aula *on-line*, 158; complementação na maioria dos cursos face a face, 21-23; mídias de transmissão, 44; móveis, 21-22, 25, 40, 72-74; planejando o programa *on-line*, 59-61, 68-69; preocupações comuns dos docentes e administradores em relação às, 26*t*-33; preparo do cursos determinado pela compreensão dos docentes a respeito das, 38; quando o acesso é a maior preocupação, 85-86; quando o dinheiro é um problema, 84-85; tendências futuras em educação *on-line*, 176-177; tomando decisões para escolher de forma sábia as, 79-84; uso generalizado da tecnologia educacional, 21-22. *Ver também* Cursos *on-line*
Tecnologias de captura de aulas, 44
Tecnologias educacionais. *Ver* Tecnologias
Tecnologias *web* 2.0
 blogs, 70, 75; contexto gerado pela aprendizagem (CGA), 75-76; descrição de, 23, 70, 75; exemplos de, 70, 75-78; papel de gerente do processo facilitado pelas, 135-137; *podcasts*, 76-77; redes sociais, 21-22, 76-77; RSS (*Really Simple Syndication*), 76-77; Second Life (SL), 45, 78; Skype, 45, 77, 134; Twitter, 21-22, 45-46, 77; uso em cursos *on-line*, 78-79; *wikis*, 76, 78
Tecnologias *web* 3.0, 23
Telefones celulares
 como tecnologia móvel, 72; diferenças entre *smartphones* e, 25. *Ver também Smartphones*

Teles, L., 52
Tempo dos docentes
  carga de trabalho do instrutor e, 26t, 30; exigido para o desenvolvimento e o ensino de cursos, 57-58; resistência de docentes devido às preocupações com o, 175
Teoria Construtivista, 20
Teoria do estágio, 146
Testes
  prova final, 94e, 104e; rubricas de atribuição de notas para, 95e. *Ver também* Tarefas
Texas Distance Learning Association, 68
The *Sloan Consortium*, 58
Thelin, J., 170
There Are No Children Here (Kotlowitz), 94e
Thompson, K., 39
Tomei, L., 81
Transição para o ensino *on-line*
  apoiando os instrutores para que façam a, 53, 61-62, 173; avaliando os estudantes e a nós mesmos para a, 52-53
Treinamento. *Ver* Treinamento de docentes instrutores; Treinamento de estudantes
Treinamento de docentes instrutores
  entendendo a necessidade por, 171-172; para construir cursos de alta qualidade, 23-24; para o ensino *on-line*, 38-39; recomendações para obter sucesso em, 61-62; tecnologia móvel usada em, 40; tendências futuras de desenvolvimento profissional e, 177-178
Treinamento de estudantes
  entendendo a necessidade do, 171-172; orientação aos SGCs, 61-62; preocupações com o *design* e distribuição de, 26t, 30

Truman-Davis, B., 39
Tuckman, B., 146
Turoff, M., 52
Twitter
  abismo entre gerações no uso do, 46; construção de comunidades e colaboração através do, 120; descrição do, 77; resistência dos estudantes ao ensino que utiliza o, 45-46; tarefas distribuídas via, 21-22, 45
University of Central Florida, 38, 21
University of Maryland Online, 120
U.S. Department of Education, 26t, 28

Van Dusen, C., 31-32
Varvel, V., 102
Vaughan, N. D., 88
Vavoula, G., 73
VOCAL (instrutor *on-line* eficaz), 36

Watson, J. F., 31
Website de Brain Track, 169-170
Wikis
  como tecnologia *web* 2.0, 70; descrição de, 76;
Wright, R., 40
Wu, F., 77
Wynne, B. E., 156

Yeonjeong, P., 72, 74
Yonekura, F., 39
Young, R. C., 21
YouTube, 75